获得中央高校建设世界一流大学
学科和特色发展引导专项资金资助

智能制造生产链协同规划技术与应用

邵志芳　著

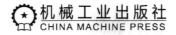

随着物联网时代的到来，从数字化工厂到智能化工厂已经成为不可逆转的工业发展方向。越来越多的工业企业为了保持未来的企业竞争力，都开始了智能化工厂的探索和尝试。本书 7 章，第 1 章智能制造与高级生产规划，第 2 章智能制造背景下的生产链协同规划，第 3 章基于延迟策略的 TFT-LCD 产业生产模式优化，第 4 章推拉结合式多阶多厂生产链规划技术，第 5 章基于目标级联法的生产链协同规划，第 6 章 ATC 协同机制与算法改进，第 7 章 TFT-LCD 生产链协同规划支持原型开发及运作流程。

本书可供信息管理和信息系统专业、计算机类和管理类专业的本科生、研究生及管理干部培训班学员学习，也可供企业高层领导、各级管理人员、从事生产链管理、ERP 规划、项目管理和咨询工作的人员参考。

图书在版编目 (CIP) 数据

智能制造生产链协同规划技术与应用/邵志芳著. —北京：机械工业出版社，2021.3

ISBN 978-7-111-67451-1

Ⅰ. ①智⋯ Ⅱ. ①邵⋯ Ⅲ. ①智能制造系统 – 制造工业 – 研究 – 中国 Ⅳ. ①F426. 4

中国版本图书馆 CIP 数据核字（2021）第 021905 号

机械工业出版社（北京市百万庄大街 22 号　邮政编码 100037）
策划编辑：索菲娅　　责任编辑：索菲娅
责任校对：徐裴裴　　封面设计：桑晓东
责任印制：高长刚
北京联兴盛业印刷股份有限公司印刷
2021 年 3 月第 1 版第 1 次印刷
169mm×239mm・15 印张・273 千字
标准书号：ISBN 978-7-111-67451-1
定价：78.00 元

电话服务　　　　　　　　　网络服务
客服电话：010-88361066　　机　工　官　网：www. cmpbook. com
　　　　　010-88379833　　机　工　官　博：weibo. com/cmp1952
　　　　　010-68326294　　金　书　网：www. golden-book. com
封底无防伪标均为盗版　　机工教育服务网：www. cmpedu. com

前　　言

　　从先进制造到高端制造，再到智能制造的发展，无论从技术发展的角度，还是从国家战略的角度，都已经成为一个必然趋势和主流方向。"智能制造"将制造过程中的相关数据保留在数据库中，从而能够确保管理者迅速、准确地掌握所有的生产和管理的信息并对其进行后续的处理。智能工厂的核心业务之一是对供应链里各环节的信息进行监控与分析，实现供应链计划和整体上的优化，实现高效协同。

　　"生产链"一词，常用于描述当今全球化的一种普遍经济组织模式。它的特征是将生产过程由单一企业分拆出来，再经由不同地域的生产商负责生产，从而形成一张串联各地的生产网络。制造业进行生产链协同规划的目的即在于解决复杂的供应链协同问题，运用先进的管理规划技术，在整体考虑企业资源限制之下，利用现有信息系统对企业间与企业内的接单、采购、规划及生产等运筹管理做最佳的供需平衡规划。

　　本书共分为7章，对智能制造环境下的生产链协同规划问题进行论述。第1章概括介绍了智能制造及高级规划与排程技术。第2章首先介绍了生产链协同规划的背景及重要性以及常用的协同规划方法，之后对液晶面板生产链及生产规划特性进行了详细介绍。第3章引入延迟策略，通过生产案例对接单后生产策略、延迟生产策略、面向库存生产策略和预测性生产与延迟生产混合策略进行比较分析。第4章采用集中式生产链协同规划方法，设计了推拉组合式生产链协同规划策略并进行了分析验证。第5章采用分层式协同规划方法，设计基于级联目标法（ATC）的分布式协同规划策略，同时建立同等条件下的集中式协同规划模型，通过案例分析对比了分层式协同规划与集中式协同规划的求解过程与求解结果。对基于ATC技术的分层式协同规划从结果正确性、时间复杂度、决策自主性和信息私有性4个角度进行评价。第6章进一步研究了基于ATC协同技术的模型求解过程和收敛速度，最终使得针对生产链各阶工厂的协同规划能够在可接受时间范围内获得优化解。第7章就生产链协同规划原型开发及运作流程进行了简要介绍。

　　本书的特点如下：

　　1）研究方法的创新性。本书将传统的链状结构进行了重塑，构建了生产链层次模型；考虑产品维、工厂维、时间维等多个维度，建立了缺货惩罚、运输平衡、库存平衡和产能限制等不同约束条件，提高了模型对现实的仿真度。在建模方面，通过研究变量之间的交互性、关联性、共享性，设计了合适的层级划分，确定了各层级协调机制。求解方面，为解决模型求解时间较长问题，在集中式规划部分采用粒子群算法求解；基于 ATC 技术的分层式规划部分，综合考虑增广拉格朗日对偶法和子梯度算法，提出了一种改进的子梯度算法，使 ATC 可以在非凸性与不可导的情形下适用，同时加速收敛过程。

2）研究内容的系统性。本书以 TFT-LCD 生产链为例，较系统地介绍了智能制造背景下生产链协同、高级规划等内容。详细阐述了生产链协同规划的两种常用方法：集中式规划和分层式规划。对两种不同的规划方法，书中皆给出相应的案例验证及结果分析。在分层式规划部分，同时给出了同一个案例的集中式规划模型，对两种规划方法从结果正确性、时间复杂度、决策独立性和信息私有性四个角度进行评价。研究成果可为生产链分布式规划协同机制和求解方法提供理论指导。

3）研究成果的实用性。本书在注重理论创新的同时，总结归纳了 TFT-LCD 生产链不同阶段的生产特点及规划限制，充分考虑液晶面板生产实践，各种协同方法及生产策略皆以实际生产数据作为案例进行验证，能够较容易的运用于生产实践，给生产管理者以强有力支持。

本书的完成得到了中央高校建设世界一流大学学科和特色发展引导专项资金和中央高校基本科研业务费等项目的资助，在此表示衷心感谢。

本书在写作过程中参考了林燕杰、龚武群、李丹、赵时乐等硕士学位论文的内容，在此表示感谢。同时，还参考了大量中外文参考书和文献资料，主要参考资料已在参考文献中列出。在此一并向相关作者表示衷心的感谢。

限于作者的水平，本书难免有错误或不当之处，恳请读者批评指正。

邵志芳

2020 年 11 月于上海财经大学

目 录

前 言
第1章 智能制造与高级生产规划 ································ 1
1.1 智能制造 ································ 1
1.1.1 智能制造是制造业发展的必然趋势 ································ 1
1.1.2 智能制造的特征 ································ 2
1.2 智能工厂的架构与功能定义 ································ 3
1.2.1 智能工厂的概念 ································ 3
1.2.2 智能工厂架构 ································ 4
1.3 智能工厂建设核心：高级规划与排程 ································ 6
1.3.1 APS 概论 ································ 6
1.3.2 APS 的功能特色 ································ 9
1.3.3 APS 与 ERP 的系统集成 ································ 14
1.3.4 APS 与 SCM 的关系 ································ 20
1.3.5 APS 发展趋势与应用展望 ································ 22
第2章 智能制造背景下的生产链协同规划——以液晶面板为例 ································ 24
2.1 生产链协同规划 ································ 24
2.1.1 生产链协同规划背景 ································ 24
2.1.2 生产链协同规划的重要性 ································ 26
2.1.3 生产链协同规划模式 ································ 27
2.2 TFT‑LCD 生产流程简介 ································ 28
2.2.1 TFT‑LCD 工艺流程 ································ 28
2.2.2 TFT‑LCD 生产链结构 ································ 32
2.2.3 TFT‑LCD 制造业上下游生产模式 ································ 34
2.3 TFT‑LCD 生产规划特性 ································ 35
2.3.1 各制程的分级特性 ································ 35
2.3.2 TFT‑LCD 生产规划及限制特性 ································ 36
2.4 TFT‑LCD 制造业对 APS 系统的需求特性 ································ 38
2.4.1 商业 APS 软件做法与架构 ································ 38
2.4.2 TFT‑LCD 制造业 APS 规划特性 ································ 41
2.4.3 适合 TFT‑LCD 制造业的 APS 规划理念 ································ 42
2.5 TFT‑LCD 生产规划与排程的绩效指标与限制 ································ 45
2.5.1 绩效指标 ································ 45

2.5.2　多厂区规划与排程限制 ……………………………………… 46

第3章　基于延迟策略的 TFT-LCD 产业生产模式优化 ………… 47
　3.1　延迟策略简介 ……………………………………………………… 47
　　3.1.1　延迟策略提出的背景 …………………………………………… 47
　　3.1.2　延迟策略的定义 ………………………………………………… 48
　　3.1.3　实现延迟策略的基本方法 ……………………………………… 50
　　3.1.4　延迟策略的本质 ………………………………………………… 52
　　3.1.5　延迟策略分类及比较 …………………………………………… 53
　　3.1.6　延迟策略与大规模定制的关系 ………………………………… 57
　3.2　TFT-LCD 生产链延迟策略设计 ………………………………… 59
　　3.2.1　TFT-LCD 制造引入延迟策略的必要性 ……………………… 59
　　3.2.2　TFT-LCD 生产链延迟策略设计 ……………………………… 60
　3.3　基于延迟策略的单期生产模式选择优化 ………………………… 60
　　3.3.1　模型基本说明 …………………………………………………… 60
　　3.3.2　接单后生产策略单期模式 ……………………………………… 61
　　3.3.3　延迟策略单期模式 ……………………………………………… 62
　　3.3.4　面向库存生产策略单期模式 …………………………………… 63
　　3.3.5　混合预测性生产与延迟生产策略（部分延迟策略）单期模式 …… 64
　3.4　单期模式模型实证与结果分析 …………………………………… 65
　　3.4.1　参数设定 ………………………………………………………… 65
　　3.4.2　市场需求小于产能限制时单期模式求解 ……………………… 66
　　3.4.3　市场需求大于产能限制时单期模式求解 ……………………… 68
　　3.4.4　单期模式求解结果分析 ………………………………………… 70
　3.5　多期生产模式选择优化 …………………………………………… 72
　　3.5.1　模型基本说明 …………………………………………………… 72
　　3.5.2　接单后生产策略多期模式 ……………………………………… 72
　　3.5.3　延迟生产策略多期模式 ………………………………………… 73
　　3.5.4　面向库存生产策略多期模式 …………………………………… 74
　　3.5.5　混合预测性生产与延迟生产策略多期模式 …………………… 75
　3.6　多期模式模型实证与结果分析 …………………………………… 77
　　3.6.1　参数设定 ………………………………………………………… 77
　　3.6.2　多期模式求解 …………………………………………………… 78
　　3.6.3　多期模式求解结果分析 ………………………………………… 84
　3.7　本章小结 …………………………………………………………… 85
　　3.7.1　研究结论 ………………………………………………………… 85
　　3.7.2　研究问题的局限性 ……………………………………………… 86

第4章　推拉结合式多阶多厂生产链规划技术 …………………… 87
　4.1　TFT-LCD 生产链生产类型 ……………………………………… 87

- 4.2 多厂生产规划与排程的方法 ……………………………………… 88
- 4.3 问题界定 ………………………………………………………… 91
  - 4.3.1 生产链多厂环境 ………………………………………… 91
  - 4.3.2 拟解决的问题 …………………………………………… 92
- 4.4 生产链多厂规划数学模型的构建 ………………………………… 92
  - 4.4.1 数学建模 ………………………………………………… 92
  - 4.4.2 模型的扩展使用说明 …………………………………… 97
- 4.5 案例分析 ………………………………………………………… 99
  - 4.5.1 案例设定 ………………………………………………… 99
  - 4.5.2 基于 LINGO 软件的线性规划法求解 ………………… 101
  - 4.5.3 基于 Matlab 的粒子群算法求解 ……………………… 116
- 4.6 本章小结 ………………………………………………………… 127
  - 4.6.1 研究结论 ………………………………………………… 127
  - 4.6.2 研究问题的局限性 ……………………………………… 128

第5章 基于目标级联法的生产链协同规划 …………………………… 130
- 5.1 ATC 协同规划技术 ……………………………………………… 130
  - 5.1.1 ATC 概况 ………………………………………………… 130
  - 5.1.2 ATC 的应用 ……………………………………………… 132
- 5.2 ATC 的原理 ……………………………………………………… 136
  - 5.2.1 特定层级的模型特点 …………………………………… 136
  - 5.2.2 各个层级的目标传递机制 ……………………………… 139
  - 5.2.3 目标级联法的协调机制 ………………………………… 140
- 5.3 基于 ATC 的生产链协同规划数学模型 ………………………… 141
  - 5.3.1 问题界定 ………………………………………………… 141
  - 5.3.2 生产链协同规划的 AAO 模型 ………………………… 143
  - 5.3.3 生产链协同规划的 ATC 模型 ………………………… 145
- 5.4 模型求解与结果分析 …………………………………………… 148
  - 5.4.1 模型参数 ………………………………………………… 148
  - 5.4.2 AAO 模型结果分析 …………………………………… 149
  - 5.4.3 ATC 模型结果分析 …………………………………… 155
- 5.5 AAO 模型与 ATC 模型结果的对比分析 ……………………… 166
- 5.6 对 ATC 方法的评价 …………………………………………… 168
- 5.7 本章小结 ………………………………………………………… 169
  - 5.7.1 研究结论 ………………………………………………… 169
  - 5.7.2 研究问题的局限性 ……………………………………… 170

第6章 ATC 协同机制与算法改进 …………………………………… 171
- 6.1 TFT-LCD 集中式优化模型设计 ………………………………… 171
  - 6.1.1 问题描述 ………………………………………………… 171

6.1.2　模型描述 …………………………………………………………… 172
　　6.1.3　AAO 模型构建 ……………………………………………………… 174
6.2　ATC 模型构建 ……………………………………………………………… 178
　　6.2.1　对模型的分解结构 …………………………………………………… 178
　　6.2.2　各层次方程式 ………………………………………………………… 179
6.3　协调机制的分析与设计 …………………………………………………… 181
6.4　权重更新算法 ……………………………………………………………… 182
6.5　模型求解及结果分析 ……………………………………………………… 184
　　6.5.1　集中式模型求解 ……………………………………………………… 184
　　6.5.2　ATC 求解与收敛过程分析 …………………………………………… 185
　　6.5.3　模型结果对比分析 …………………………………………………… 187
　　6.5.4　结果差异分析 ………………………………………………………… 188
　　6.5.5　运算效率分析 ………………………………………………………… 189
6.6　加速收敛算法的设计与实现 ……………………………………………… 190
　　6.6.1　收敛过程的特点与成因分析 ………………………………………… 190
　　6.6.2　加速收敛的原理与设计 ……………………………………………… 192
　　6.6.3　算法设计与实现 ……………………………………………………… 195
　　6.6.4　加速效果检验对比 …………………………………………………… 197
6.7　本章小结 …………………………………………………………………… 199
　　6.7.1　研究结论 ……………………………………………………………… 199
　　6.7.2　研究问题的局限性 …………………………………………………… 200
　　6.7.3　改进与提升的方向 …………………………………………………… 201

第 7 章　TFT-LCD 生产链协同规划决策支持原型开发及运作流程 …… 202
7.1　系统架构 …………………………………………………………………… 202
7.2　系统模块及运作流程 ……………………………………………………… 205
　　7.2.1　生产规划工作内容及相互关系 ……………………………………… 205
　　7.2.2　月计划模块 …………………………………………………………… 206
　　7.2.3　周计划模块 …………………………………………………………… 211
　　7.2.4　日计划模块 …………………………………………………………… 214
　　7.2.5　报告示例 ……………………………………………………………… 217
7.3　系统开发及导入进程 ……………………………………………………… 220
7.4　绩效分析 …………………………………………………………………… 220
7.5　本章小结 …………………………………………………………………… 221

附　录 …………………………………………………………………………… 222
附录 A　ATC 模型参数列表 …………………………………………………… 222
附录 B　简化模型描述 …………………………………………………………… 223
附录 C　可达目标值简化模型加速收敛对比 …………………………………… 224

参考文献 ………………………………………………………………………… 226

第1章

智能制造与高级生产规划

随着物联网时代的到来，从数字化工厂到智能工厂已经成为不可逆转的工业发展方向。智能工厂主要关注的是智能化操作系统及生产过程，以及网络分布式生产设施的实现。本章首先介绍智能制造的特征、智能工厂的架构，然后对智能工厂的生产规划技术进行概括总结。

1.1 智能制造

1.1.1 智能制造是制造业发展的必然趋势

在工业4.0时代到来之前，全球已经历了分别源于机械化、电力和信息技术的三次工业革命。

现代意义上的"制造"概念形成于18世纪工业革命之后，即产生于工业1.0时代，它是指"通过机器进行制作或生产产品，特别是大批量地制作或生产产品"。经历第一次和第二次工业革命后的传统制造业，在第三次工业革命后，制造技术与迅猛发展的以信息技术为代表的新技术相结合，形成了先进制造技术（Advanced Manufacturing Technology，AMT）。

在先进制造技术发展过程中，以高端装备为主要对象的高端制造是实现制造业转型升级、从制造价值链低端迈向高端的重点方向。高端制造在技术构成、技术指标、技术经济和价值链等方面处于高端。各国在先进制造发展过程中，越来越聚集于高端制造，以占领产业链的高端，提高制造业整体竞争力。

从20世纪90年代开始，国内外在智能制造理论、智能制造技术和智能制造系统等方面进行了广泛的探索研究，一些国家和国际组织支持了相关的研究计划及项目。20世纪90年代，日本、美国、加拿大等联合发起和实施的"智能制造系统（Intelligent Manufacturing System，IMS）"多国共同研究项目在国际制领域产生了重要影响。我国自20世纪90年代以来，也在多个渠道的国家科学和技术研究计划（如国家自然科学基金、"863"计划等）的支持下，开展了智能制造技术和智能制造系统的研究。随着美国"实施21世纪智能制造""德国工业4.0""中国制造2025"等重大战略计划的提出和实施，智能制造成为各国确保制造业未来的主攻方向。应该说，从先进制造到高端制造，再到智能制造的发展，无论从技术发展的角度，还是从国家战略的角度，已经成为一个必然趋势和主流方向。

1.1.2 智能制造的特征

智能制造是一种由智能机器和人类专家共同组成的人机一体化智能系统，它在生产过程中能进行智能性的活动，诸如分析、推理、判断、构思和决策等。智能制造的核心在于将机器智能和人类智能相结合，实现制造过程中的自我感知、自我适应、自我诊断、自我决策以及自我修复等功能。而且利用人与智能机器的共同协作，优化其使用范围，并且逐渐替代人在生产过程中的脑力劳动。通过智能化的生产方式对制造自动化的相关概念进行更新，并在其基础之上延伸到柔性化、智能化和高度集成化的相关方面。

智能制造系统和传统的制造系统相比具有以下几个特点。

1. 高效自治

自治能力是智能制造系统的一种重要标志性特征，包括自学习、自组织、自维护等能力，智能制造系统具有搜集与理解环境信息及自身的信息并进行分析判断和规划自身行为的自学习能力；智能制造系统中的各种组成单元能够根据工作任务的需要自行集结成一种超柔性最佳结构并按照最优的方式运行的自组织能力；以原有的专家知识为基础在实践中不断进行学习完善系统的知识库，对系统故障进行自我诊断、排除及修复的自维护能力。例如，在德国"工业4.0"实施方案中，信息物理系统（Cyber-Physical Systems，CPS）帮助智慧工厂进行自我管理，并实现生产的定制化和个性化。CPS不仅可以实现生产的自我管理，还可以实现维护的自我管理。

2. 人机一体

智能制造系统不单纯是人工智能系统，而是人机一体化智能系统，是一种混合智能。人机一体化一方面突出人在制造系统中的核心地位，同时在智能机器的配合下更好地发挥了人的潜能，使人机之间表现出一种平等共事、相互"理解"、相互协作的关系，使两者在不同的层次上各显其能，相辅相成。虚拟制造技术成为实现高水平人机一体化的关键技术之一。人机结合的新一代智能界面使得可用虚拟手段智能地表现现实，它是智能制造的一个显著特征。

3. 网络集成

智能制造系统在强调各个子系统智能化的同时，更注重整个制造系统的网络化集成。这是智能制造系统与传统的面向制造过程中特定应用的"智能化孤岛"的根本区别。这种网络集成包括两个层面。一是企业智能生产系统的纵向整合以及网络化。网络化的生产系统利用信息物理系统实现工厂对订单需求、库存水平变化以及突发故障的迅速反应。生产资源和产品由网络连接，原料和部件可以在任何时候被送往任何需要它的地点。生产流程中的每个环节都被记录，每个差错也会被系统自动记录，这有利于帮助工厂更快速有效地处理订单的变化、质量的波动、设备停机等事故。工厂的浪费将大大减少。二是价值链横向整合。与生产系统网络化相似，全球或本地的价值链网络通过 CPSs 相连接，囊括物流、仓储、生产、市场营销及销售，甚至下游服务。任何产品的历史数据和轨迹都有据可查，仿佛产品拥有了"记忆"功能。这便形成一个透明的价值链：从采购到生产再到销售，或从供应商到企业再到客户。客户定制不仅可以在生产阶段实现，还可以在开发、订单、计划、组装和配送环节实现。

1.2 智能工厂的架构与功能定义

1.2.1 智能工厂的概念

智能工厂的概念最早是由美国提出来的，其核心任务和目标是在工厂生产中将工业化和信息化进行高度的融合。智能工厂是在数字化工厂的基础之上，通过利用对设备的监控和物联网技术去强化信息的管理与服务，并且通过大数据与分析平台，将云计算中由大型工业机器产生的数据转化为实时信息，并集绿色智能手段和智能系统等新兴技术于一体，从而构建一个节能、环保、高效和舒适的人性化智能工厂。

在工业 4.0 所刻画的智能工厂中，原有的生产线模式逐渐淡化，取而代之的是采用重新组成模块化的动态、有机的生产方式。例如，将生产模块视为一个 CPS，正在进行生产配置的汽车能够自行地在生产模块间穿梭，并接受所需要的装配作业。如果其中某车型的零部件供给环节发生了问题，系统能够快速地调度其余车型的生产资源或者零部件来进行补给，使其能够继续地进行装配。在这样的生产模式之下，可以运用制造执行管理系统原来的综合管理能力，可以对整个生产过程中的动态管理进行设计、装配、测试等，不仅保障了生产设备和机器的运行效率，还能够实现多样化的生产类型。

在智能工厂中，主要包含了六项核心业务领域：

1) 生产管理和控制。通过生产管理和控制，主要实现的是制造过程中的闭环管理，从而提高生产操作的优化性及自动化水平，推进制造业技术的不断改善与发展。

2）资产管理。资产管理可以实现设备的全生命周期规范管理、实现故障自动诊断及预知性维修，实现预知维修模式的设备健康管理。

3）能源管理。能源管理的治理，促进了常用能源的在线优化，构建了能源管理的评价与分析体系。

4）HSE 管理。所谓 HSE 指的是将健康（Health）、安全（Safety）和环境（Environment）三要素集合在一起的管理体系。通过对 HSE 的管理，能够实现 HSE 的规范性，对 HSE 进行过程监控，实现联动的应急指挥。

5）供应链管理。对供应链里各环节的信息进行监控与分析，实现供应链计划和整体上的优化，实现供应链的高效协同。

6）辅助决策。辅助决策能够对能源使用的全过程进行规范化的管理，实现生产经营的全面监控，实现生产经营指标的主动分析。

智能工厂能够推动工业 4.0 发展的关键是因为它拥有分析优化能力、协同能力、预测能力和感知能力四项关键能力。分析优化能力表现在能够在现有的资料分析基础之上，提高生产技术，并且使用更多的分析技术和手段去提高设备和工厂的优化能力。协同能力主要是让远程专家可以参与到其中，能够及时地解决问题，并且利用先进的通信手段建立虚拟的环境来减少费用和提高反应速率。预测能力则是通过智能工厂中的智能化设备，对生产和操作过程进行事先演练，从而获得对其的预测能力。感知能力代表对现场生产过程的洞察力。它可以大幅度减少工程师和现场操作人员收集数据的时间，以便让他们更好地去分析生产和操作的数据。通过以上四项关键能力，能提升工厂智能化的水平，促进生产效率和质量的提高。

1.2.2 智能工厂架构

智能工厂是实现智能制造的基础与前提，它在组成上主要分为三大部分，如图 1-1 所示。在企业层对产品研发和制造准备进行统一管控，与企业资源计划（ERP）系统进行集成，建立统一的顶层研发制造管理系统。管理层、操作层、控制层及现场层通过工业网络（现场总线、工业以太网等）进行组网，实现从生产管理到工业网底层的网络连接，满足管理生产过程、监控生产现场执行、采集现场生产设备和物料数据的业务要求。除了要对产品开发制造过程进行建模与仿真外，还要根据产品的变化对生产系统的重组和运行进行仿真，在投入运行前就要了解系统的使用性能，分析其可靠性、经济性、质量及工期等，为生产制造过程中的流程优化和大规模网络制造提供支持。

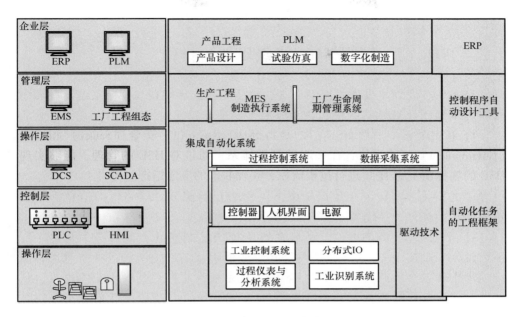

图 1-1 智能工厂的架构

1. 企业层——基于产品全生命周期的管理层

企业层融合了产品设计生命周期和生产生命周期的全流程，对设计到生产的流程进行统一集成式的管控，实现全生命周期的技术状态透明化管理。通过集成 PLM 系统和 MES、ERP 系统，企业层实现了全数字化定义——设计到生产的全过程高度数字化，最终实现基于产品的贯穿所有层级的垂直管控。通过对 PLM 和 MES 的融合实现从设计到制造的连续数字化数据流转。

2. 管理层——生产过程管理层

管理层主要确保生产计划在制造职能部门的执行，管理层统一分发执行计划，进行生产计划和现场信息的统一协调管理。管理层通过 MES 与底层的工业控制网络进行生产执行层面的管控，操作人员/管理人员提供计划的执行、跟踪以及所有资源（人、设备、物料及客户需求等）的当前状态，同时获取底层工业网络对设备工作状态、实物生产记录等信息的反馈。

3. 集成自动化系统

自动化系统的集成是从底层出发的，自下而上的，跨越设备现场层、中间控制层以及操作层三个部分，基于 CPS 网络方法使用 TIA 技术集成现场生产设备物理创建底层工业网络，在控制层通过 PLC 硬件和工控软件进行设备的集中控制，在操作层有操作人员对整个物理网络层的运行状态进行监控、分析。

智能工厂架构可以实现高度智能化、自动化、柔性化和定制化，研发制造网络能够快速响应市场的需求，实现高度定制化的节约生产。

1.3 智能工厂建设核心：高级规划与排程

企业生产规划与排程系统的演进，由传统的存货规划与控制系统，发展为物料需求规划（MRP）系统，进而发展为制造资源规划（MRPII）系统，之后又发展为ERP系统。然而，在企业多元化的今天，供应链管理越来越受重视，其中最主要的观点认为：规划对象不再局限于单一企业，还包括了供应商与客户的整体资源，规划范围也扩大至整个供应链。同时，"智能工厂"将制造过程中的相关数据保留在数据库中，让管理者能够了解到完整的信息并对其进行后续的规划，还能够根据生产操作系统的现况来对设备和机器的维护进行有计划地调控，并依据信息的整合度构建产品制造的智能组合。从另一方面来说，"智能工厂"可视化的特征将制造过程、工厂生产等各种信息进行高度地集中和融合，并为操作和决策人员提供一个真实、直观的工厂场景，从而能够确保工厂生产人员迅速、准确地掌握所有的生产和管理信息，并对其存在的问题进行快速的判断与决策。面对这些改变，传统上基于某些假设且利用较简单的规划技术与方法，来解决企业生产规划与排程问题已不再能够满足企业要求，取而代之的是高级规划与排程（Advanced Planning and Scheduling，APS）系统。

1.3.1 APS概论

APS系统是利用先进的信息科技及规划技术，例如基因算法（Genetic Algorithm，GA）、限制理论（Theory of Constraints，TOC）、运筹学（Operations Research，OR）、系统仿真（Simulation）及限制条件满足技术（Constraint Satisfaction Technique，CST）等，在考虑企业资源（主要为物料与产能）限制条件、生产现场的控制与派工法则的情况下，规划可行的物料需求计划与生产排程计划，以满足顾客需求及面对竞争激烈的市场。高级规划与排程亦提供了what-if的分析，可以让规划者快速结合生产信息（如订单、加工路径、存货、BOM与产能限制等），作出平衡企业利益与顾客权益的最佳规划与决策。

APS能强化ERP，进行企业整体供需规划及不同层次的生产规划与排程；它所涵盖的功能范围非常广泛，从现场作业排程、供给与需求规划到供应链规划均包含在内。APS着重整体考虑、及时规划、快速响应顾客信息的先进规划概念，将是现今最能满足企业需求的决策支持系统。

从20世纪50年代萌芽到20世纪90年代初与ERP的结合，APS与信息技术一同成长，经历了以下几个发展阶段：

1. 20 世纪 50 年代以前——APS 思想的萌芽阶段

APS 的一些主要思想早在计算机存在前就已经出现。对 APS 贡献最大的有两个方面：一是早在 20 世纪初出现的甘特图（Gantt chart，1917），让人们可以直观地看到事件进程的时间表，并且可以进行交互式更新。二是运用数学规划模型解决计划问题。美国和苏联都应用新的最优化线性规划技术解决与战争相关的物流管理问题。这些思想和方法对于 APS 的萌芽起到了奠基性的作用。

2. 20 世纪 50 年代到 20 世纪 70 年代的 APS——开始与计算机技术相结合

在 20 世纪 50 年代后期和 20 世纪 60 年代初期，大公司开始配置计算机，用来观察计划有问题的部分，优化少数关键性的材料来平衡对产品的需求，而且考虑能力约束，或者为产品寻找最低的费用路径。线性规划普遍被采用，小型的计划试算表开始出现。这一时期对"最优化"的定义促进了 APS 的发展。

3. 20 世纪 60 年代中期到 20 世纪 70 年代——企业个别开发阶段

随着跨国公司在世界各地的发展，制造业问题变得越来越复杂，需要计算的变量大小由 20 世纪 60 年代初期的数以百计发展到 20 世纪 70 年代末的数以万计。虽然线性规划等技术也扩展成可以处理更加复杂的问题，但仍然不能满足企业的需要。因此，许多公司在内部开发他们自己的工具作为主要计算环境，另一些公司则在购买解决线性规划问题的程序基础上进行开发。这一阶段的主要开发语言为 Assembler、Cobol、FORTRAN 和 PL/1。

20 世纪 60 年代中期，IBM 开发了基于产品结构分解的 MRP 系统，并在 20 世纪 70 年代发展为闭环 MRP 系统，除了物料需求计划外，还将生产能力需求计划、车间作业计划和采购作业计划也全部纳入 MRP，形成一个封闭的系统。这为 20 世纪 80 年代 MRPII 的出现奠定了基础。这段时间，模拟技术开始进入计划领域，基于模拟的计划工具开始在 20 世纪 70 年代出现，直到 20 世纪 70 年代中期，联邦快递公司应用系统时才出现了整体的效果。20 世纪 80 年代初，Kelly Springfield（轮胎制造商）和 Philip Morris 开始应用计划和排程系统。

4. 20 世纪 80 年代的 APS——与 OPT/MRPII/ERP 的结合

20 世纪 80 年代，Eli Goldratt 领导的"创造力输出公司"推出产品"最优化生产技术"（Optimal Production Technology，OPT），应用了一系列处理瓶颈约束的运算法则于批处理模式中，在离散型制造业中获得了许多客户。OPT 又称为"约束理论"，认为一个组织的输出受制于其关键瓶颈资源的约束，因此按照解决资源瓶颈约束的思路进行计划排程。在 Goldratt 和 i2 之后，相继出现了 Numetrix 和 Chesapeake，这是两个提供交互式产品的早期 APS 供应商。1984 年，AT&T 公司的年轻研究员 Narendra Karmarkar 提出了一项新的运算法则用于解决线性规划问题，所有现代规划都吸收了基于 Karmarkar's 运算法则的解决方法。

20 世纪 80 年代初期美国管理学家 Oliver W. Wight 在 MRP 的基础上提出了 MRPII, 把生产、财务、销售、工程技术及采购等各个子系统集成为一个一体化的系统, 用来有效地规划控制企业的生产经营目标。1980 年后期出现了人工智能和专家系统。公司开始把人工智能应用到制造计划和排程。杜邦公司和 IBM 积极把人工智能和已存在的 APS 技术与应用结合起来。IBM 开发了批处理的排程系统。人工智能对于后来的基于约束的规划和遗传的运算法则在技术上做出了重要贡献。

20 世纪 80 年代后期出现了图形用户界面（Graphical User Interfaces, GUI）。随着 OSF MOTIF 成为图形标准, 交互式图形用户界面变成预测、计划、排程工具的标准。这种技术上的创新大大提高了 APS 的市场销售冲击力。

5. APS 与供应链管理——20 世纪 90 年代以后的 APS

20 世纪 90 年代开始, 供应链管理思想逐渐为大型企业所接受, 供应链管理的软件系统（Supply Chain Management System, SCMS）开始出现, 如 SAP 的 R3 系统中增加了供应链管理模块。供应链管理涉及跨企业组织的计划系统, APS 能够统一和协调企业间的长中近期计划, 是 SCM 的核心。在供应链管理环境下, 每个公司执行着数千项活动, 每一家公司在某些方面都会涉及与其他公司的供应链关系。供应链管理特别强调企业之间的合作与协同, 企业要想在市场竞争中取胜, 必须加强供应链合作。因此, 与供应链管理相关的需求促进了 20 世纪 90 年代 APS 的发展。与供应链管理思想同步发展的还有计算机技术。20 世纪 90 年代初期出现的顺序查询语言（Sequence Query Language, SQL）对 APS 的发展很有帮助, 允许 APS 工具更动态地和关系数据库交互。逐渐增加的计算机运算能力使得成本降低、并提供新的解决方法, 而且扩大了所解决问题的大小和复杂性。遗传基因算法、模拟技术也逐步成熟。

20 世纪 90 年代初, Gartner Group 提出了 ERP 的概念。其功能标准包括四个方面：①超越 MRPII 范围的集成功能。②支持混合方式的制造环境。③支持能动的监控能力, 提高业务绩效。④支持开放的客户机/服务器计算环境。到 20 世纪 90 年代中期, APS 引起了 ERP 厂商的注意。主要吸引点有：APS 交付规模越来越大, 每个用户支付的成本远远高于 ERP, 以及快速增长的 APS 市场, 因此 ERP 厂商也开始介入 APS。

20 世纪 90 年代中期, 许多供应商转向微软技术视窗环境下的用户界面, C/S 结构或整个转向 Window NT 环境, 因其除了提供更加直观的用户界面、报告能力, 而且使 APS 应用程序的环境转向低成本的、性能提高的计算机。

最后, 在 20 世纪 90 年代的中期, APS 还吸引了大多数 ERP 供应商的注意。随着 APS 市场的快速成长, 促使 ERP 供应商的新一轮收购 APS 公司和自己内部开发 APS。许多专家认为 APS 必须嵌入 ERP 系统。

1.3.2 APS 的功能特色

1. 传统生产规划与排程系统的缺点

过去 MRP、MRPII、ERP 系统中针对企业的整体资源规划，大多是沿用传统的 MRP 运算逻辑，此逻辑缺点为：假设产能无限、无法正确掌握可用的物料取得前置时间、循序式的规划方式等，显示出传统 MRP、MRPII、ERP 系统的不足。

APS 系统使用的规划技术与方法修正了传统规划方法的缺点，能满足企业复杂的生产规划与需求。在讲述 APS 的功能特色之前，先来了解传统生产规划与排程系统的缺点与不足，可大致归纳为下列几点：

（1）循序式规划方式　生产规划与排程工作主要包括：生产规划（PP）、主排程规划（MPS）、物料需求规划（MRP）、产能需求规划（CRP）与详细作业排程（DOS）等阶段。传统的规划方式为循序式（Sequential）由上而下（Top-Down）进行规划，如图 1-2 所示，对于现场的产能及物料状况，无法适当回馈给生产规划、主排程规划、物料需求规划、产能需求规划，来进行规划上的调整及修正。这种规划方式在进行上层的规划时并未考虑下层规划的资源，虽然有产能检查，但是整个规划程序是由上而下的，以至于上层规划的结果无法作为下层执行的依据。例如进行物料需求规划时并未考虑生产现场实际生产状况，以致规划结果并不适于做为现场作业排程及派工的依据。

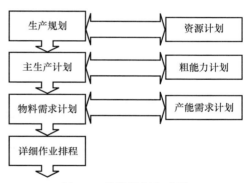

图 1-2　传统规划方式图

（2）功能模块无法有效整合　传统上，企业运营管理的各阶段管理规划与排程工作由各个独立的系统来完成。但由于系统间无法做到真正有效整合，使得系统间信息的沟通变得非常困难，通常由规划人员来完成这个工作。这不但使规划时间变长，还会影响规划结果的品质与时效。

（3）排程逻辑上的问题　传统规划与排程系统的主要排程逻辑是以物料需求规划（MRP）为主，但是 MRP 对于无缺料、无产能限制的假设，往往使得其计算结果和现场状况有所差异而无法执行。并且 MRP 单纯以订单交期为演算依据及无法正确掌握实际可行物料前置时间的缺点，也会造成 MRP 所规划的结果品质不佳。为弥补产能无限的假设错误，MRP 的结果会经产能需求规划评估其可行性，但产能需求规划仅能指出产能不足的现象，规划人员必须以经验进行调整，无法保证物料需求规划（MRP）的品质。

（4）独立进行需求规划与供给规划　一般的需求规划系统与供给规划系

（包括物料及产能）都是独立进行规划事宜，亦即进行需求规划时，并未考虑到供给的状况，而进行供给规划时也未考虑到需求的情形，各规划作业彼此间是没有交集的。此种需求与供给独立规划的方式可能因为需求过多或供给过少使得需求无法被满足，进而造成顾客服务水平降低，或者因为供给过多造成存货增加与成本上升等结果。独立需求/供给规划图如图 1-3 所示。

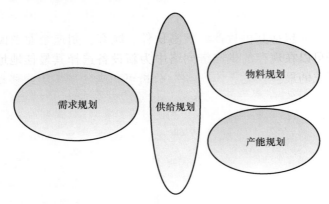

图 1-3　独立需求/供给规划图

（5）批量式规划　传统的规划与排程系统通常采用定期性的批量式规划（Batch Plan），并涵盖一定的时间范围（例如一星期、一个月、半年甚至更长）。然而，在现今快速变化的环境中，这种非即时反应的规划方法通常无法正确掌握实际的需求与供给状况，对于规划与决策的品质影响很大，甚至造成无法弥补的商机损失。

（6）单点规划范围　传统的规划与排程系统通常只针对单点，例如只针对单一工厂或单一配销中心，进行规划工作。然而在以顾客需求为导向的供应链环境下，要将一项产品送到顾客的手中，可能需要由多个工厂，甚至多个配销中心的合作完成。因此，传统的生产规划与排程系统无法满足协调多厂与多个配销中心的规划需求。

（7）无法作为决策支持工具　传统的规划与排程系统只提供规划的工具，只能提供简单的规划功能与产生简单的信息，并没有提供类似 what-if、情境分析（Scenario Analysis）与模拟（Simulation）等事前分析或预防的决策支持工具。因此，往往使得规划人员必须花费较长的时间，才能追踪到规划的不可行或错误。如此一来，造成规划出来的结果无法作为实际生产的依据。

2. APS 在排程方面的优势

现今产业环境竞争激烈，企业唯有具备良好的生产运营管理模式，才能掌握相对竞争优势。而解决上述传统与 ERP 系统的缺失，有效地满足顾客需求，充分利用企业有限资源，进行企业整体供需规划和不同层次的生产规划与排程，需要一个先进的、功能广泛、配合企业环境的生产与规划排程系统。APS 应运而生，它将是企业从事生产管理时不可或缺的重要工具。

管理规划技术大幅地加速了规划流程的速度（甚至在一些案例中可在短短几分钟内完成），并提供了一个崭新的综合方法来处理问题。例如：某些 APS 软件已经可以凭借同时规划产能和原料的能力而完全取代现场控制系统（FCS）。更重要的是它使得使用者能够跳脱出自身企业的范畴，将资源充分利用分配到整体的供应链——包括其供货商、贸易伙伴、顾客、制造企业及配销中心。规划者现在已经可以在现存的供应链网络中为新设备选择其最佳地址并决定出如何满足顾客需求的最佳方案，"what-if" 分析可用来测试关闭或移动一设备对利润和顾客服务方面的影响，有许多的工具可用来解决存货位置和运输成本之间的平衡问题。在现场管理中，未规划事件的影响是立即的，而替代方案可在最短时间内获得，以确保已承诺订单的履行；营销活动和外界事务对顾客需求的影响可被准确的预估；需求预测可以转换为一连串的销售和制造的生产计划；制造、配销和运输资源可被最适化使实际需求和预测相等。简而言之，现今已有许多的工具供制造厂有效、同时地整合整个供应链，而这正是 APS 所追求的。APS 功能层次与信息流图如图 1-4 所示。

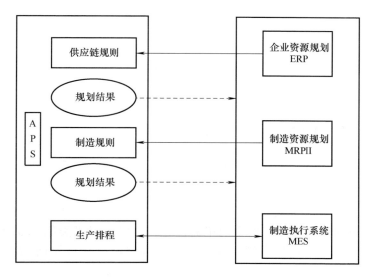

图 1-4　APS 功能层次与信息流图

APS 系统在排程方面的优势有以下几点：

（1）同步规划　APS 的同步规划是指根据企业所设定的目标（如最佳的客户服务），同时考虑企业的总体供给与需求状况，进行企业需求与供给规划，如图 1-5 所示。亦即进行需求规划时，需考虑整体的供给情形，而进行供给规划时亦应同时考虑全部需求的情况。APS 的同步规划能力，不但使规划结果更具备合理性与可执行性，亦使企业能够真正达到供需平衡的目的。

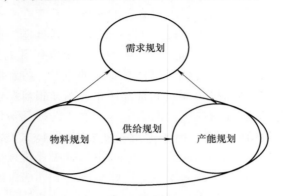

图 1-5　同步规划的 APS 系统

（2）考虑企业资源限制的最佳规划　传统上，以 MRP 排程逻辑为主的生产规划与排程系统在进行规划时，并未将企业的资源限制和企业目标考虑在内，使其规划结果非但无法有最佳化的效果，甚至可能是不可行的。而 APS 系统则运用数学模型、网络模型与模拟方法等先进的规划技术与方法，在规划时能够同时考虑到企业限制与目标，以拟定出可行且最佳化的生产规划，如图 1-6 所示。

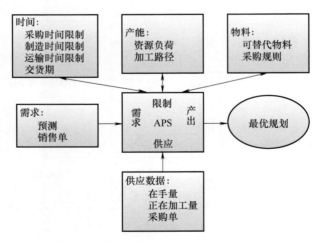

图 1-6　考虑资源限制的 APS 规划系统

（3）即时性规划　信息科技的发展使得生产相关数据能实时取得，而 APS 系统能够利用这些实时性数据，进行实时的规划。另外最新信息科技快速的处理能力，使得规划人员能够实时且快速的处理类似物料供给延误、生产设备停机、紧急插单等例外事件。

（4）支持决策能力　在 APS 系统中，具备 what-if、Scenario Analysis 及模拟仿真等工具，这类工具可提供规划人员进行事前模拟分析或事后规划结果的比较分析，以帮助规划人员做出正确的决策。例如决定最适当的可允诺订货数量（ATP）与时间。

（5）供需平衡的规划　企业在"供给"与"需求"之间存在三种关系：

1）供给大于需求的情形。这使得成品、半成品及物料存货成本增加，加重企业的资金囤积，不易周转。

2）需求大于供给的状况。由于需求无法完全被满足，容易造成商机的损失，更严重则可能导致顾客的流失，造成企业无法弥补的损失。

3）供给与需求的平衡。适时、适量、适地的利用存货（保持在高存货周转率情形下）来保持供给与需求间的平衡。

APS 系统凭借其先进的规划能力，正确掌握、评估有效规划企业的需求与供给，使得企业能够真正达到供给与需求间的平衡，以提升顾客服务质量、降低存货与作业成本，进而提高企业获利。

整体而言，APS 系统可补足、强化以 ERP 规划逻辑为主的资源规划系统（如 MRPII、ERP）中的规划与排程系统，来协助生产人员制订相关决策，提升企业资源应用的效益。目前各 APS 软件厂商所提供的 APS 系统各有其功能与特色，企业应详细审视本身的需求，来选取适合的 APS 系统，并与原有相关系统（如 ERP）进行有效整合，才能发挥企业内、外部资源的效益，且能快速响应顾客需求。

3. APS 系统功能

APS 系统一般应包含四大功能模块，如图 1-7 所示。

1）物料规划模块：主要功能为中长期关键性物料规划，该模块预先制定物料需求规划以避免后续生产规划时缺料的问题。

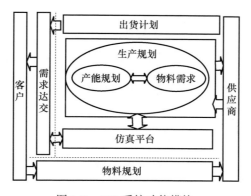

图 1-7　APS 系统功能模块

2）生产规划模块：中期生产规划，包含生产时所有物料的采购规划，以及详细产能规划，进行需求与供给最佳化配置。

3）需求达交模块：用于即时性定单达交规划与承接生产规划结果，依照所确定的演算法快速运算出可行的订单配置结果。业务人员可以在先进定单达交系统中新增顾客订单，根据定单可允诺量，系统可自动显示是否可以满足。若是接受了该笔订单，此张新定单的交期和订购数量将汇入系统中。

4）仿真平台：在规划的过程中，一旦遇有任何的新状况（如客户临时取消订单，插单或供应商有任何供给变动），都可以通过此模块模拟出各种变动所造成的影响，以便决策。

1.3.3　APS 与 ERP 的系统集成

APS 系统的出现并非是要取代 ERP 的功能，而是为了强化 ERP 中以传统 MRP 规划逻辑为主的生产规划与排程功能，以协助规划人员对物料与产能做同步且最有效益的生产规划，进而作为接单的依据。因此，APS 系统与 ERP 系统之间的连接关系相形重要，对于已建置 ERP 的企业来说，如何应用 APS 系统便成为企业迈向 ERP II 应用的重要一环。

1. APS 与 ERP 的区别与联系

APS 模块与 ERP 模块比较见表 1-1。

表 1-1　APS 系统模块与 ERP 模块的比较

项　　目	APS 系统模块	ERP 模块
生产规划	结合现场提供详细的排程 根据现场自动调整并优化进行即时派工 能自动处理生产异常	根据 MPS 提供粗略排程 如果生产变化或异常，需手工调整"计划导向"排程，不能满足要求
物料管理	根据详细的即时排程，上下游均可做到即时供货及降低存货，能及时处理异常	依 BOM 及订单交期计划导向计算基础物料需求，难以处理异常情况，异常可能出现。
销售及出货	根据产能的规划（含排程）与物料的规划，达到即时正确且有效的交期回复（Quick Response to Customer）	根据订单交期及基于资源无限的计划逻辑，难以正确回复客户交期
运算逻辑	在限制下（生产现场）进行运算，并加入优化算法；动态的	以规划为主进行运算，不能根据现场变化而变化；静态的

APS 与传统 MRP 有着根本差别：APS 完全根据现有实际资源和能力，来安排与协调客户需求的每项活动，生成以实际情况为依据矛盾最小化的计划时间表。APS 另一功能还可在几分钟时间内通过快速运算 MRP，随时回答客户询问"可否生产"或"多久生产"。而 MRP 则是根据无限资源能力来安排计划，当计

划执行产生问题时，再通过有限能力做适当计划调整。

APS 是 SCM 的核心，它能代替 ERP 的预测计划、DRP、MPS、MRP、CRP 和生产规划。APS 不能对业务管理如货物接收、原料消耗、发货、开发票、文档管理、财务、生产定单下达、采购定单下达及客户定单接收。APS 也不能处理数据如物料主文件、BOM、工艺路径、货源和设备、能力表及供应商、客户、资源的优先级的维护。

现代企业管理的关键点是企业资源规划，传统 ERP 的核心是 MRP 和 MR-PII，它的理论形成已有 30 多年，近些年来，其理论和应用不断增添新内容，但它的静态物料结构、无资源能力约束、估算生产提前期等早已不能满足更多新需求。为了克服 ERP 无法解决的问题，一个新的基于有限资源能力的理论在 20 世纪 90 年代初开始应用，这就是 APS（Advanced Planning and Scheduling）。APS 解决了 ERP 无法解决的动态过程管理问题。它是基于有限资源能力的优化计划，将企业资源能力、时间、产品、约束条件及逻辑关系等生产中的真实情况同时考虑。资源、物料和时间必须属于某个工序/操作（Operation）或工序连接成的工艺路线（Routing）。没有不属于工序或工艺路线的资源、物料和工作时间。许多工序/操作（Operation）按一定的逻辑和规则连接成工艺路线。有了资源、物料和时间的基础数据后，就有了各种资源和时间相叠形成的数学迷宫问题。再加上市场需求，客户订单产生了驱动破解迷宫的需求，找出最合理的通过迷宫的路径就是我们要求解的最优排产计划。通常这种解答方法是通过数学方法来找出最佳迷宫路径解，这就是 APS 的核心问题。基于资源能力、物料和时间约束条件为基础理论的企业管理方法，解决了企业计划不能实时反映物料需求和资源能力动态平衡问题。最大化地利用了生产能力、减少了库存量，最快速地提高了市场反应速度。这解决了企业以最小的投入，获取最大化利润的关键问题。企业要不断地得到各种实时计划，调整自己去适应市场的变化。APS 理论成功应用管理软件解决了这个问题。它实时地为企业提供各种计划。成功的例子是 i2 的供应链、Adexa 的生产排产和 J. D. Edwards 集团多网点能力平衡和生产排产。

APS 理论是新一代管理方法的核心，它解决了 ERP、MRP、MRPII 和 BOM 以及供应链管理长期困扰的问题。MRP、MRPII 和 BOM 是产生无限能力的静态物料需求。这种物料需求无法准确的反映实际需求。静态、粗略管理和动态实时精确管理是 ERP 和 APS 之间的最大区别。APS 与 ERP 管理软件相比它存在历史短，事物处理功能还欠发展，需要时间去完善。当传统 ERP 系统的事物管理功能和 APS 的先进理论结合时，世界上新的管理系统就诞生了，这就是 APS 和传统 ERP 的结合体，当今世界先进的管理软件公司都以此方式运作，其强大功能主要表现在以下几个方面：

（1）综合性　APS 是整个供应链的综合规划，从企业、企业的供应商、供应商的供应商到企业的客户、客户的客户。规划范围不限于生产，还包括采购、分销、销售等一系列计划。这些规划分为长期、中期和短期三个时间段，分别对应战略计划、战术计划和执行计划。APS 协调各种计划，保证供应链有关各企业、各部门的正常运行。

（2）最优化　APS 定义了各种计划问题的选择、目标和约束，采用线性规划等数学模型，使用精确的或启发式的优化算法，保证计划的优化。供应链计划的可行方案数量巨大，想通过简单枚举来找到最优方案是不可能的，甚至要找到一个可行的方案都很困难。在这种情况下，可应用运筹学（Operations Research）的方法来支持计划流程。线性规划或网络流算法能找到精确的最优解，然而，大多数组合问题只能通过启发式算法（Heuristics）来计算近似最优解（局部最优）。

APS 的优化思想和 ERP 有很大不同。ERP 强调计划的可行性，只限于生产和采购领域，只考虑能力约束而不做优化，在大多数情况下甚至不考虑目标函数，因此是一个运作层面的连续计划系统。而 APS 试图在直接考虑潜在瓶颈的同时，找到跨越整个供应链的可行最优计划。

（3）层次性　供应链最优计划涉及不同的时间跨度（长期、中期、短期）、不同的业务流程（采购、制造、分销等），甚至不同的供应链成员企业，由于需求的不确定性，不可能一次优化所有计划。而层次计划折中考虑了实用性和计划任务之间的独立性，对于不同计划采用分层次优化的方法。层次计划的主要思想是把总的计划任务分解成若干计划模块（即局部计划），然后分配给不同的计划层，每一层都涵盖整个供应链，但层与层之间的任务不同。在最顶层只有一个模块，是企业综合的战略发展规划。层次越低，计划涵盖局部的限制越多，计划时间范围越短，计划也越详细。在层次计划系统的同一计划层中，供应链各局部计划之间通过上一层的综合计划来协调。各计划模块被水平和垂直信息流连接在一起，上层计划模块的结果为下层计划设定了约束，而下层计划也将有关性能的信息（如成本、提前期、使用率等）反馈给上一层次计划。

（4）平衡性　需求的不确定性使计划与现实之间存在偏差，因此必须进行控制，如果偏差过大，计划就要重新修改。APS 从不同的维度描述互相补充的功能性计划，APS 模型通过年度、月度、周、日直至小时、分的多层计划，综合考虑战略计划、战术计划和执行计划，力图减少不确定性对计划的影响。目前，企业信息系统一般以 ERP 作为主体构架，主要解决企业内部管理问题；而 SCM 与 APS 作为补充和完善，主要解决企业之间的规划协调问题。

2. APS 与 ERP 集成

想要有效使用 APS 系统，必须整合已存在的 IT 架构（如 ERP 系统、MES

等)。在规划的过程中,APS 系统与 ERP 之间的互动非常地频繁——例如 ERP 系统必须能提供实时且准确的数据给 APS 系统做快速且正确的规划。系统整合架构图如图 1-8 所示。

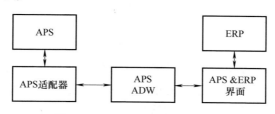

图 1-8　APS 和 ERP 的系统整合

APS 进行生产规划所需的资料,大致分为:产品需求、物料供给、可用资源、生产路径和物料清单等。主要产出结果包括投料与需求计划、机台与资源负荷状况、生产计划和物料采购计划等。

APS 系统的核心部分,大致可以分为两个模块:供需模块和规划模块。在供需部分,主要是以 MRP 系统为基础,根据产品需求、产品料表、可用物料供给等信息,开具工单和采购单,所产生的工单和采购单只有单号、数量和要求的交货期,真正的投料日期、允诺的交货日期,都是通过规划模块,进行物料和产能同步规划后才能确定。

APS 系统需要 ERP 提供相关的资源规划的资料、客户需求以及已有的供应商或自制供给计划的作业管理资料,才能再模拟规划出可满足当时客户需求的最新物料供给计划。ERP 汇入的各项资源限制及物料需求量,经 APS 的需求供给平衡计算后,提出物料供给计划量及供应时间,一个是制造件的生产计划,另一个是外购件的采购计划,再将二者资料转回 ERP 系统,由 ERP 执行采购作业及生产作业。

ERP 提供给 APS 作业管理资料分为 4 大类:ERP 系统基本资料、ERP 资源资料、ERP 材料需求资料及 ERP 材料供给资料。

APS 回复 ERP 的资料有两种:自制件的制造计划、外购件的采购计划。

ERP 与 APS 集成资料关联如图 1-9 所示。

APS 提供的高级计划逻辑是嵌入 ERP 系统的,APS 只是局限在计划决策领域,它需要一个闭环的集成系统,如 ERP 系统。APS 需要从 ERP 系统取出所需的计划数据,来执行计划优化活动。一旦在 APS 产生计划,采购订单、生产订单、分销补货单等,就输入到 ERP 系统去执行,如图 1-10 所示。

APS 与 ERP 的集成有两种系统数据的集成方式:一是分散数据的模式;二是共用数据的模式。

(1)分散数据的模式　此种模式是典型的集成方式。从 ERP 数据库里实时

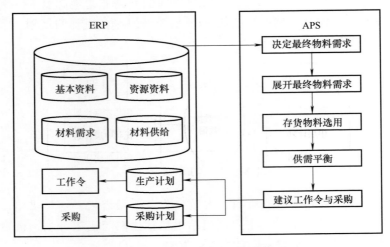

图 1-9 ERP 与 APS 集成资料关联

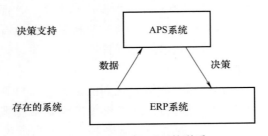

图 1-10 APS 与 ERP 的联系

提取数据,导入到 APS 的数据库,进行快速的优化计算,形成多个优化方案,通过交互的人机界面,提交给计划员进行决策,再导回 ERP 系统,进行业务处理。它的好处是可以灵活配置,可以选择不同 APS 软件和不同的数据库进行集成。缺点是数据在多个数据库之间交换,给实施者带来一定的困难,如图 1-11 所示。

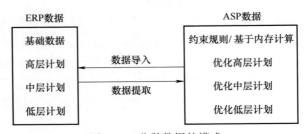

图 1-11 分散数据的模式

（2）共用数据模式　这种模式是较先进的方式，也是未来发展的趋势。ERP 厂商把 APS 技术嵌入 ERP 系统里，改变无限约束理论的 MRP 技术，用基于约束理论的 APS 技术来有效规划企业资源，如图 1-12 所示。

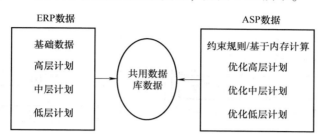

图 1-12　共用数据的模式

3. APS 规划过程

APS 系统首先从 ERP 系统将客户需求加载至物料规划。在规划出中长期关键物料总需求量之后，通过采购系统（如 B2B 系统、EDI 等），将长期物料规划结果提供给供货商进行备料，而供货商需将关键性物料可提供的数量与时间回复到生产规划员；同时，生产规划员针对近期客户需求，利用先进排程规划技术，在同时考虑产能与物料限制下，进行资源优化配置，以规划出近期物料采购计划与工单开立计划。

而生产规划员会将规划后结果提供给需求达交模块，作为实时订单答交的依据。若是有任何需求变动时，则可启动仿真向导模块在基于生产规划员规划结果下进行实时 what-if 模拟，以得出此变动对于原计划的影响，提供给决策者进行选择方案的参考。

以下我们说明 APS 系统在进行物料规划时的流程，如图 1-13 所示：

步骤 1：APS 服务器自 ERP 系统下载所需数据。

步骤 2：通过 ERP 与 APS 系统所订定的转文件规格，将自 ERP 系统所取得的数据转换成 APS 系统所需的 ASCII 码。

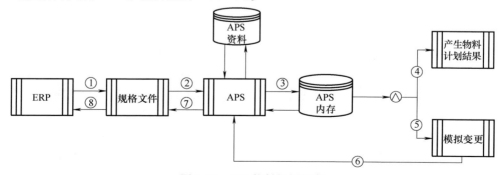

图 1-13　APS 物料规划程序

步骤 3：APS 服务器自动将 ASCII 档案输入服务器内存中。

步骤 4：APS 服务器运算后产生物料规划，使用者可由 CLIENT 端开启用户接口，得到 APS 系统规划结果。

步骤 5：使用者可根据需要变更规划，经由 APS 仿真引擎进行仿真。

步骤 6：使用者比对模拟前后结果，选取所需的规划结果储存至 APS 服务器。

步骤 7：APS 系统根据规格文件转换成 ERP 系统档案。

步骤 8：APS 系统将运算后的档案上传至 ERP 上，更新 ERPs 上的数据。

而步骤 1、2、7、8 是 ERP 与 APS 系统数据整合的重要阶段，APS 系统会从 ERP 系统撷取物料主档、需求、BOM 表等，经由转文件之后成为 APS 系统的输入。而 APS 系统会根据转文件后的数据作运算，输出关键零组件追踪表、ATP（Available To Promise）等。Input 与 Output 数据定义如图 1-14 所示。

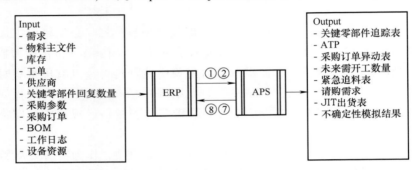

图 1-14　ERP 与 APS 系统数据整合输入与输出

1.3.4　APS 与 SCM 的关系

供应链管理就是优化和改进供应链活动，其管理的对象是供应链组织（企业）和它们之间的"流"，目标是满足用户需求，最终提高供应链的整体竞争能力。供应链管理有两大技术支柱：集成（Integration）和协同（Coordination）。供应链的协同以 3 项技术为基础：①现代的信息和通信技术。②过程标定（基准）——以行业最佳实践企业的运行效果为基准模板，实施供应链改造的后来者向这个模板看齐。③高级规划与排程 APS 技术。

APS 能够统一协调企业之间的长期、中期、近期的计划，是 SCM 的核心。

敏捷性是 21 世纪企业在不确定性市场环境中生存的必备条件。供应链强调包括供应商、制造商、销售商等企业在内的各节点企业组成一个直接面向市场和用户的动态联盟式企业，它们应像一个企业内部的不同部门一样主动、默契地协调工作。而 APS 能够帮助企业达到供应链管理的协同和优化。主要体现在以下几个方面：

1. 通过整个供应链进行成本和服务的优化

用 APS 建立有效的客户响应（ECR）模式，使制造商和零售商之间协作，为消费者提供更好的价值服务。

2. 最大化满足客户和消费者需求

APS 可以在考虑约束规则的情况下，实时平衡优化需求、供应，具有实时报警和实时基于约束的计划两种关键能力。APS 充分考虑以下的信息：供应链的具体物理设置（如供应链地点——工厂、分销中心、外加工厂、客户及供应商）及物料清单、工艺路径、分销路径，以及提前期和每一项供应链经营成本或资源成本以及能力约束、供应约束、运输约束等，还包括非物理约束如客户或优先区域、安全库存、批量；另外还有供应链中所有的需求信息如销售预测、客户订单和补充订单以及供应链中所有的供货渠道、原材料库存、半成品、成品库存、确认的分销订单、确认的生产订单和确认的采购订单等。APS 同时使用这些信息，并比较需求信息和存在的约束，当 3 个要素未满足时，立刻产生警告信息并通过供应链反馈，例如几十个工厂、几十个分销中心和几百个销售渠道实时地平衡和优化需求、供应和各种约束。这意味着一旦有出乎意料的变化，改变了需求、供应及约束，APS 就能立刻识别到它的影响。

APS 可以实时、智能地同步所有需求、供应及供应链约束，它考虑了所有约束规则，可以帮助决策者重新计划，自动解决问题。这两种关键的能力——实时报警和实时基于约束的重计划可以使公司达到"零等待"状态，提高与客户的沟通，减少供需缓冲，减少供应链内部的操作，最大化满足客户和消费者需求。

3. 使需求信息以最小的变形传递给上游企业

计划依赖于销售预测，然而，销售预测本身有许多不确定因素，即使预测准确，但如果供应链中的供应商、制造商、分销商没有足够的供货能力、生产能力和运输能力，那么销售计划也可能会导致企业失去销售和超出成本。利用 APS 通过计划时区持久地平衡需求、供应、约束，同时看到发生的供应链问题。由于实时、双方向的重计划能力，计划员有能力执行各种模拟以满足优化计划。这些模拟提供实时响应，如我的安全库存水平应是多少？这是最低成本计划吗？我使用的资源已经优化了吗？这个计划满足我的客户服务水平了吗？我已经最大化利润了吗？我可以承诺什么？APS 在供应链中的每一个阶段，把最终用户的需求（实际需求）传递回去，因此，一旦实际需求变化，供应链所有环节都会知道，并实时产生适当的行动。

4. 促进新产品的开发和新产品的推出

新产品的引进必须与需求、能力计划、供应能力集成，并在供应链上有效地传递，使产品周期缩短。为了达到这些高级的计划能力，APS 依赖一组核心的能力。

（1）并发考虑所有供应链约束　当每一次改变出现时，APS 就会同时检查能力约束、原料约束、需求约束，而不像 MRPII 每一次计划只考虑一种类型的约束。这就保证了供应链计划的有效性。

（2）基于硬约束和软约束的计划　硬约束不太灵活（如每天三班运行的机器或从一个供应商处分配的物料），软约束较灵活（如一台加班的机器可以增加能力或一个非关键客户的交货日期）。APS 应用独特的核心计划逻辑：当软约束不行时，实行硬约束来执行优化。

（3）同时传播　这种同时传播影响到上游和下游，如计划员想要延迟一份生产订单，那么就会影响到下游的活动，如最终产品的获得和最后交货给客户，也会影响到上游的活动，如其他生产订单可能推迟、原料的库存水平变化和将来的采购需求的安排。

（4）在交互的计划环境中解决问题和实行优化供应链的算法　它有能力产生反映所有约束的有效计划，而且有能力产生最大利润的计划。

1.3.5　APS 发展趋势与应用展望

21 世纪是信息时代，经济全球化步伐日益加快。作为代表当今先进管理思想的高级计划排程系统，APS 的发展呈现以下趋势：

1）与供应链管理更加紧密结合。和生产计划系统不同，APS 以企业整体水平的资产收益率（ROI）等指标为目标函数，运用各种先进的模型进行跨企业优化，范围不限于生产计划，能使供应链更加有效地运行。而基于电子商务的供应链管理更加需要 APS 系统的协调。

2）应用范围越来越广。虽然 APS 是从大型企业计划系统基础上发展起来的，但其计划原理同样适合于中小企业。目前由于价格等因素，中小企业还不能应用 APS 系统，但随着 APS 研究的深入，小巧灵活的 APS 系统将为中小企业的计划优化服务。

3）集成化与分散化。计划系统的发展早期是处理分散、单一的问题，到 APS 阶段则成为各种计划技术与方法的系统融合，体现了计划思想的高度集成。然而，由于现实问题的复杂性，如不同的行业与产品特点、不同的企业规模等，对一些企业来说，采用庞大完整的 APS 系统并不是最佳选择。而结合行业与产品特点、各具特色的先进计划系统同样是 APS 的发展趋势。

尽管 APS 具有强大的功能，非常适合于供应链整体计划问题的解决，但在我国企业管理实际中，APS 应用仍然存在很多需要解决的问题。

1）外部应用环境还不具备条件。APS 功能的发挥主要在供应链管理上，而我国企业的供应链管理还停留在初级阶段，企业对于供应链竞争的意识还很模糊，因此，APS 难以找到真正的用武之地。其次，APS 需要全社会企业间的网络通信基础设施的支撑，而我国的网络基础设施建设还不够完善，企业网络应用水平还比较低，这些都阻碍了 APS 的应用。

2）企业内部信息化基础薄弱。APS 的运行需要有 ERP/MRPII/CRM 等系统提供的数据支持，而国内大中型企业采用上述系统的比例不足 20%（有些企业虽然也称之为 ERP，但充其量只能算是 MIS）。基本的内部管理信息化问题尚未解决，应用缺乏基础。

3）APS 与 ERP 的整合还有待完善。目前，I2 等公司提供的 APS 系统可以与 ERP 结合，但只限于 SAP 等少数产品。和 MRPII 不同，ERP 没有严格的技术规范，这就使得 APS 不能和广泛的 ERP 系统结合。因此，国内大部分企业实际上还不能实现 APS 与 ERP 系统的结合。

4）价格昂贵。一套 APS 软件系统需要几十万甚至百万美元，而且相关硬件与网络投资也很昂贵。

随着我国信息基础设施的日益完善、智能化工厂的逐步建立，在未来几年内，APS 在我国的应用才将开始进入实质性阶段。

第 2 章

智能制造背景下的生产链协同规划——以液晶面板为例

2.1 生产链协同规划

2.1.1 生产链协同规划背景

供应链管理可以看作是整合供应链上各组织单元,使得物流、信息流、资金流能够协调,从而达到满足客户需求的目的。供应链管理具有三个目标:提高客户服务水平、降低服务客户资源量、提高供应链竞争力。而提高供应链的竞争力依赖于供应链集成和供应链协作。

供应链协作取决于三个方面:依靠信息和技术改善信息和物料的流动、基于流程管理来加快流程和相关活动的执行、高级规划(Advanced Planning)。供应链高级规划在决策时需要能够考虑供应链设计、中期协作以及短期规划流程。然而,现实中高级规划并未被人们所认识,来自产业界的经理们往往认为 ERP 系统将能够解决他们的计划问题。事实上,ERP 在一定程度上可以说是一个事务处理系统而不是一个计划系统,传统的生产计划方法,例如 MRP,仅仅考虑物料的可得性而完全忽视了产能限制和供应链结构等特征。另外,在一些大公司,规划的工作往往由处于不同地理位置的组织单元来进行,这些规划工作之间缺乏协同,经常导致库存量大、客户服务差以及产能利用不足等问题。

ERP 在生产规划方面的天然不足以及对高级规划的需求催生了 APS 系统的出现,APS 系统可看作是 ERP 系统的优化引擎,起到优化供应链规划的作用。APS 系统从 ERP 系统导入生产基础数据,通过人工智能算法运算,得到优化的生产计划，为降低成本和库存、提高产出和生产率提供决策支持。APS 的运行结果将返回到 ERP 系统并由 ERP 系统下达生产计划，使生产得以按照优化的计划执行。为达到决策支持的作用，APS 采用优化技术，通过建立生产系统的模型来决定生产数量、库存量、运输量并按照供应链的实际约束条件安排生产。APS 对整个供应链的管理，尤其是运作方面，可能会起到一定的作用。目前市场上也存在大量的 APS 商业软件产品，不同的软件模块覆盖了整个供应链不同部分的生产计划，并涵盖了所有的规划期间（Planning Horizons）。

APS 的出现虽然在一定程度上弥补了 ERP 系统在生产规划方面的不足，然而，就目前的发展来看，人们对 APS 系统无论在认识上还是应用上都还未达到 ERP 系统的水平。此外，APS 商业软件中的优化模型和方法对外界来说都是黑匣子，其优化原理以及优化效果都值得商榷。因此诞生了一个新的研究领域，专注于供应链规划的优化模型和方法的研究，有文献将其称为"供应链调度（Supply Chain Scheduling）"，其目标是为供应链各成员找到使得整个系统协调的生产规划。如与生产规划、分销规划、库存管理以及客户服务水平相关的供应链调度问题都有大量的研究。研究结果表明，当供应链成员之间实现协作时，其收益可提高 20% 到 100%。

有关供应链调度的研究往往关注供应链规划中生产、分销、库存、运输及客户服务等问题中的两个或多个方面，运用优化理论对上述问题建模和求解都十分的复杂，研究成果多具战略意义而很难指导实际生产。

"生产链"一词，常用于描述当今全球化的一种普遍经济组织模式。它的特征是将生产过程由单一企业分拆出来，再经由不同地域的生产商负责生产，从而形成一张串联各地的生产网络。生产链（Production Chain）概念的提出，将供应链调度问题进一步细分到仅针对制造企业生产规划的研究。由于生产规划是制造企业生产管理的重要内容，对生产链上下游不同主体生产规划的协同，其目的就是通过规划各阶段的生产过程，使整个生产系统获得最大收益。对生产链规划所作的研究，其共同特点是将所研究的供应链多阶段、多工厂的生产规划问题抽象出运筹学模型，发展一种启发式算法来求解。为区分于供应链调度，本书将其称之为"生产链规划"。

当生产规划从单个生产厂扩展到生产链规划时，协同问题是不可避免的。就目前的研究来说，针对供应链协调问题的研究大多从决策论的角度出发，分析某种契约如何保证企业群体中的某一方在最大化自身利益的同时与优化整个供应链的目标达成一致，如目前比较成熟的几种契约机制：批发价契约、收益共享契约、回购契约、数量弹性契约及销售折扣契约等，而对生产链协同规划技术的研究较为欠缺。

2.1.2 生产链协同规划的重要性

一般来说，制造业生产运营管理存在的问题包含以下几项：

1）以一个电子业 ODM 厂商而言，产品约有 200 种，平均一个产品需要 50~150 种重要材料。此外，在供应链上的角色是前后受压力的，在供应面来说是卖方市场，而在客户面来说是买方市场。在这样需求与供应情况变化迅速的情境下，生产计划安排不易，无法达成快速应对客户的需求。

2）缺乏一套由预测、配置、订单确认及作业执行组成的良好生产运筹管理模式，以致无法预先备料，无法对客户确认交期，无法满足客户订单交期，并产生大量的库存成本。

3）ERP、EDI 系统数据不正确。作为现代企业骨干的 ERP 系统，常存有大量的逾期未交的客户订单、逾期未交的采购订单、负的库存量与未结工单资料等。这些不正确数据影响甚至无法支持生产决策。

4）信息系统功能不足、速度不够快。信息系统功能不足方面包含缺乏替代料、工程变更、替代制程等功能；缺乏支持企业运筹管理模式的预测、冲销、订单确认及订单部分满足（Partial Fulfillment）等功能。在速度上而言，传统 MRP 则需 4~12h 才能运算出结果，而且计划出来的排程及物料计划因信息系统功能不足，无法直接使用，需要人工进行调整，不但费时费力，而且容易出错。

因此制造业进行生产链协同规划有其必要性。协同规划的目的在于解决复杂的供应链规划排程问题，运用先进的管理规划技术，在整体考虑企业资源限制之下，利用现有信息系统对企业间与企业内的接单、采购、规划、生产等运筹管理做最佳的供需平衡规划。由此可见，生产链协同规划在供应链管理中扮演着相当重要的角色。

企业要在难以预测、瞬息万变、竞争激烈的市场环境中生存、发展并确定竞争优势，必须依托先进的管理技术、信息技术、网络技术及计算机技术的发展，实施以快速响应为核心的竞争战略，迅速满足动态的、多变的和客户驱动的市场需求。制造企业间竞争的结果必然带来多方利益协调下的共赢。而属于同一企业主体的多个制造厂也必然追求企业整体利益的最大化。网络技术、信息技术及计算机技术的发展为多厂利益协调下追求利润最大化提供了基础。利用先进管理思想、管理技术进行生产规划必将成为提升企业竞争力的重要手段。传统意义上的以手工排程为基础或以单厂利益为目标的排程技术都将无法保证企业集团的最大利益。在这种情况下，生产链协同规划将成为企业发展的新出路。

市场竞争的结果导致参与市场竞争的主体已经不再是单个的企业，而是供应链上下游企业间组成的战略联盟，企业间的关系也不再是仅仅追求转嫁成本和费用而获利，而是趋于进一步合作和协调。不仅如此，更有一些企业，如液晶面板（TFT-LCD）制造业，其企业本身即包括供应链上不同节点的制造企业，而且同一节点的制造企业又可能分布于世界各地。多阶多厂区生产链协同规划在消除过多存货、最大限度地利用各厂产能、提高客户响应速度、缩短生产周期、提高客户服务水平及企业整体获利最大等方面有着重要作用。同时，就促进企业转换机制、利用先进管理思想和信息技术、提升企业整体竞争力方面也具有重要意义。

2.1.3 生产链协同规划模式

生产链规划一般可分为两种：集中式规划和阶层式规划。

在集中式规划架构中，比较著名的是 Thierry（1995）⊖提出的中央多厂规划与控制系统，这个系统先对制造企业进行总体规划，然后把规划结果分发到各个制造工厂，各个制造工厂再根据规划结果制定自己的规划和排程。在这个系统中，核心是利用数学模型建构一个限制条件满足问题。

模型中包含：

1) 系统状态平衡式：主要是由于生产与运输规划产生的产品存货平衡式。
2) 产能限制式。
3) 交期限制式。
4) 设置时间限制式。

林则孟教授提出了 TFT-LCD 产业阶层式规划与排程体系，根据这个体系，TFT-LCD 规划与排程可以分为：需求规划（Demand Planning）、产品组合规划（Product Mix Planning）、生产链规划（Supply Network Planning）、MRP、Array/CF/Cell 短期多厂区日排程（Array/CF/Cell Daily Scheduling）、Module 短期日排程（Module Final Assembly Scheduling）、订单满足规划（Order Fulfillment）及 Array/CF/Cell/Module 现场排程（Array/CF/Cell/Module Operations Scheduling）。其中，需求规划、产品组合规划、生产链规划及 MRP 属于中长期规划；订单满足规划、Array/CF/Cell 短期多厂区日排程、Module 短期日排程属于短期规划及 Array/CF/Cell/Module 现场排程属于实时规划。生产链规划模块在此层次系统中起着承上启下的作用，生产链规划的输入来源于产品组合规划、需求规划的输出，生产链规划的输出则作为 Array/CF/Cell 短期多厂区日排程、订单满足规划的输入。TFT-LCD 产业阶层式规划与排程体系如图 2-1 所示。

⊖ Thierry C, Besnard P, Ghattas D, et. al., Multi-Site Planning: Non Flexible Production Units and Setup Time Treatment, [C]//Inria/IEEE symposium on Emerging Technologies & Factory Automation Etfa. IEEE, 2002.

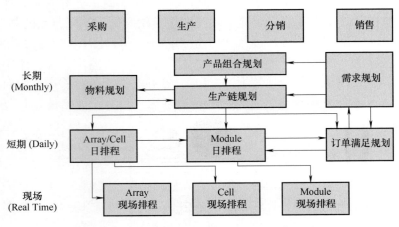

图 2-1　TFT-LCD 产业阶层式规划与排程体系

2.2　TFT-LCD 生产流程简介

2.2.1　TFT-LCD 工艺流程

TFT-LCD 产业的结构可分为上游的材料、中游的组立面板制作、下游的模组组装（LCM）及产品应用。在上游材料方面，主要包括彩色滤光片（Color Filter，CF）、驱动 IC、氧化铟锡玻璃（ITO 导电玻璃）、背光板、偏光膜及组立等；中游是面板制作；下游的 LCM 模组则由 LCD 面板和背光源组合而成。TFT-LCD 切面结构图如图 2-2 所示。

TFT-LCD 的生产制造过程主要可分为：列阵（Array）制程、组立（Cell）制程和模组（Module）组装制程（LCM）。制造过程如图 2-3 所示。

1. 列阵（Array）制程

在列阵（Array）制程阶段，玻璃基板（Glass Substrate）是列阵（Array）制程最主要的材料，需要经过洗净、成膜、光阻涂布、曝光、显影、蚀刻及剥膜等处理步骤，反复 5~7 次才能形成薄膜电晶体玻璃基板，其生产过程如图 2-4 所示。首先在进行列阵（Array）制程前，需要将玻璃基板洗净，使玻璃表面没有任何杂质与微尘粒子，以能得到较好的导电性；接着在玻璃基板上镀上金属薄膜，通过特殊气体产生电浆，使金属上的原子撞击玻璃产生一层层的金属薄膜；薄膜形成后，在黄光区喷上感光极强的光阻液；然后套上光罩照射蓝紫光曝光；最后喷洒显影液进行显影作业，至此完成光微影步骤；接着为蚀刻作业，主要是将未被光阻剂保护的部分加以去除，可分为利用酸性溶液的湿蚀刻与用

第 2 章 智能制造背景下的生产链协同规划——以液晶面板为例

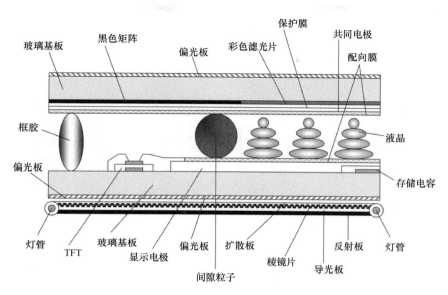

图 2-2 TFT-LCD 切面结构

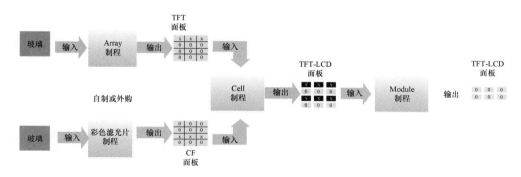

图 2-3 TFT-LCD 制造过程

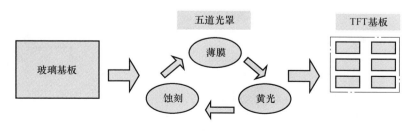

图 2-4 列阵（Array）制程

电浆化学反应的干蚀刻两种；之后是将蚀刻过的基板去除光阻剂的剥膜作业，并做最后检测。

列阵（Array）制程类似于半导体晶圆制造过程，经过曝光、显影、蚀刻等一系列物理和化学变化，在玻璃基板上刻出满足要求的电路，其生产过程存在多重入（Re-entrant）特征，由于半导体制造技术的成熟，目前在列阵（Array）制程方面，良率可保持在95%以上。列阵（Array）制程采用批量生产，生产单位为（lots），生产设施布置类型为 Job Shop 式，并且生产机台有共用特性。列阵（Array）制程有光罩限制，光罩比较大，成本比较高，并且光罩数量有限制，光罩是列阵（Array）制程的重要产能资源。所以，列阵（Array）制程的生产规划以产能规划为导向，以面向库存（Make to Stock，MTS）的生产方式进行生产，目的是尽可能利用所有的产能。

2. 组立（Cell）制程

组立（Cell）制程技术要是将前列阵制程（Array）的产出——晶体管玻璃基板与彩色滤光片基板分别作配向处理，并通过检准机械对位压合，再进行框胶烧成，切割成预定尺寸面板，再灌入液晶，并贴附偏光板，做检测工作，成为液晶显示器面板（LCD）。组立（Cell）制程如图2-5所示。彩色滤光片是以化学涂布的方式，在玻璃上形成红、绿、蓝的颜色，整齐排列后再覆盖一层导电薄膜，液晶显示器即通过晶体管向彩色滤光片发出信号，从而在屏幕上呈现彩色。在整个液晶组合的过程中，首先将玻璃清洗干净，在晶体管玻璃与彩色滤光片上涂上一层化学薄膜形成配向膜，然后进行配向作业，使表面的分子同方向排列。在组立两片玻璃板前，必须在其间散布类似球状的间隔物（Spacer），避免液晶面板组合后向内凹曲。之后将晶体管玻璃基板与彩色滤光片对位后利用框胶或导电胶固定两片玻璃边缘，经过热压着硬化和面板切裂后，将液晶（Crystal）灌入液晶面板内，并在两侧贴附方向垂直的偏光板，经过最后检查后即完成组立（Cell）制程。

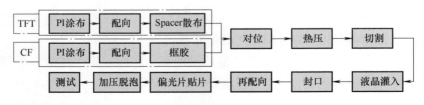

图 2-5　组立（Cell）制程

该制程难度很高，是 LCD 面板制作程序中良率最低的一环，目前进入量产的生产商制作良率在90%以上。

组立（Cell）制程的机台也比较昂贵，比如印刷工程机台、配向工程机台、散布工程机台，其中，配向工程机台是 CF 和 TFT 所共用的机台，需要排程计划，得出滤光片和 TFT 的生产顺序，这个过程需要采用模拟规划与排程，使用最小设置时间和最小生产周期作为目标函数，来求出排程规划。当然，这个过程属于现场实时排程规划。组立（Cell）制程也是一个产能规划为导向的制程，在规划过程中，需要考虑产能限制，尽可能的不产生产能剩余。生产策略是面向库存生产方式，以预测需求为驱动力。

3. 模组（Module）制程

最后是面板模组（Module）制程，主要是将切割完成的面板与驱动 IC、电路板、背光板等外部零组件组装起来，成为液晶显示器模组（LCM），再做最后的检查。由于 LCM 制程并不复杂，良率一般可维持在 99% 以上。完成上述制程的 LCM 最后在液晶显示器组装厂（Monitor）根据客户外观要求组装成用户使用的液晶显示器。

模组（Module）制程所需要的原材料是背光源、驱动 IC、电路板 PWB，所需的半成品是组立（Cell）制程的产出 LCD。首先将前段制程的液晶面板洗净后，与驱动 IC 和电路板组合，初步检查后再组装液晶面板的光线来源——背光源（Back light），将液晶面板与铁框锁附后，在通电及高温状态下进行老化测试（Burn in），筛选不良品。经过最终检验后包装出货，完成整个模组（Module）制程。模组组装流程如图 2-6 所示。

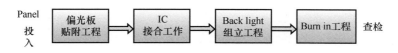

图 2-6　模组组装制造流程

模组（Module）制程与前面两个制程有很大的不同，在这个阶段，规划的目的是尽可能地满足顾客的订单，以市场需求为规划驱动力，生产策略为面向订单的生产方式，制程阶段末尾没有库存，在产品生产完成后，直接把产品达交给客户。模组（Module）制程对于物料的要求比较高，对于产能考虑的比较少，因此，此阶段是以物料导向为主的规划。

液晶面板是由一块巨大的液晶基板切割而来，而面板生产线的世代数又决定了上游制造商切割多大尺寸的面板才能达到最经济的切割尺寸。面板生产线要考虑如何切割玻璃基板使原材料利用率较高，产生的边角料较少，最终成品的经济效益较好，所以面板厂商根据经济切割尺寸的不同，液晶生产线也被分成了不同的代数。液晶面板世代线数并没有一个严格的定义，而只是业界一个约定俗成的称法。它是按照生产线所应用的玻璃基板的尺寸划分而来的。例如：G5 是 1100mm×1300mm 或者 1000mm×1200mm，G6 是 1500mm×1850mm，G8

是 2200mm×2500mm，不能根据代线来说明谁是最好的，因为用途不一样。G5 和 G6 可以用来切笔记本计算机显示屏、显示器的液晶屏，G8 用来切液晶电视，各有各的用途。随着技术的发展，玻璃基板的尺寸逐渐变大，从最初的 4 代线到如今的 10.5 代线，基板的尺寸已经发展到 2940mm×3370mm。目前市场常见的高世代线玻璃基板一般指 55in（1in=25.4mm）及以上，即 8.5 代线及以上的大尺寸玻璃基板。表 2-1 是玻璃基板产品代数及对应的基板尺寸。

表 2-1 玻璃基板产品代数及基板尺寸表

产 品 代 数	基板尺寸/mm	适 用 产 品
1 代线	320×400	6in 以下
2 代线	370×470	6in 以下
3 代线	550×650	6in 以下
4 代线	680×880	6in 以下
4.5 代线	730×920	6in 以下
5 代线	1100×1300	32in 以下
5.5 代线	1500×1300	32in 以下
6 代线	1500×1850	32in 以下
7 代线	1950×2250	43in 以下
8.5 代线	2200×2500	55in 以下
10 代线	2880×3130	60in
10.5 代线	2940×3370	65in、75in

高世代线玻璃基板对于发展大尺寸面板显示行业具有重要意义，它是平板显示产业的关键材料，在整个面板显示产品成本中占据了 20% 左右的成本。高世代线玻璃基板由于尺寸更大，可切割的大尺寸液晶面板便越多，生产效益也就越高，从而为平板显示产业发展节约大量的材料成本，为上游材料供给结构的适应性和灵活性起到改善作用。

2.2.2 TFT-LCD 生产链结构

TFT-LCD 产业从上游原材料到最终产品产业结构如图 2-7 所示，其产品应用几乎涵盖了目前所有的电子产品。

TFT-LCD 的生产过程结合半导体产业、化学材料产业及光电产业的制造技术以及组装产业技术，经列阵（Array）制程、组立（Cell）制程和模组（Module）制程三大制程的加工才可成为最终产品。因三大制程特性不同，且各完成单位为各自独立的制造厂，故 TFT-LCD 生产环境形态为多阶层（Multi-stage）的环境，上下阶层间有顺序性的关系。又因产品需求趋势渐渐往大尺寸产品走，

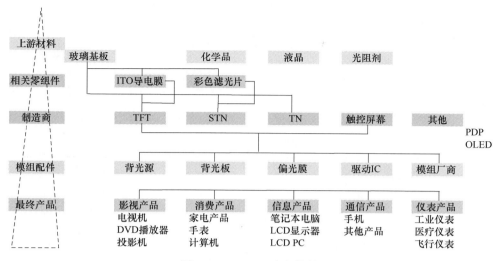

图 2-7　TFT-LCD 产业结构

现有列阵厂和组立厂已无法满足所有的市场需求，促使许多列阵厂和面板组立厂必须研发新的制程技术，纷纷扩建大世代厂区，以应付各种不同产品的需求。所以在每个阶层下都存在多厂区（Multi-site）的架构。从而构成每一阶段都有多个制造工厂的垂直整合型制造流程，称为 TFT-LCD 生产链（Production Chain），如图 2-8 所示。

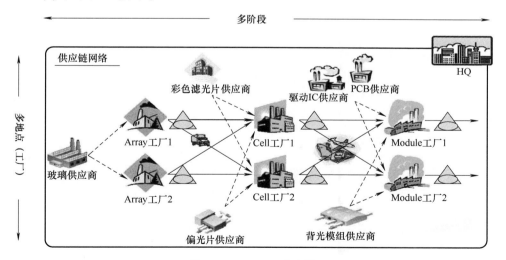

图 2-8　TFT-LCD 生产链

就 TFT-LCD 生产链规划特性而言，三大制程的规划目标皆不相同。列阵（Array）制程因为成膜、曝光、显影及蚀刻等过程具有回流生产与共享机台或光罩数量限制的特性，目标是在满足最终产品需求下达到资源利用率最大化。组立（Cell）制程则需考虑彩色滤光片及前段列阵（Array）制程的供货状况，减少切换不同产品所需的设置时间，目标为提高各设备资源使用率。因此列阵（Array）制程与组立（Cell）制程均是以"产能规划"为导向的生产环境。而模组（Module）制程主要考虑关键性物料的限制，是"物料规划"为导向的生产环境，以尽可能满足客户最终需求为目标，如客户指定用料（不同材料配对组合）、供给不同等级的产品给客户等。

在如此复杂的多阶多厂区生产结构与规划目标下，目前实务上每阶段制程的生产规划人员都是依据经验，独立作业，造成彼此间规划出来的生产计划可能发生冲突，因此如何考虑厂区间产能互补、关键性物料供给状况、生产厂区路径限制等因素，TFT-LCD 制造过程的协同生产规划是相当重要的，此即是本书所要探讨的问题。

2.2.3　TFT-LCD 制造业上下游生产模式

TFT-LCD 制造厂的前后段制程仿佛一个小型的供应链体系，其上下游生产模式可以分为两种类型。

1. I 形生产模式

如图 2-9 所示，若某 TFT-LCD 厂的制程只包括列阵（Array）、组立（Cell）及模组组装（Module）3 个制程，对彩色滤光片（CF）的需求以采购方式获得，厂内不进行彩色滤光片的生产，则此类 TFT-LCD 厂可视为 I 形上下游生产模式。

2. Y 形上下游生产模式

如图 2-10 所示，若某 TFT-LCD 厂的制程包括列阵（Array）、彩色滤光片、组立（Cell）及模组组装（Module）4 个制程，彩色滤光片（CF）属于厂内自制，则此类 TFT-LCD 厂可视为 Y 形上下游生产模式。

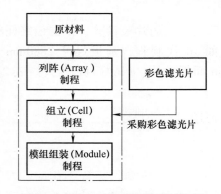

图 2-9　I 形上下游生产模式示意图

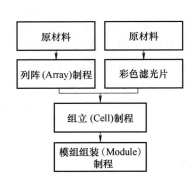

图 2-10　Y 形上下游生产模式示意图

2.3 TFT-LCD 生产规划特性

2.3.1 各制程的分级特性

液晶面板 3 个阶段的生产单位不同，分别为 Lot、Sheet、Piece，1 个 Lot 包含约 20 个 Sheet，1 个 Sheet 可以切割成约 4 个（或者更多）Piece，如图 2-11 所示。

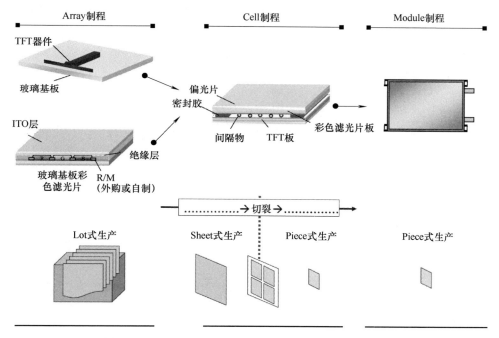

图 2-11 3 个阶段以及各自的生产单位（林则孟，2005）

列阵与彩色滤光片的投入单位都是以玻璃基板的片数计算，根据最终面板的尺寸不同可制作成不同的面板片数，如 10 代制程，基板尺寸 2880mm × 3130mm，可切割成 65in 面板 6 片、55/57in 面板 8 片、40in 面板 15 片。表 2-2 所示是各世代玻璃基板适合切割的面板尺寸及数量。

表 2-2 各世代基板可切割面板尺寸及数量

世 代	切 割 尺 寸
3 代	4 片 15in
3 代	6 片 15in

(续)

世代	切割尺寸
5代	12片17in/6片24in
6代	8片32in/4片65in
7代	8片40（42）in/6片46（47）in
8代	8片46in/6片52in
8.5代	6片55in
10代	6片65in/8片55（57）in/15片40in
11代	8片70in

在列阵（Array）或彩色滤光片制程结束后，会依据每片玻璃基板上面板的良品数进行分级，以17in为例，如果玻璃基板上的4片面板都是良品视为A级，如果只有3片面板为良品则视为B级，如图2-12所示。

组立（Cell）制程最后会根据品质的优劣对组立制程的完成品分级，分成a、b、c三级。等级的不同会影响下一制程的良率，下一制程（模组组装（Module）制程）所使用的组立完成品等级（品质）越高，其良率就越高。

模组组装（Module）制程最后也会根据品质的优劣分级，如图2-12所示将最终产品分成1、2、3三等级，不同顾客对相同产品所能接受的等级不同，WWF顾客只接受1级，而NOW顾客能接受1级和2级的最终产品。

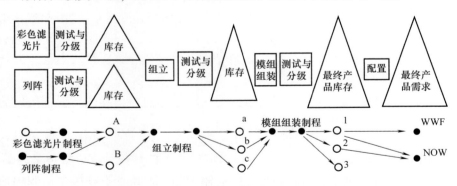

图2-12 TFT-LCD各制程的产品分级结构图

2.3.2 TFT-LCD生产规划及限制特性

1. TFT-LCD各制程规划目标

综上所述，TFT-LCD制程中包含了半导体制程、液晶制程与装配制程，由于各阶段制程特性不同，各制程规划目标亦有差异。TFT-LCD各制程规划目标总结如下：

(1) 列阵（Array）制程规划目标　考虑回流生产与共享机台的特性，使各设备对各产品的生产能平稳化，以达到各制程在制品（Work-In-Process，WIP）的平衡，进而降低制造周期时间（Cycle Time），增加产出。同时在满足最终产品需求的前提下达到瓶颈资源使用率的最大化。

(2) 组立（Cell）制程规划目标　考虑彩色滤光片、列阵（Array）制程的供货状况以及满足最终产品需求的前提下（上下阶制程供需平衡），尽可能提高各设备的资源使用率。

(3) 模组（Module）制程规划目标　配置各等级的产品给顾客，尽可能满足顾客的需求。

2. TFT-LCD 制程各阶段的限制特性

除上述 TFT-LCD 各制程规划目标不同外，TFT-LCD 制程的各阶段也有不同的限制特性，归纳如下：

(1) 制程分级产出特性　列阵的投入单位都是以玻璃基板（Substrate）的片数计算，依最终面板的尺寸不同可制作成不同的面板片数（Panel）。在列阵（Array）制程结束后会根据每片玻璃基板上面板的良品数进行分级。组立（Cell）制程最后会按照其质量的优劣对其完成品分级，等级的不同会影响下一制程的良率，下一制程（模组（Module）制程）所使用的组立完成品等级（质量）越高其良率就越高。模组（Module）制程最后一样会按照质量的优劣分级，不同顾客对相同产品所能接受的等级不同。

(2) 依赖于时间的良率与分级率特性　制程有良率问题，且因制程技术的不断进步其良率随着时间的不同而改变。而上述各制程的分级率也有这种特性。

(3) 依赖于时间的产能特性　产能（机台数量、工具数量、制程能力）在不同规划周期内会有变更。

(4) 依赖于制程的换线时间　机台的换线（不同产品转换）时间与前后连续的制程相关，非固定值。

(5) 特殊设备机台群组特性　不同产品使用的机台不尽相同，各产品会有各自使用的设备群组。

(6) 前后制程捆绑机台限制特性　后制程加工的机台会受限于前制程加工所用的机台。

(7) 等候时间限制特性　在特定制程之间有等候时间的限制，前一制程完成后需要在特定等候时间限制内（外）进入后一制程，超过这一时限会产生质量问题，需要进行重工损耗产能。

(8) 个别/群组物料替代特性　物料间彼此具有替代性。除个别替代外，也会有群组替代。

(9) 经济制造批量特性　有经济制造批量限制，当生产批量达到经济制造批量时才可开始加工。

（10）群组换线特性　换线是以作业群组为主，也就是说换线是在不同作业群组间的转换，而非个别作业的转换。

（11）连批生产特性　由于换线时间很长，故需要在满足需求下尽量减少换线的次数以避免产能的浪费。

（12）在制品（WIP）数量上限特性　由于暂存区（Buffer）的空间上限，故某些制程前的 WIP 会有数量上限限制。

（13）投入限制特性　针对不同产品特性，每天会有投入量上限。

由于 TFT-LCD 在进行生产规划时具有上下游同步规划的特性，且为资本及技术密集型产业，对生产规划人员的挑战是如何在满足市场需求并受限于各厂不同的限制下，同步协调 TFT、LCD、LCM 的排程计划，以提升各厂的产能利用率，达成各厂各自及整体的生产目标。综观上述的特色与需求，以往使用人力进行生产规划与排程的机制，在时效性上可能无法立即反应顾客所提出的需求与询问。因此，TFT-LCD 产业需要有一先进的规划及排程机制，以协助业务人员与生产管理人员快速响应顾客需求。

2.4　TFT-LCD 制造业对 APS 系统的需求特性

2.4.1　商业 APS 软件做法与架构

目前，APS 软件工具种类很多，每一套套装软件都有其专注的地方，例如 i2 技术公司的 Factory Planner 与 Adexa 公司的 Material and Capacity Planner，是属于处理单一厂区的规划系统。主要是处理单一厂内物料需求与产能限制的问题。然而，在一个供应链上处理多厂区生产规划的问题，就无法利用上述的 APS 系统来完成。

1. i2 SCP

i2 技术公司的 Supply Chain Planner（SCP）就是属于一个处理多厂区生产规划的 APS 系统。i2 技术公司对 SCP 的特性描述如下：

1）同时针对产能与物料问题进行规划。

2）同时针对生产、配销、存货与运送进行同步规划。

3）同时考虑整段供应链上下游供需关系。

4）同时规划近程及远程生产计划。

SCP 的资料关系如图 2-13 所示，SCP 基本架构分为 3 个模组和 1 个规划引擎（Engine），分别为主模组（Master Model）、规划资料模组（Planning Data）和使用者定义模组（User Interface Definition）。主模组包含了实体生产单位的结构资料，以阶层的方式展现资料。规划资料模组除了包含一般规划资料外，还有生产限制。使用者定义模组则是定义不同的使用者使其界面不同。

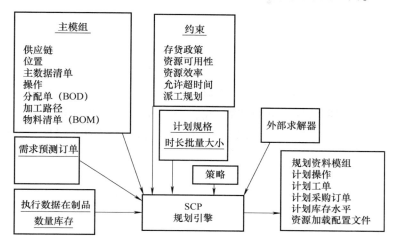

图 2-13　SCP 的资料关系

SCP 建立供应链体系的方式，是将整个供应链体系的相关资料都包含在同一个系统内。换句话说就是将整个供应链，视为一个企业的内部环境，而供应链的上下游关系为类似前后段制程间的关联，是属于一种集中式的规划方式。但是在企业的实施过程中，因为所传递的资料不易完整以及透明度低，使得这类集中式的架构，规划的结果容易产生误差，造成计划的执行不易以及不合理性增加。所以 SCP 的规划范围逐渐缩小，已经无法有效地规划供应链上多厂区的环境，而现在 SCP 的定位为处理单一企业内部的多厂区生产规划，系统的架构仍然是集中式规划架构。

2. Adexa SCP

Adexa SCP 的规划方式分为两大部分：产销平衡（Balancing）规划；供应网络（Scheduling）排程。

产销平衡规划使用两种方法：

（1）线性规划　其中包含了 Inner、CPLEX、XPRESS 和 External 4 种法则可供选择。

（2）启发式法则　根据优先级（Preference）及外包比率（Sourcing Rate）并考虑等级需求（Grading Requirement）及工单大小限制（Work Order Sizing Constraint）做规划。

产销平衡的规划逻辑如图 2-14 所示，主要是针对每个存储单位（Stock Keeping Unit，SKU）以现有的供给存货来满足需求。若供给过多，则删除多余的工单，若供给不足，则建立新的工单。此一阶段同时决定每个工单的生产方法。

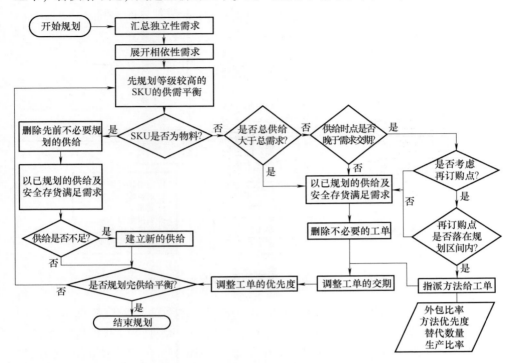

图 2-14　Adexa SCP 启发式法则的产销平衡规划

Adexa 网络排程的逻辑如图 2-15 所示。图 2-15 是根据产销平衡规划方式所规划的工单需求，以产品生产周期为目标来决定各个工单的开工及完工时间。结合 Adexa SCP 的规划方式是以供应链网络（Supply Chain Network）中关键路径（Critical Path）上的工单先行规划，再规划非关键路径上的工单。若是在非关键路径上的工单无法决定其合理的开工及完工时间，则将此工单再列入关键路径上的工单再重新规划。决定各个工单的开工及完工时间的规划逻辑，以前推（Forword）方式由上游的工单以最早开工时间为基准，规划至下游的工单。若无法得到合理的解，则再以后退（Backward）方式由下游的工单以交期为基准，规划到上游的工单。如果还是无法得到合理解，则以前推方式规划到有合理解为止。

Adexa SCP 的产销平衡规划是在考虑供应链上的成本最小化前提下，决定每个储存单位生产方式的外包/生产比率。决定外包/生产比率所考虑的成本如下：

1）违反安全存货的成本是每单位低于存货水准的成本。
2）持有成本是每单位可存货空间所造成的成本。
3）存货成本是仓储费用。

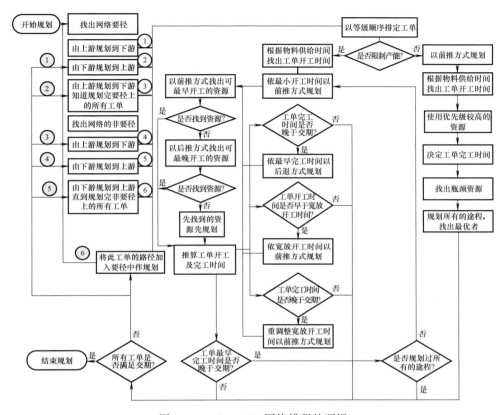

图 2-15　Adexa SCP 网络排程的逻辑

4）单位成本是指生产成本。
5）低于使用率的成本是资源没有满载情况下所造成的处罚成本。
6）收入是卖给顾客的品项价格。
7）延迟成本是顾客订单交期延迟所造成收入损失的成本。
8）卸货成本是将物料送至需要位置的总成本。

2.4.2　TFT-LCD 制造业 APS 规划特性

虽然目前已经有国外的 APS 软件商开发了标准的 APS 套装软件，但并不适合 TFT-LCD 产业进行例行性生产规划，其原因可大致归纳如下：

（1）TFT-LCD 面板制造厂内的列阵（Array）制程　类似半导体产业，组立（Cell）制程具有光电产业特性，模组（Module）组装制程与一般组装产业相近。前后段制程仿佛一小型的上下游供应链体系，各制程的生产目标都不相同，规划时必须同时满足各段的不同目标。

1）列阵（Array）制程的目标：因镀膜、曝光、显影及蚀刻这四段制程有回流生产与共享机台的特性，生产目标是让各设备对各产品的生产能平稳化，同时在满足最终产品需求的前提下达到瓶颈资源使用率的最大化。

2）组立（Cell）制程的目标：考虑彩色滤光片、列阵（Array）制程的供货状况以及满足最终产品需求的前提下（上下阶制程供需平衡），提高各设备的资源使用率。

3）模组（Module）组装制程的目标：配置各等级的产品给顾客，尽可能满足顾客的需求（Demand Allocation）。

4）彩色滤光片制程的目标：因彩色滤光片的制造流程属单线生产（只有一条生产线），规划时在满足组立（Cell）制程需求的前提下，尽量并批生产、减少换线次数，以提高资源使用率及良率。

(2) TFT-LCD 产业的设备昂贵　针对需求客制化程度不高，属计划式生产，但因制程技术的不断进步，良率及分级率都会随着时间而改变，使得传统 MRP 的逻辑无法满足该产业的特性。

(3) 各自开立制程制令　为达到各制程的生产目标以及考虑各制程的产品分级，在供给规划阶段，必须各自开立各制程的制令，最后再以存货来满足下游的需求。

(4) 列阵制程通常是瓶颈资源　根据限制理论（Theory of Constraint，TOC），先针对瓶颈资源进行规划，所以规划顺序是从上游到下游。

2.4.3　适合 TFT-LCD 制造业的 APS 规划理念

TFT-LCD 业在进行生产规划时，需考虑上下游各厂的产能是否平衡，但由于上下游制程特性各不相同，为达成各厂及整体的生产目标，需要同步协调上下游的生产计划，在满足客户需求的前提下，提高各厂的资源使用率，达成各厂的生产目标。具体来说：

(1) 需求规划　在需求规划阶段，必须根据市场需求，考虑各阶制程的良率及分级率，以规划出各阶制程的时程化需求（Time-Phased Demand）。

(2) 主排程规划　为达到各阶制程的生产目标（实程化需求），在主排程规划（Master Planning）阶段，必须考虑各阶制程的良率/分级率及已生产未分配量（例如 WIP，Bank），以规划出各阶制程的时程化投入量（即制令）。

(3) 生产排程规划　由于主排程规划阶段并未考虑各阶生产现场的实际产能、生产限制与派工条件，所以需要经过详细的生产排程规划，以规划出实际可行且可以作为生产现场派工依据的日生产计划（Daily Production Plan）。

(4) 物料规划及需求分配　以实际可行且可作为生产现场派工依据的日生产计划，进行物料规划及需求分配（即 ATP/CTP），以达到订单满足（Order

Fulfillment）的目标。

（5）其他　各阶制程规划时均有其特殊生产限制与派工条件考虑。

下面以 I 型生产模式为例，对生产规划过程进行说明。

（1）主排程规划（Master Planning）　主排程规划主要承接需求规划所规划最终产品的预计净需求量，考虑各厂之良率、在制品与库存量，求得各厂各制程的净投片量。各制程（LCM、LCD、TFT）的规划方法与步骤说明如下：

步骤一：计算各制程的毛需求（投片需求）量。

步骤二：计算各制程已生产未分配量。

步骤三：计算各制程净需求（净投片）量。

（2）各阶制程生产排程产出平衡规划　可通过三个步骤来完成：

步骤一：产生列阵（Array）制程的生产计划，如图 2-16 所示。

因列阵（Array）制程类似半导体制程，制程复杂且设备昂贵，通常为 TFT-LCD 产业的瓶颈站。根据 TOC 理论，先规划瓶颈站的生产计划。

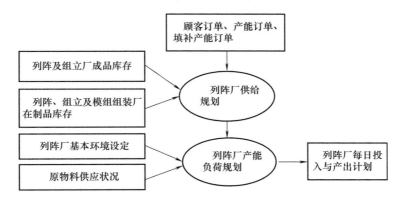

图 2-16　列阵（Array）制程产能规划流程图

列阵（Array）制程在进行产能规划时需考虑以下限制：①后制程与前制程机台间的相依限制。②等候时间限制。③良率随产品与时间的不同而改变。④规划周期内资源具有生效与失效日的限制。⑤规划周期内途程具有生效与失效日限制。⑥将期初在制品纳入规划。⑦载具与工具等限制。

同时需与供货商协调原物料的进货时程，减少因原物料的供应不足而造成列阵（Array）制程产出减少、资源使用率下降的情形发生。列阵厂规划流程如图 2-17 所示。

步骤二：产生组立（Cell）制程的生产计划，如图 2-18 所示。

组立（Cell）制程在进行产能规划时需考虑以下限制：①根据彩色滤光片及列阵产品等级的不同可由不同制程进行生产。②组立（Cell）制程的完成品会依据产品质量进行分级。③良率随产品与时间的不同而改变。④规划周期内资源

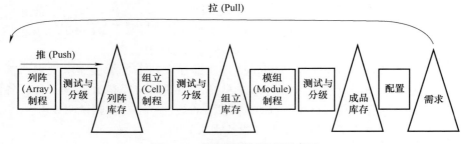

图 2-17 列阵厂规划流程示意图

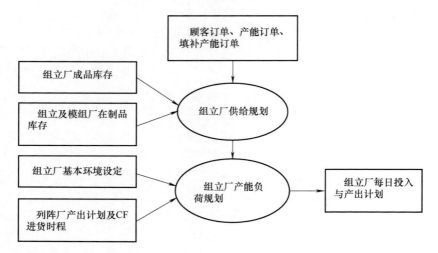

图 2-18 组立（Cell）制程产能规划流程图

具有生效与失效日的限制。⑤规划周期内途程具有生效与失效日的限制。⑥将期初在制品纳入规划。⑦载具与工具等限制。

当列阵（Array）制程的产出计划及彩色滤光片的进货时程会影响组立（Cell）制程的产出时，需要重新规划列阵制程的生产计划或与彩色滤光片的供货商进行协调，以期能提高组立（Cell）制程的资源使用率，同时满足顾客的需求。图 2-19 为组立（Cell）制程规划流程示意图。

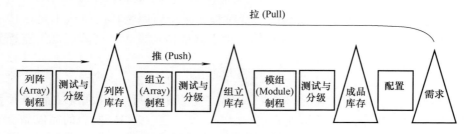

图 2-19 组立（Cell）制程规划流程示意图

步骤三：产生模组组装（Module）制程的生产计划并将完成品配置给顾客，如图 2-20 所示。

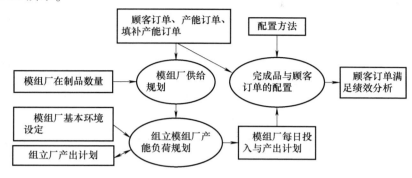

图 2-20 模组组装（Module）制程产能规划与配置流程图

模组组装（Module）制程在进行产能规划时需考虑以下限制：①不同等级的组立（Cell）制程完成品具有替代性。②模组（Module）组装制程的完成品会依产品质量分级。③良率随产品与时间的不同而改变。④规划周期内资源具有生效与失效日限制。⑤规划周期内途程具有生效与失效日限制。⑥将期初在制品纳入规划。⑦载具与工具等限制。

根据配置模式（Allocation Model），考虑模组组装（Module）制程的产出计划与顾客订单之间的配置，产生顾客订单满足绩效分析（ATP/CTP）。当组立厂的产出计划影响模块组装厂的产出进而造成顾客订单延迟时，需重新规划组立（Cell）制程的生产计划，以期能提高订单达交率及模组组装（Module）制程的资源使用率。模组组装配置规划流程如图 2-21 所示。

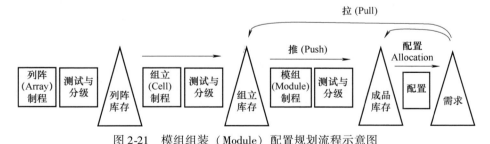

图 2-21 模组组装（Module）配置规划流程示意图

2.5 TFT-LCD 生产规划与排程的绩效指标与限制

2.5.1 绩效指标

绩效指标是指在对 TFT-LCD 多厂进行规划与排程时，在考虑限制条件的基础上所追求的规划目的。如果所考虑的规划目的和生产状况不同，那么绩效指标也会不同。绩效指标通常包括 4 大类：交期、平均流程时间、工作站使用率和成本。本书对相关绩效指标进行整理，见表 2-3。

表 2-3　TFT-LCD 多厂区规划与排程绩效指标

指标分类	成本	交期	流程时间	工作站使用率
绩效指标	变动生产成本 固定生产成本 设置成本 库存成本 物料购买成本 物料持有成本 运输成本 缺货惩罚成本 外购成本 产能扩充成本	平均延迟时间 总延迟时间 总延迟工作数	生产周期时间 平均等待时间 平均流程时间 总流程时间	准备时间 机台利用率 机台闲置时间

2.5.2　多厂区规划与排程限制

限制也就是约束条件，有等式约束和不等式约束，根据 Pape（1996）的理论，可以把 TFT-LCD 多厂区规划与排程的限制分成 4 类，即时间限制、产能限制、资源限制和特殊限制。本书根据这 4 个限制分类，对相关限制进行了整理，见表 2-4。

表 2-4　TFT-LCD 多厂区规划与排程相关限制

限制分类	产能限制	资源限制	时间限制	特殊限制
限制	最大产能限制 最小开工产能限制 设置时间限制 产能满载限制 产能扩充限制	物料采购限制 制程限制 运输限制 采购批量限制 光罩限制	物料来到时间限制 交期限制	生产良率限制 单位转换限制 产品等级限制 最小生产批量限制 订单不可分割限制 指定生产工厂限制 指定物料限制

第 3 章

基于延迟策略的 TFT-LCD 产业生产模式优化

延迟（Postponement）策略实际上是 MTO（Make To Order）和 MTS（Make To Stock）生产方式的有机结合，本章介绍了延迟策略提出的背景、延迟策略的定义和基本方法，探讨和研究如何将延迟策略引入 TFT-LCD 生产过程。实证部分以供应链的最上游——玻璃基板的生产过程应用延迟策略为例，分别构建单期模式和多期模式下基于接单后生产策略、部分延迟策略、面向库存生产策略、混合预测性生产与延迟生产策略的 4 种模型，然后以不同模式下的净期望利润值最大为目标，采用 Matlab 软件，结合标准 PSO 算法对所构建的模型进行求解并进行成本利润对比分析。

3.1 延迟策略简介

3.1.1 延迟策略提出的背景

随着互联网的普及及人们物质生活水平的提高，消费者对于产品提出越来越多个性化和多样化的需求。客户定制化生产在满足消费者个性化需求的同时，还伴随着管理成本的增加以及生产规模经济性的降低。客户定制化程度的提高，必然会带来需求预测困难、高库存水平以及作业效率低等一系列困难。

近年来，有很多学者开始寻找如何在既满足客户定制化需求的同时又实现生产经济规模的有效方法，而延迟策略就是这样一种有效的方法。通过延迟策略的引入，可以有效地提高服务水准，并且降低生产和库存成本，还可以通过重新规划原来的生产与物流架构，达到及时运送以及对运输成本的控制。

将延迟策略引入产品生产过程中，首先涉及到一个"客户订单分离点

"(Customer Order Decoupling Point, CODP)"的概念,它是指实际需求从供应链下游往上游所能达到的最远点。如图3-1所示,分离点把供应链分割成两部分:在分离点的左边供应链以需求为驱动;而在分离点的右边供应链则以预测为驱动。

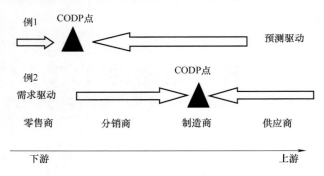

图3-1　分离点与延迟策略

当实际需求(图3-1例1)只是停留在零售商处时,制造商只能对最终产品进行销售预测,并且库存是以最终产品的形式存在。这里就存在着一个严重的问题,即在客户个性化需求越来越迅速变化的今天,销售预测经常是不准确的,这极有可能产生供不应求或供过于求的情况。而当实际需求(图3-1例2)向上传递到制造商时,制造商和供应商可以根据实际需求安排生产和供应相关部件,而此时的库存将以通用部件或半成品的形式存在,在收到客户确切的需求时再进行组装生产。这种将客户个性化需求确定后的生产过程尽量推向供应链下游的策略即为延迟策略。

延迟策略的引入,从很大程度上提高了整个供应链的响应速度,减少客户需求的反应时间,实现供应链成员对于个性化客户需求的快速响应,实现供应链管理快速、有效、灵活的核心思想。特别是针对TFT-LCD产业,由于其行业特殊性,导致TFT-LCD上游部件生产商主要都是通过预测来安排生产,但由于TFT-LCD产业需求变动很大,于是经常造成库存积压或是无法按时交货,严重影响了整个供应链的响应速度。因此,在TFT-LCD制造业,非常需要延迟策略的引入,在节省成本、降低库存的同时实现客户订单的快速响应。

3.1.2　延迟策略的定义

延迟理论的概念最早由Alderson(1950)⊖提出,稍后由Bucklin(1965)⊖加

⊖ Alderson, W. Marketing Efficiency and the Principle of Postponement [M]. Twenty-First Century Guide to Aldersonian Marketing Thought. 2006.
⊖ Bucklin L. P. Postponement, Speculation and the Structure of Distribution Channels [J]. Journal of Marketing Research, 1965, Feb: 26-31.

以叙述。延迟理论背后的逻辑是产品在制造及运输中的风险及不确定性，与产品的差异（类型、地点、时间）有着很大的关系。延迟（Postponement）观念的提出最早用于销售领域，Alderson 将延迟定义为将产品在市场上形式的改变尽可能地延至最末点的策略。

Bucklin 更进一步阐述配销通路的观点，认为成品差异（形式、位置及时间）所造成的风险及不确定性，都是发生在制造及物流的操作上，如果制造及物流的部分作业，能被延迟至订单确认以后，则风险及不确定性将可被降低或完全消除。

到 20 世纪 90 年代左右，延迟成为一个集成营销、制造和物流等的概念，受到研究者越来越多的关注并产生了很多研究成果。由于延迟策略的研究仍在深入进行，不同的学者分别从不同的角度阐述了延迟的定义，以下是对于该定义的主流观点。

Zinn[1]认为延迟的原则是"在收到顾客订单后，在实体配送流程之前，对产品形式作最后的处理"，在实物上可以定义 5 种不同形态的延迟策略，分别为贴标延迟（Labeling Postponement）、包装延迟（Packaging Postponement）、组装延迟（Assembly Postponement）、制造延迟（Manufacturing Postponement）以及时间延迟（Time Postponement）。前 4 种延迟策略皆为形式延迟（Form Postponement），这 4 种延迟主要的差异在于延迟发生的阶段不同而已，其手法也很简单，主要是将贴标签、包装、最终组装、制造这些差异性的动作延迟到订单确定之后再做。

Bowersox and Closs（1996）[2]定义延迟理论的观念是"将一个产品的最后组装及配送阶段延迟到接到客户订单的时候"，延迟的策略可以降低物流的预期风险。其提出的延迟种类分为两种：制造延迟和物流延迟。制造延迟的目的是考虑制造产品的标准化以及足够的生产经济规模数量，尽可能将产品保持在中间或未确定的状态下，等收到客户订单以后才做出产品的差异并最终完成制造，这种方法不但可以降低预测错误的风险，更可以降低产品制造的提前期；物流延迟是利用快速订单的传递，将预期库存放在一个或少数的地点，等接到客户订单后才做配送，例如售后服务零件的送达等，这样不但可以降低因预测错误造成的库存成本，同时还可以提高客户的满意度。

Pagh and Cooper[3]将延迟理论定义为"将制造及物流作业尽量延后，直到最

---

[1] Zinn W, Bowersox D J. Planning Physical Distribution with the Principle of Postponement [J]. Journal of Business Logistics, 1988 (2): 117-136.

[2] Bowersox D J, Closs D C. Logistical Management: The Integrated Supply Chain Process [M]. McGraw-Hill Series in Marketing, New York: The McGraw-Hill Companies, 1996.

[3] Pagh J D, Cooper M C. Supply Chain Postponement and Speculation Strategies: How to Choose the Right Strategy [J]. Journal of Business Logistics, 1998, 19 (2): 13-33.

终订单承诺被确定获得",如此,可将风险及不确定性经过这些努力及活动降至最低,甚至可完全消除。

综上,延迟策略可以理解为为面对需求、供给等不确定因素和瞬息万变的市场环境,将供应链上的定制活动推迟,直至接到确定的订单或者更为准确的信息,以此来降低库存成本并满足客户个性化的需求,使产品和服务与顾客的需求实现无缝连接,提高企业的柔性与敏捷度的一种生产策略。

3.1.3 实现延迟策略的基本方法

Lee[1]整合了设计地域化与设计客制化的观点,加上产品模块化,提出了一套全新的延迟观念,将延迟策略分为两大类:时间延迟和形式延迟。Lee 的时间延迟不像早期的理论,仅仅着重于将原先的制造动作延迟到订单确定后才执行,即将 Make to Stock(MTS)转为 Make to Order(MTO)的制造环境,将差异性制作流程移至订单确定后。这种延迟的优点在于,完全将制造过程发生在订单确定以后,以此来减少需求的不确定性。流程的延迟,是将差异化的流程由中心工厂移到区域性的配送中心,也就是延迟差异流程;其形式延迟,即零件共通性、流程标准化等理论,以形式上的共通性,来延迟产品的差异点。它与时间延迟所不同的是时间延迟并不减少产品间的差异,仅是将差异延后;而形式延迟则是以产品或流程的重新设计来减少产品的差异,以达到产品间差异延迟的效果。然而延迟并非总是免费的,可能在某部分节省了成本的同时却造成了其他工序上成本的增加。因此,Lee[2]进一步提到,延迟理论包含了很多适应产品多样化的方法,以及使用后的结果,其方法与结果见表 3-1。

表 3-1 延迟策略的方法及结果

方 法	使 用 结 果
零件共通性	重新设计不同的产品或元件,使得成为一个共通的元件。此时所影响到的成本为库存成本、缺货成本、物流成本与制造成本
流程标准化	将产品或备料间有差异的流程标准化,此手法影响到的成本为制造成本、减少因订单变更所引起的再制成本;或是提高预测的准确度
流程延迟	将最后组装或客制化等差异性流程,移至区域配送中心才做。该方法将造成物料成本、运输成本、关税、再制成本及额外投资的改变

---

[1] Lee H L, Billington C. Designing Products and Processes for Postponement [M]. Management of Design: Engineering and Management Perspectives, 1994.

[2] Lee H L. Effective Inventory and Service Management through Product and Process Redesign [J]. Operations Research, 1996, 44 (1): 151-159.

(续)

方　　法	使　用　结　果
流程重排	将相同的流程先做，相异的流程后做，使得产品或备料的差异点向后延迟，此法所影响的成本与流程标准化相同，为制造成本、减少因订单变更所引起的再制成本；或是提高预测的准确度
网路设计	与供应链中心负责制造的中心工厂以及负责配送的配送中心所应设置的数目和位置相关

Lee[⊖]等人又提到，为了达到产品的延后组装，目前已有一些公司针对延迟产品差异点的研究进行实际应用，主要应用方法有下列 3 项：

（1）标准化（Standardization） 将产品的元件标准化，使得产品生产时可以使用共同的元件。其优点为降低制造系统的复杂度、增加再制品库存弹性和改变客户服务水平。

（2）模块化（Modularity）设计 将一个完整的产品，分割成几项子模块，使其可以轻易地组装在一起。这使得制造商可以延迟特定产品的规格，进而达到产品差异点的延后。而 Ulrich 和 Tung（1991）也提到，产品朝标准化模块化设计将会使得重新设计流程变得更具有弹性。

（3）流程的再构建（Process Redesign） 重新编排制造产品的操作流程。例如在某些产品的生产过程中，可能无法延迟特定的产品或元件的组装操作过程。然而，利用制造流程再构建的方式，可以使得多种产品的共同元件可以先制造，进而再组装成各项产品。不过，这种方法的利用必须先衡量流程的可行性及评估流程变更后是否能够带来更好的效果。

在实际应用以上 3 种方法时，有可能造成部分的成本增加或减少，因此在实行时，可以参考表 3-2 的标准来对各种方法进行评估取舍。

表 3-2　3 种方法的过程和实现条件

基　本　方　法	流程再设计以达成延迟产品的差异点	实现延迟目标的条件
标准化	设计产品元件，使其成为所有产品的共同元件	当标准化产品元件时的投资成本与制造成本较低时
模块设计化	将一个产品元件分成两个模块：第一个模块为共同的元件，并且延后第二个模块的组装操作	当提前期、制造成本以及单位库存成本的增加较低时

⊖　Lee H L, Tang C S. Modeling the costs and benefits of delayed product differentiation [J]. Management Science, 1997, 43 (1): 40-53.

(续)

基本方法	流程再设计以达成延迟产品的差异点	实现延迟目标的条件
流程再构建（操作的延后）	将一个操作分成两步骤：第一步为所有产品的共同操作，并且延后第二步骤的执行	当产品第一共同操作步骤的提前期比第二步骤长且第二操作步骤是一个高附加值的活动时采用此方法
流程再构建（操作的颠倒）	颠倒两个产品操作的执行次序，第一项操作所有产品的共同操作	当颠倒产品的操作可以延缓高附加值的活动时采用此方法

3.1.4 延迟策略的本质

客户订单分离点（Customer Order Decoupling Point，CODP）是指企业生产活动中由基于预测的库存生产转向响应客户需求的定制生产的转换点。在该点处对计划的制定和过程的优化不再依据传统地对需求的预测，而是依据客户的个性化订单和企业内自身的资源配置等情况。CODP 是 MTS 与 MTO 的转换分离点，在分离点以前的生产主要依据预测（推动式），而分离点以后的生产则借由客户需求拉动（拉动式）。一种基本的产品在客户订单分离点后，通过采用不同的生产工艺或添加不同的零部件或原材料，分化出若干种满足不同客户个性化需求的产品。

延迟策略就其本质而言是将供应链上的定制活动推迟，直至接到确定的订单后再进行后续的生产或运输活动。因此，延迟策略的一种最为常见的表现形式即为客户订单分离点向左方向的实际移动或者相对移动。在这里需要强调的是，运用客户订单分离点的推拉结合的供应链只是延迟的一种表现形式，而推拉结合的供应链并不等同于延迟，这点常常容易被忽视。因为延迟并不仅仅是对传统的供应链进行形式上的一种改革，而更多的是对传统供应链流程的一种变革，这种变革可能是通过产品的设计来实现，比如模块化设计方法，也可能是对整个供应链流程进行重新的构建，还可能是借助某种技术或者其他外力如信息技术来实现。

延迟策略实际上是一种流程再设计和过程重组思想，在传统的按库存生产情况下，实施延迟就是改变传统的基于预测的生产方式，采取按订单生产与按库存生产相结合的生产方式，发挥两者的优势，通过优势互补达到利益最大化。实施延迟策略很多时候要求将供应链流程分成通用过程与多样化过程，将产品的整个制造过程分为前段 MTS 和后段 MTO 两个阶段。采取这样的混合策略，可以减少大量库存的风险，大大降低库存成本，因为半成品的库存成本要大大低于成品库存；保持半成品还可以降低订单的完成时间，提高客户订单的反应速度;能够产生学习效应,在一般的半成品到最后的成品的制造过程中,可以更好地了解需求的信息;除此以外,延迟生产的另一个好处是可以简化制造流程以及计划、排序、原材料采购的难度。作业重新排序是对这种流程变革思想的一个很好说明。世界著名针织品供应商——意大利 Benetton 制衣公司针对毛衣颜色变化难以预测的情况,变革早先的先染色后编制的流程,而先以一定规模制造不染色的毛衣,在即将投放市场前再染色,保证其颜色符合最新潮流,满足顾客需求。这种延迟活动利用的就是新的市场信息即顾客信息的反映。

延迟策略同时是实现大规模定制和敏捷制造思想的一种有效方法,因为它从流程设计的角度提出了一种可能性,即在不牺牲产品品种多样性和满足客户多样化需求的同时有效地利用生产的规模优势。如果可以压缩按订单生产周期至足够短的时间,那么就可以直接运用接单后生产的新型生产方式,这样一种更高程度的延迟方式则能够极大地提高企业的生产效率,提高企业满足客户个性化需求的能力。

3.1.5 延迟策略分类及比较

延迟策略发展至今,许多学者依据不同的条件提出了延迟策略的不同分类方式。如前文所述,Zinn and Bowersox 认为延迟策略其实就是"将客户定购点(即产品差异点)尽可能的延后"。其依据不同形态将延迟分成贴标、包装、组装及制造 4 种不同的延迟策略,再加上时间延迟,形成了 5 种不同的延迟类型。这是最早对于延迟策略的分类。这 5 种延迟类型都是以客户的订单来驱动最后的流程,因此会产生不同的成本模式与成本特性,见表 3-3。

表 3-3 Zinn and Bowersox 的延迟策略分类

延迟策略	定义	延迟策略对成本的影响	适用公司的特征
贴标延迟 (Labeling Postponement)	若相同产品在不同地区销售时,需标以不同的商标,因此可能产品以无标签的状态运至各地区仓库后,再进行最后贴标的程序	1. 库存成本下降:因安全库存减少 2. 贴标处理成本增加:因无法达到规模经济	1. 销售的产品具有多种商标 2. 商品单位价格高 3. 产品销售波动大
包装延迟 (Packaging Postponement)	若同一产品将以不同的包装销售,则可能未包装的产品成堆送至仓库,待订单确认后再行包装。	1. 运输成本下降:因运送货物体积减少 2. 库存成本下降:因安全库存减少 3. 包装处理成本增加:因无法达到规模经济	1. 销售产品具有多种包装尺寸 2. 商品单位价格高 3. 产品销售波动大

（续）

延迟策略	定义	延迟策略对成本的影响	适用公司的特征
组装延迟（Assembly Postponement）	拥有共同零件的基本产品，若采取组装延迟，可将零件配送至仓库再行组装	1. 运输成本下降：因货物类别减少，有较佳的密度比率 2. 库存成本下降：因安全库存减少 3. 组装处理成本增加：因无法达到规模经济 4. 销售损失的成本增加：配送的成本会因此提高	1. 产品间彼此相似但却使用不同的模块 2. 产品未组装时体积大大减小 3. 商品单位价格高 4. 产品销售波动大
制造延迟（Manufacturing Postponement）	将所有零组件仓库储存，再根据客户订单进行制造	1. 运输成本下降：因货物类别减少，有较佳的密度比率 2. 库存成本下降：因安全库存减少 3. 制造处理成本增加：因无法达到规模经济 4. 销售损失的成本增加	1. 产品制造所需的物料大部分到处可得 2. 商品单位价格高 3. 产品销售波动大
时间延迟（Time Postponement）	采取集中库存，以提供完整的产品供货能力，并在接到客户订单后再进行配送	1. 运输成本增加：因配送时间拉长 2. 库存成本下降：因安全库存减少 3. 销售损失的成本增加	1. 商品单位价格高 2. 产品销售波动大 3. 公司有较多的仓储配送中心

为了使得企业能够清楚了解执行整合供应链的效能以及对供应链能有整体的规划，Pagh and Cooper⊖根据延迟和预测应用在供应链的不同位置，定义了一个供应链的延迟/预测策略矩阵（Postponement/Speculation strategies，P/S-strategies），见表3-4。

表3-4 供应链延迟/预测策略矩阵

制造	物流	
	预测（分散库存管理）	延迟（集中库存管理与直接配送）
预测（库存生产）	完全预测策略	物流延迟策略
延迟（接单生产）	制造延迟策略	完全延迟策略

⊖ Pagh J D，Cooper M C. Supply Chain Postponement and Speculation Strategies：How to Choose the Right Strategy［J］. Journal of Business Logistics，1998，19（2）：13-33.

(1) 完全预测策略（Full Speculation Strategy） 此种策略为传统企业最常用的做法，与延迟的概念完全相反，即采取尽可能提早发生产品形式上的差异。完全预测策略根据需求来预测库存，客户订单点位于供应链的最下游，所有产品均在订购点前完成。其优点是制造及物流配送具有规模经济，缺点是库存成本高及产品形式固定。图 3-2 为完全预测策略示意图。

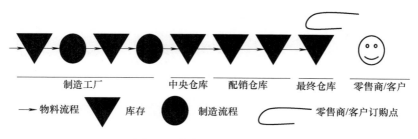

图 3-2　完全预测策略示意图

(2) 制造延迟策略（Manufacturing Postponement Strategy） 此种策略是将制造流程中比较简单的程序，如最后组装、包装、贴标的程序延迟至客户需求已知后才进行，如图 3-3 所示。由于此种策略要等到客户需求确定后才进行后段的制造流程，因此前段制造流程的半成品必须实施集中化管理，称为"后加工制造策略（Pos-factory Manufacturing Strategy）"。其优点是成品安全库存减少以及库存的规划与管理单纯化，缺点是制造成本增加以及客户订单处理成本增加。

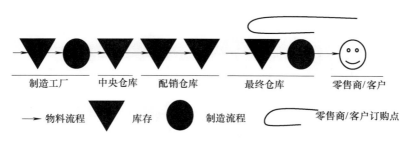

图 3-3　制造延迟策略示意图

(3) 物流延迟策略（Logistics Postponement Strategy） 如图 3-4 所示，此策略是制造商完全采用预测性生产方式，配送则是等到客户需求确定后才进行。因此产品有单一的库存中心，等接到客户订单后便直接配送至客户手中。其优点是制造具有规模经济，缺点是运输成本增加（因为配送的量少及频率增加，且需要较快的运输速度）。

(4) 完全延迟策略（Full Postponement Strategy） 这种策略合并了制造延迟与物流延迟的概念，因此不论是产品制造或运输，都是在客户需求确定后才进

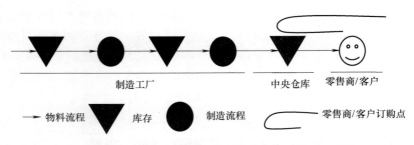

图 3-4 物流延迟策略示意图

行。有时为了缩短运输时间及利用制造的规模经济,厂商可能会先将前段的部分制造流程在客户需求确定前即完成,如图 3-5 所示。其优点是库存减少,缺点是制造与物流配送不具有规模经济。

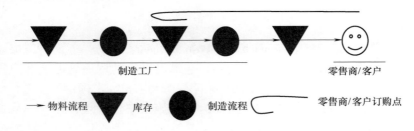

图 3-5 完全延迟策略示意图

此外,Pagh & Cooper 也对这 4 种延迟/预测策略所产生的相关成本及客户服务水平作了比较,见表 3-5。

表 3-5 延迟/预测策略的成本及客户服务水平比较

制　造	物　流			
	预测 (分散库存管理)		延迟 (集中库存管理与直接配送)	
预测 (库存生产)	低 高 低 高	制造成本 库存成本 配送成本 客户服务水平	低 中/低 高 中/低	制造成本 库存成本 配送成本 客户服务水平
延迟 (接单后生产)	中/高 中 低 中/高	制造成本 库存成本 配送成本 客户服务水平	中/高 低 高 低	制造成本 库存成本 配送成本 客户服务水平

Cheng 和 Woo[⊖] 根据以往学者的分类，从流程与时间的角度将延迟策略分为 3 种：成型延迟（Form Postponement）、地点延迟（Place Postponement）、时间延迟（Time Postponement），见表 3-6。

表 3-6 Cheng 和 Woo 的三种延迟策略

种 类	定 义	执行方法	相关成本因素
形态延迟	流程重组以延迟产品差异	标准化 模块化	库存成本 一次投资资产 处理成本 逆向成本
位置延迟	重新设计执行的流程位置，以延迟产品差异	在最后的处理和制造中，将差异化作业延迟到下游	库存成本 物料成本 一次投资资产 逆向成本 运输成本
		延迟商品向下移动	
时间延迟	重新设计流程序列与生产时间，以延迟产品差异	重新设计流程序列	库存成本 一次投资资产 运输成本
		延迟决定产品形态与功能活动的执行时间	填充率 库存成本

3.1.6 延迟策略与大规模定制的关系

大规模定制（Mass Customization，MC）是一种集企业、客户、供应商、员工和环境于一体，在系统思想指导下，用整体优化的观点，充分利用企业已有的各种资源，在标准技术、现代设计方法、信息技术和先进制造技术的支持下，根据客户的个性化需求，以大批量生产的低成本、高质量和高效率提供定制产品和服务的生产方式。

延迟策略与 MC 的关系表现为：延迟策略是一种为适应大规模定制而采用的策略。Pine II[⊖] 和 Daugherty 等人对 MC 进行了系统论述，并总结了实现 MC 的 7 种方法：①生产客户自身易于定制的产品和服务（包括设计功能），例如自行装配（DIY）的产品。②将零部件模块化，以实现产品和服务的定制（包括

⊖ Zhang C, Tan G W. Classification of postponement Strategies and Performance Metrics Framework [C]. The Coming Pacific-Asia Conference on Information System 2001.

⊖ Womack J P. Mass Customization: The New Frontier in Business Competition [J]. Boston, MA: Harvard Business School Press, 1993, 34（3）: 121－122.

制造、分销、市场功能以及产品设计）。③提高整个供应链/价值链的快速响应（包括设计、制造、分销和市场功能）。④围绕标准化的产品或服务，实现服务定制化（包括制造、分销和产品设计功能）。⑤提供配送点的定制化服务（包括市场功能），比如在商店中修改衣服。⑥针对创意式的销售和营销方案提供物流支持（包含在配送功能中）。⑦提供定制化物流服务水平（包括分销功能）。

在上述方法中，方法①是延迟策略的参数化定制形式；方法②反应了典型的 MTO 环境和延迟策略；方法④、⑦是一种物流定制，反映了时间和地点上的延迟；方法⑤体现了交货点的定制，表现为销售渠道的延迟；方法⑥提倡在仓库实现最后的产品生产，区域仓库的延迟包装体现了这一方法。上述 7 种方法基本上都与延迟策略有关，因此可见，大部分 MC 方法都与延迟策略相关。

Pagh & Cooper 认为产品的大量客制化和延迟策略是有关系的，但是它们仍然是独立的，也就是说一家公司有可能选择较高程度的产品客制化，但是却在供应链中采取较初级的延迟策略。例如汽车音响的供应商生产了很多不同型号和样式的汽车音响，并且将其当作库存以等待需求的发生之后再进行配送，偶尔，他们也会有特殊音响缺货的情形发生，但是在大部分的情形下，其库存可以满足所有的订单。

另一个相对的策略是没有产品客制化，但是其延迟策略程度却很高。这样的情形有可能发生在只有一种产品的公司，而且其产品没有很多的变化，并且在接到订单后再进行生产或组装。法国的核能反应炉就是一个例子，虽然在美国生产的核能反应炉有很多种样式，但是在法国只有一个标准的样式，而且只在接到订单后才生产。

Waller, Dabholkar & Gentry（2000）[一]则认为在建立一个最佳化市场导向供应链延迟模型时，利用延迟到接到顾客订单后进行的制造和运送的步骤数目来衡量延迟策略的应用程度。而关于延迟的成本衡量，将延迟成本区分为供应商成本与顾客成本，供应商成本包括库存、运输、管理、不确定性和中介的市场费用，顾客成本则来自于库存持有成本和缺货成本。归纳一下这些成本，可以大致区分为库存持有成本、处理成本、运输成本和订单损失成本。

此外，MC 与延迟策略在目标上也具有一致性，都是为了适应市场需求的不确定性，在品种和批量上都要求实现柔性，缩短订货周期和不断降低生产运作的复杂性等。

[一] Waller M A, Dabholkar P A, Gentry J J. Postponement, Product Customization, and Market-oriented Supply Chain Management [J]. Journal of Business Logistics, 2000, 21（2）: 133-159.

3.2 TFT-LCD 生产链延迟策略设计

3.2.1 TFT-LCD 制造引入延迟策略的必要性

TFT-LCD 产业是一个资金与技术密集型的产业，其生产线需要极大的资金投入，并且涉及许多高新技术。但由于 TFT-LCD 用途的广泛性和市场的需求特性，其全年需求量有较大变化，因此生产链后段的生产主要为客制化生产（Make To Order，MTO）；另一方面，生产链前段在考虑设备昂贵和厂房投资等因素的基础上，一般在需求淡季会采取备库存生产（Make To Stock，MTS），从而提高设备的利用率并最大可能满足旺季时的市场需求，减少客户订单的等待时间。TFT-LCD 产业链流程如图 3-6 所示。

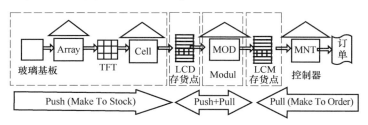

图 3-6　TFT-LCD 产业链流程示意图

图 3-6 是一条小型的 TFT-LCD 生产链。其中，列阵厂和组立厂因为设备昂贵，且生产前置时间较长，为了确保机台的高使用率，以及最大限度满足旺季时的客户需求，一般以 MTS 模式组织生产，采用推式（Push）生产规划；MOD 厂一方面需要根据客户的个性化需求，以其指定的零组件组装出满足客户要求的产品，另一方面为了应对旺季需求和减少订单等待时间，会根据预测安排一部分库存生产，因此采用推拉结合式的生产规划；处于生产链末端的 MNT，由于客户需求的多样化、个性化，为了快速响应客户需求，主要以 MTO 模式组织生产，采用拉式（Pull）生产规划。

在 TFT-LCD 的生产流程中，玻璃基板的生产处于其整个供应链的最上游。按照长鞭效应的理论来看，其受最末端客户需求变动所引发的变异性也最大。在传统的 TFT-LCD 生产链中，延迟策略主要是应用在中段制程中。本书力求在供应链的最上游即玻璃基板的生产过程中引入延迟策略，将客户订单分离点往供应链的上游移动，在保证客户订单满足率的同时减少半成品库存，降低成本、提高整条供应链的响应速度，这也正是将延迟策略引入 TFT-LCD 产业的意义所在。

3.2.2 TFT-LCD 生产链延迟策略设计

本部分以某 TFT-LCD 制造厂商（下称 A 公司）的玻璃基板制造流程为例，将延迟策略引入该厂商玻璃基板的生产过程中，通过比较完全接单后生产、延迟生产、面向库存生产和混合生产 4 种不同生产方式的供应链绩效，以确定最优的生产模式。

A 公司的玻璃基板生产过程为：原料经配方后投入熔炉产生玻璃膏，再经由下拉式制程产生长条式的玻璃基板，然后再进入冷端制程进行后段的切割、洗净、包装等工作，其中玻璃基板的厚度是由热端制程（Hot End）所决定，而基板尺寸则可由冷端制程切割而成。由于热端制程是一个连续性生产流程，且生产暖机时间相当长，因此除定期维修保养外，并不宜利用停机调节产能，而冷端制程则保有较大的弹性管理空间，若产能不足时，因其技术层次较低，也有相关厂商营运，可弹性运用外包策略；也就是说热端制程结束后，可先以未经切割的母版型式（半成品）储存，等到市场需求确定后，再进行冷端制程完成顾客所要的成品。因此形式延迟（Form Postponement）有可能应用在冷端制程，即配合拉式延迟（Pull Postponement）的策略。

但是从另外一个角度思考，在需求不确定且有淡旺季的市场条件下，基于设备利用率及订单前置时间的考虑，在淡季时亦不适宜让冷端制程设备利用率太低，因此也会有一部分的预测性生产。所以目前大部分公司都采用混合接单后生产和预测性生产的模式，一方面可以降低库存成本、保有弹性，一方面又能顾及设备利用率及顾客服务水平（Service Level）。本章就是要通过构建一个延迟生产链模型，通过比较 3 种不同方式的绩效来确定最佳延迟模式。

A 公司所生产的玻璃基板厚度有两种选择，而尺寸则有 6 种选择，若 A 公司选择采用预测性生产模式，则成品存货种类将达到 12 种不同规格（厚度、尺寸）；若 A 公司选择采用延迟策略，以母玻璃型式当作半成品库存，等到顾客需求确定后再进行后段切割加工的动作，则只需要保有两种不同厚度的母玻璃。

3.3 基于延迟策略的单期生产模式选择优化

3.3.1 模型基本说明

组立（Cell）制程结束后，LCD 规格可主要区分为厚度与尺寸，面板厚度用 k 表示，尺寸用 i 表示。如前文所描述，可知 A 公司成品玻璃基板的厚度有两种，取 $k \in K = \{1,2\}$ 表示。玻璃基板的尺寸有 6 种，取 $i \in I = \{1,2,3,4,5,6\}$ 表示。设定参数如下：

每片厚度 k、尺寸 i 的玻璃基板缺货成本为 π_{ki}；

每片玻璃基板每期的库存持有成本为 h^{GS}；

每片母玻璃每期的库存持有成本为 h^{MG}；

热端制程（将原物料投入生产母玻璃）生产一片母玻璃的间隔时间为 t_h；

冷端制程（将母玻璃投入生产玻璃基板）生产一片玻璃基板的间隔时间为 t_c；

热端制程产能限制（时间）为 C_h；

冷端制程产能限制（时间）为 C_c；

母玻璃库存空间限制为 w^{MG}；

玻璃基板库存空间限制为 w^{GS}；

每片厚度 k、尺寸 i 的玻璃基板利润为 P_{ki}；

市场对玻璃基板的需求满足二项式概率分布 d_{ki}。

3.3.2 接单后生产策略单期模式

接单后生产策略是指接到订单后才开始安排生产，在接单时必须考虑自己的产能，所以有可能造成生产的数量不能满足市场的需求，产生缺货成本；不可能出现生产数量大于市场需求的情况。假设采取纯接单后生产策略方式时，为满足当期需求投入原物料经热端制程和冷端制程生产出的厚度 k、尺寸 i 玻璃基板数量为 S_{ki}，可知当期厚度 k、尺寸 i 玻璃基板的销售利润为 $P_{ki}S_{ki}$，而当需求数量大于当期生产的玻璃基板数量时，厚度 k、尺寸 i 玻璃基板的缺货成本为 $\pi_{ki}(d_{ki}-S_{ki})$。采取该策略时，L 期最大期望净利润函数 $\mathrm{Max}P$ 可表示为：

$$\mathrm{Max}P = 总销售利润 - 总缺货成本 = \sum_{k=1}^{2}\sum_{i=1}^{6}P_{ki}S_{ki} - \sum_{k=1}^{2}\sum_{i=1}^{6}\left[\pi_{ki}(d_{ki}-S_{ki})\right]$$

约束条件如下：

1) 热端制程总生产时间小于热端产能时间限制

$$\sum_{k=1}^{2}\sum_{i=1}^{6}t_h S_{ki} \leqslant C_h$$

2) 冷端制程总生产时间小于冷端产能时间限制

$$\sum_{k=1}^{2}\sum_{i=1}^{6}t_c S_{ki} \leqslant C_c$$

3) 当期生产的厚度 k、尺寸 i 的玻璃基板数量小于市场需求数量

$$S_{ki} \leqslant d_{ki} \quad k \in K, i \in I$$

4) 当期市场对厚度 k、尺寸 i 的玻璃基板需求数量不为负值

$$d_{ki} \geqslant 0 \quad k \in K, i \in I$$

5) 当期生产的厚度 k、尺寸 i 的玻璃基板数量不为负值

$$S_{ki} \geq 0 \quad k \in K, i \in I$$

3.3.3 延迟策略单期模式

根据 LCM 的生产特点,将延迟策略客户订单分离点(CODP 点)设在组立(Cell)制程结束,即保留 LCD 库存,待接到客户订单后再进行 MOD 制程。采取该策略时,由于只保留前段 LCD 库存,后段为接单后生产,不会有 LCM 库存,故可能会造成生产的 LCM 数量小于市场需求数量,从而产生缺货成本。假设采取延迟策略生产方式时,为满足当期需求投入母玻璃经冷端制程生产出厚度 k、尺寸 i 的玻璃基板数量为 SC_{ki},中性半成品厚度 k 的母玻璃期初存货为 MG_k;可知当期厚度 k、尺寸 i 玻璃基板的销售利润为 $P_{ki}SC_{ki}$,厚度 k 的母玻璃存货成本为 $h^{MG}MG_k$,而当需求数量大于当期生产的玻璃基板数量时,厚度 k、尺寸 i 玻璃基板的缺货成本为 $\pi_{ki}(d_{ki} - SC_{ki})$,由此可得当期最大期望净利润目标函数为:

$$\begin{aligned} \text{Max} P &= 总销售利润 - (总缺货成本 + 母基板总库存成本) \\ &= \sum_{k=1}^{2} \sum_{i=1}^{6} P_{ki} SC_{ki} - \left\{ \sum_{k=1}^{2} \sum_{i=1}^{6} [\pi_{ki}(d_{ki} - SC_{ki})] + \sum_{k=1}^{2} h^{MG} MG_k \right\} \end{aligned}$$

约束条件如下:

1) 冷端制程总生产时间小于冷端产能时间限制

$$\sum_{k=1}^{2} \sum_{i=1}^{6} t_c SC_{ki} \leq C_c$$

2) 当期生产厚度 k 的玻璃基板数量小于厚度 k 的母玻璃期初库存

$$\sum_{i=1}^{6} SC_{ki} \leq MG_k \quad k \in K$$

3) 母玻璃期初总库存小于母玻璃库存空间限制

$$\sum_{k=1}^{2} MG_k \leq W^{MG}$$

4) 当期生产的厚度 k、尺寸 i 的玻璃基板数量小于市场需求数量

$$SC_{ki} \leq d_{ki} \quad k \in K, i \in I$$

5) 当期市场对厚度 k、尺寸 i 的玻璃基板需求数量不为负值

$$d_{ki} \geq 0 \quad k \in K, i \in I$$

6) 当期生产的厚度 k、尺寸 i 的玻璃基板数量不为负值

$$SC_{ki} \geq 0 \quad k \in K, i \in I$$

7) 当期厚度 k 的母玻璃期初库存不为负值

$$MG_k \geq 0 \quad k \in K$$

3.3.4 面向库存生产策略单期模式

面向库存的生产方式,即在订单到达之前生产一部分基于预测的玻璃基板以供不时之需。采取这种策略时,为满足当期需求投入原物料经热端制程和冷端制程生产出的厚度 k、尺寸 i 玻璃基板数量为 S_{ki},厚度 k、尺寸 i 的玻璃基板的期初存货为 GS_{ki},可知当期厚度 k、尺寸 i 的玻璃基板期初存货成本为 $h^{GS}GS_{ki}$,设 0~1 变量 (m_{ki}, n_{ki}),当

1) 当期厚度 k、尺寸 i 的玻璃基板需求大于厚度 k、尺寸 i 的玻璃基板期初存货时:

$$(m_{ki}, n_{ki}) = (1, 0)$$

厚度 k、尺寸 i 的玻璃基板销售利润 $= P_{ki}^{d_{ki} > GS_{ki}} = P_{ki}(SC_{ki} + GS_{ki})$

厚度 k、尺寸 i 的玻璃基板缺货成本 $= C_{ki}^{d_{ki} > GS_{ki}} = \pi_{ki}(d_{ki} - SC_{ki} - GS_{ki})$

2) 当期厚度 k、尺寸 i 的玻璃基板需求小于厚度 k、尺寸 i 的玻璃基板期初存货时:

$$(m_{ki}, n_{ki}) = (0, 1)$$

厚度 k、尺寸 i 的玻璃基板销售利润 $= P_{ki}^{d_{ki} < GS_{ki}} = P_{ki}d_{ki}$

厚度 k、尺寸 i 的玻璃基板缺货成本 $= C_{ki}^{d_{ki} < GS_{ki}} = 0$

由此可得当期最大期望净利润目标函数为

$\text{Max}P = $ 总销售利润 - 总缺货成本 - 玻璃基板期初库存总成本

$$= \sum_{k=1}^{2}\sum_{i=1}^{6} m_{ki}(P_{ki}^{d_{ki} \geq GS_{ki}} - C_{ki}^{d_{ki} \geq GS_{ki}}) + \sum_{k=1}^{2}\sum_{i=1}^{6} n_{ki}(P_{ki}^{d_{ki} \leq GS_{ki}} - C_{ki}^{d_{ki} \leq GS_{ki}})$$

$$- \sum_{k=1}^{2}\sum_{i=1}^{6} h^{GS}GS_{ki}$$

约束条件如下:

1) 热端制程总生产时间小于热端产能时间限制

$$\sum_{k=1}^{2}\sum_{i=1}^{6} t_h SC_{ki} \leq C_h$$

2) 冷端制程总生产时间小于冷端制程总产能时间限制

$$\sum_{k=1}^{2}\sum_{i=1}^{6} t_c SC_{ki} \leq C_c$$

3) 玻璃基板期初库存总量小于母玻璃库存空间限制

$$\sum_{k=1}^{2}\sum_{i=1}^{6} GS_{ki} \leq W^{GS}$$

4) 当期生产的厚度 k、尺寸 i 的玻璃基板加上期初库存数量小于市场需求数量

$$SC_{ki} + GS_{ki} \leq d_{ki} \quad k \in K, i \in I$$

5）当期市场对厚度 k、尺寸 i 的玻璃基板需求数量不为负值

$$d_{ki} \geq 0 \quad k \in K, i \in I$$

6）当期厚度 k、尺寸 i 的玻璃基板数量不为负值

$$GS_{ki} \geq 0 \quad k \in K, i \in I$$

7）当期厚度 k 的母玻璃期初库存不为负值

$$MG_k \geq 0 \quad k \in K$$

3.3.5 混合预测性生产与延迟生产策略（部分延迟策略）单期模式

本书的部分延迟策略是指将 CODP 点设在组立（Cell）制程结束后，保留一部分 LCD 作为库存，待接到客户订单后再进行 MOD 制程；另一部分面板则继续按照预测进行 MOD 制程，保留 LCM 库存。

假设采取混合预测性生产与延迟生产策略时，为满足当期需求投入母玻璃经冷端制程生产出厚度 k、尺寸 i 的玻璃基板数量为 SC_{ki}，中性半成品厚度 k 的母玻璃期初存货为 MG_k，厚度 k、尺寸 i 的玻璃基板的期初存货为 GS_{ki}；可知当期厚度 k 的母玻璃存货成本为 $h^{MG}MG_k$，厚度 k、尺寸 i 的玻璃基板期初存货成本为 $h^{GS}GS_{ki}$，设 $0 \sim 1$ 变量 (m_{ki}, n_{ki})，当

1）当期厚度 k、尺寸 i 的玻璃基板需求大于厚度 k、尺寸 i 的玻璃基板期初存货时：

$$(m_{ki}, n_{ki}) = (1, 0)$$

厚度 k、尺寸 i 的玻璃基板销售利润 $= P_{ki}^{d_{ki} > GS_{ki}} = P_{ki}(SC_{ki} + GS_{ki})$

厚度 k、尺寸 i 的玻璃基板缺货成本 $= C_{ki}^{d_{ki} > GS_{ki}} = \pi_{ki}(d_{ki} - SC_{ki} - GS_{ki})$

2）当期厚度 k、尺寸 i 的玻璃基板需求小于厚度 k、尺寸 i 的玻璃基板期初存货：

$$(m_{ki}, n_{ki}) = (0, 1)$$

厚度 k、尺寸 i 的玻璃基板销售利润 $= P_{ki}^{d_{ki} < GS_{ki}} = P_{ki}d_{ki}$

厚度 k、尺寸 i 的玻璃基板缺货成本 $= C_{ki}^{d_{ki} < GS_{ki}} = 0$

由此可得当期最大期望净利润目标函数为

$\text{Max} P =$ 总销售利润 $-$ 总缺货成本 $-$ 玻璃基板期初库存总成本 $-$ 母玻璃期初总库存成本

$$= \sum_{k=1}^{2} \sum_{i=1}^{6} m_{ki} (P_{ki}^{d_{ki} \geq GS_{ki}} - C_{ki}^{d_{ki} \geq GS_{ki}}) + \sum_{k=1}^{2} \sum_{i=1}^{6} n_{ki} (P_{ki}^{d_{ki} \leq GS_{ki}} - C_{ki}^{d_{ki} \leq GS_{ki}})$$

$$- \sum_{k=1}^{2} \sum_{i=1}^{6} h^{GS}GS_{ki} - \sum_{k=1}^{2} h^{MG}MG_k$$

约束条件如下：

1）冷端制程总生产时间小于冷端制程总产能时间限制

$$\sum_{k=1}^{2}\sum_{i=1}^{6}t_c SC_{ki} \leqslant C_c$$

2) 当期生产厚度 k 的玻璃基板数量小于厚度 k 的母玻璃期初库存

$$\sum_{i=1}^{6}SC_{ki} \leqslant MG_k \quad k \in K$$

3) 母玻璃期初总库存小于母玻璃库存空间限制

$$\sum_{k=1}^{2}MG_k \leqslant W^{MG}$$

4) 玻璃基板期初库存总量小于母玻璃库存空间限制

$$\sum_{k=1}^{2}\sum_{i=1}^{6}GS_{ki} \leqslant W^{GS}$$

5) 当期生产的厚度 k、尺寸 i 的玻璃基板数量加上期初存货小于市场需求数量

$$SC_{ki} + GS_{ki} \leqslant d_{ki} \quad k \in K, i \in I$$

6) 当期市场对厚度 k、尺寸 i 的玻璃基板需求数量不为负值

$$d_{ki} \geqslant 0 \quad k \in K, i \in I$$

7) 当期厚度 k、尺寸 i 的玻璃基板数量不为负值

$$GS_{ki} \geqslant 0 \quad k \in K, i \in I$$

8) 当期厚度 k 的母玻璃期初库存不为负值

$$MG_k \geqslant 0 \quad k \in K$$

3.4 单期模式模型实证与结果分析

3.4.1 参数设定

本案例采用国内某 TFT-LCD 制造公司玻璃基板生产的数据并进行如下说明：

每片玻璃基板每期的库存持有成本 $h^{GS} = 35$ 元；
每片母玻璃每期的库存持有成本 $h^{MG} = 20$ 元；
热端制程生产 1 片母玻璃的间隔时间 $t_h = 20$s；
冷端制程生产 1 片玻璃基板的间隔时间 $t_c = 22$s；
冷端制程产能限制（时间）$C_c = 1\,000\,000$s；
热端制程产能限制（时间）$C_h = 604\,800$s；
母玻璃库存空间限制 $W^{MG} = 90\,000$ 片；
玻璃基板库存空间限制 $W^{GS} = 120\,000$ 片；
每片厚度 k、尺寸 i 的玻璃基板缺货成本 π_{ki} 见表 3-7；

每片厚度 k、尺寸 i 的玻璃基板利润 P_{ki} 见表 3-8。

表 3-7　不同尺寸玻璃基板缺货成本　　　　　　　　　　（单位：元）

(k,i)	1	2	3	4	5	6
1	290	320	330	340	350	360
2	305	335	345	355	370	385

表 3-8　不同尺寸玻璃基板利润　　　　　　　　　　（单位：元）

(k,i)	1	2	3	4	5	6
1	280	305	310	315	320	325
2	290	315	320	325	330	335

3.4.2　市场需求小于产能限制时单期模式求解

假定市场对玻璃基板的需求趋近常态分配，并考虑需求量必为整数的条件下，设其满足二项式概率分布 d_{ki}，并设 $p=0.5$，n 取值见表 3-9。

表 3-9　不同规格玻璃基板需求分布　　　　　　　　　　（单位：片）

(k,i)	1	2	3	4	5	6
1	1000	4000	14 000	4000	12 000	10 000
2	800	1000	2000	1000	4000	5000

此时，市场需求总数平均值为 29 400，共需占去热端产能时间为 588 000s，占去冷端产能时间为 646 800s，皆低于其产能限制。

利用 Matlab 软件的线性规划模块分别建立 4 种不同生产策略的线性规划模型，运行后结果如下：

（1）接单后生产策略单期模式求解结果　投入原物料经热端制程和冷端制程生产出的玻璃基板数量 S_{ki} 见表 3-10。

表 3-10　接单后生产策略生产的玻璃基板数量　　　　　　　　　　（单位：片）

(k,i)	1	2	3	4	5	6
1	500	2000	7000	2000	6000	5000
2	400	500	1000	500	2000	2500

总销售利润 = 9 348 500 元
总缺货成本 = 0 元
最大利润期望值 = 9 348 500 元

（2）延迟生产策略单期模式求解结果　投入母基板经冷端制程生产出的玻

璃基板数量 S_{ki} 见表 3-11。

表 3-11　延迟生产策略下生产的玻璃基板数量　　　（单位：片）

(k,i)	1	2	3	4	5	6
1	500	2000	7000	2000	6000	5000
2	400	500	1000	500	2000	2500

中性半成品厚度 k 的母玻璃期初存货 MG_k 见表 3-12。

表 3-12　中性半成品厚度 k 的母玻璃期初存货　　　（单位：片）

k	期初存货
1	22 500
2	6900

总销售利润 = 9 348 500 元

总缺货成本 = 0 元

母基板库存成本 = 588 020 元

最大利润期望值 = 8 760 480 元

（3）面向库存生产策略单期模式求解结果　投入母基板经冷端制程生产出的玻璃基板数量 S_{ki} 见表 3-13。

表 3-13　面向库存生产策略生产出的玻璃基板数量　　　（单位：片）

(k,i)	1	2	3	4	5	6
1	500	2000	7000	2000	6000	5000
2	400	500	1000	500	2000	2500

玻璃基板期初存货 GS_{ki} 见表 3-14。

表 3-14　玻璃基板期初存货量　　　（单位：片）

(k,i)	1	2	3	4	5	6
1	0	0	0	0	0	0
2	0	0	0	0	0	0

总销售利润 = 93 485 000 元

总缺货成本 = 0 元

玻璃库存成本 = 0 元

最大利润期望值 = 93 485 000 元

（4）混合预测性生产与延迟生产策略单期模式求解结果　投入母基板经冷

端制程生产出的玻璃基板数量 S_{ki} 见表 3-15。母基板期初库存 MG_k 见表 3-16。玻璃基板期初存货 GS_{ki} 见表 3-17。

表 3-15 部分延迟策略下玻璃基板生产数量　　　　　（单位：片）

(k,i)	1	2	3	4	5	6
1	186	965	3344	71	615	1392
2	199	192	139	489	165	717

表 3-16 部分延迟策略下母基板期初库存　　　　　（单位：片）

k	期初库存
1	6573
2	1991

表 3-17 玻璃基板期初库存　　　　　（单位：片）

(k,i)	1	2	3	4	5	6
1	314	1035	3656	1929	5385	3608
2	201	308	861	11	1835	1783

总销售利润 = 9 348 500 元
总缺货成本 = 0 元
母基板库存成本 = 171 280 元
玻璃基板库存成本 = 732 410 元
最大利润期望值 = 8 444 810 元

3.4.3　市场需求大于产能限制时单期模式求解

假定市场对玻璃基板的需求趋近常态分配，并考虑需求量必为整数的条件下，设其满足二项式概率分布 d_{ki}，并设 $p = 0.5$，n 取值见表 3-18。

表 3-18 不同规格玻璃基板需求分布　　　　　（单位：片）

(k,i)	1	2	3	4	5	6
1	2000	4000	18 000	6000	16 000	14 000
2	2000	4000	6000	4000	6000	10 000

此时，市场需求总数平均值为 46 000，共需占去热端产能时间为 920 000s，占去冷端产能时间为 1 012 000s，需求均高于产能限制。

利用 Matlab 软件的线性规划模块分别建立四种不同生产策略的线性规划模型，运行后结果如下：

（1）接单后生产策略单期模式求解结果　投入原物料经热端制程和冷端制程生产出的玻璃基板数量 S_{ki} 见表 3-19。

表 3-19　接单后生产策略玻璃基板生产数量　　（单位：片）

(k,i)	1	2	3	4	5	6
1	0	0	0	2240	8000	7000
2	0	0	3000	2000	3000	5000

总销售利润 = 9 815 600 元

总缺货成本 = 5 133 400 元

最大利润期望值 = 4 682 200 元

（2）延迟生产策略单期模式求解结果　投入母基板经冷端制程生产出的玻璃基板数量 S_{ki} 见表 3-20。中性半成品厚度 k 的母玻璃期初存货 MG_k 见表 3-21。

表 3-20　延迟生产策略玻璃基板生产数量　　（单位：片）

(k,i)	1	2	3	4	5	6
1	455	2000	9000	3000	8000	7000
2	1000	2000	3000	2000	3000	5000

表 3-21　母玻璃基板期初存货　　（单位：片）

k	期初存货
1	29 455
2	16 000

总销售利润 = 14 502 400 元

总缺货成本 = 158 050 元

母基板库存成本 = 909 100 元

最大利润期望值 = 13 435 250 元

（3）面向库存生产策略单期模式求解结果　投入母基板经冷端制程生产出的玻璃基板数量 S_{ki} 见表 3-22。玻璃基板期初存货 GS_{ki} 见表 3-23。

表 3-22　面向库存生产策略玻璃基板生产数量　　（单位：片）

(k,i)	1	2	3	4	5	6
1	759.4	1344.8	5867.4	1926.1	5355.2	4490.1
2	742.2	1350.6	1931.7	1372.6	1966	3133.9

表 3-23　玻璃基板期初存货　　　　　　　　　　（单位：片）

(k,i)	1	2	3	4	5	6
1	240.6	655.2	3132.6	1073.9	2644.8	2509.9
2	257.8	649.4	1068.3	627.4	1034	1866.1

总销售利润 = 14 655 000 元

总缺货成本 = 0 元

玻璃库存成本 = 1 139 400 元

最大利润期望值 = 13 515 600 元

（4）混合预测性生产与延迟生产策略单期模式求解结果　投入母基板经冷端制程生产出的玻璃基板数量 S_{ki} 见表 3-24。母基板期初库存 MG_k 见表 3-25。玻璃基板期初库存 GS_{ki} 见表 3-26。

表 3-24　部分延迟策略玻璃基板生产数量　　　　（单位：片）

(k,i)	1	2	3	4	5	6
1	961	1967	9000	2966	7932	6937
2	950	1953	2951	1952	2951	4935

表 3-25　母基板期初库存　　　　　　　　　　　（单位：片）

k	期 初 库 存
1	29 762
2	15 693

表 3-26　玻璃基板期初存货　　　　　　　　　　（单位：片）

(k,i)	1	2	3	4	5	6
1	39	33	0	34	68	63
2	50	47	49	48	49	65

总销售利润 = 14 655 000 元

总缺货成本 = 0 元

母基板库存成本 = 909 100 元

玻璃基板库存成本 = 19 075 元

最大利润期望值 = 13 726 825 元

3.4.4　单期模式求解结果分析

根据上文求解结果，单期模式下不同生产策略的成本、利润对照见表 3-27。

表 3-27　单期模式利润与成本比较表　　　　　（单位：元）

市场状况	生产策略	总销售利润	总缺货成本	总库存成本	净利润期望值
市场需求小于产能限制	接单后生产	9 348 500	0	0	9 348 500
	部分延迟生产	9 348 500	0	588 020	8 760 480
	面向库存生产	9 348 500	0	0	9 348 500
	预测生产与延迟生产混合模式	9 348 500	0	903 690	8 444 810
市场需求大于产能限制	接单后生产	9 815 600	5 133 400	0	4 682 200
	部分延迟生产	14 502 400	158 050	909 100	13 435 250
	面向库存生产	14 655 000	0	1 439 400	13 215 600
	预测生产与延迟生产混合模式	14 655 000	0	928 175	13 726 825

对单期模式下 4 种生产策略（接单后生产、延迟生产、面向库存生产和部分延迟生产）求解结果进行分析，可发现：当市场需求小于产能限制时，接单后生产策略可以得到最大净利润期望值。比较 4 种生产策略可以发现总销售利润皆相等，主要差别在于总库存成本，部分延迟生产策略有母玻璃的期初库存成本，而混合预测性生产与延迟生产策略时，则有母玻璃和玻璃基板的期初库存成本，而每片玻璃基板的库存持有成本在参数设定时又高于每片母玻璃的库存持有成本，因此混合预测性生产与延迟生产策略的总库存成本高于延迟生产策略之总库存成本。在 4 种生产策略的总销售利润相等且总缺货成本皆为零的状况下，因为总库存成本的差异，使接单后生产策略和面向库存生产策略的净利润期望值最高。

当市场需求大于产能限制时，预测生产与延迟策略混合模式可以得到最大净利润期望值。分析原因在于：

1）接单后生产策略因为产能的限制，无法完全满足市场需求，因此不但总销售利润较后三者低，而且会产生很大的缺货成本，因此造成净利润期望值为四者中最低。

2）面向库存生产策略的销售利润和预测生产与延迟策略混合模式相同，但由于单块的玻璃基板库存成本大于母基板库存成本，因此面向库存生产策略具有较大的库存成本，其净利润期望值也较低。

3）部分延迟生产策略和预测生产与延迟策略混合模式相比，两者在销售利润和库存成本上都相差无几，在此种需求条件下，混合生产模式的净利润期望值稍高于部分延迟生产策略。

3.5 多期生产模式选择优化

3.5.1 模型基本说明

在单期模式中半成品及成品的期初库存并未考虑产能限制，也就是当期期初库存可能是在上一期甚至更前期所生产，因此期初库存生产当期是否满足其产能限制也应该考虑。另外期初库存生产从完成到被利用，跨越时间可能不单只是一期，因此库存成本也会随着跨越的期数增加而递增，这在单期模式中都是无法考虑的。为了使得所构建模型更贴近实际状况，故本章节在单期模式的基础上，进一步对多期模式的构建进行详细说明。

A 公司成品规格可主要区分为厚度与尺寸，如前文所描述，可知玻璃基板的厚度有两种，取 $k \in K = \{1,2\}$ 表示。玻璃基板的尺寸有 6 种，取 $i \in I = \{1,2,3,4,5,6\}$ 表示。该公司原材料采购提前期为一个月，假设每期时间为一个星期，生产期数设定为 4 期，取 $l \in L = \{1,2,3,4\}$。

多期模式大部分的参数不会因为期数的变化而不同，其设定仍然沿用单期模式的参数设定，如库存持有成本、产能限制等；而只有市场需求、玻璃基板的销售利润、半成品/成品的期初库存会因为期数的不同而变化，则以 L 区分，现设定参数如下：

每片厚度 k、尺寸 i 的玻璃基板缺货成本为 π_{ki}；
每片玻璃基板每期的存货持有成本为 h^{GS}；
每片母玻璃每期的存货持有成本为 h^{MG}；
热端制程（将原物料投入生产母玻璃）生产一片母玻璃的间隔时间为 t_h；
冷端制程（将母玻璃投入生产玻璃基板）生产一片玻璃基板的间隔时间为 t_c；
冷端制程产能限制（时间）为 C_c；
热端制程产能限制（时间）为 C_h；
母玻璃库存空间限制为 W^{MG}；
玻璃基板库存空间限制为 W^{GS}；
每片厚度 k、尺寸 i 的玻璃基板利润为 P_{kil}；
市场对玻璃基板的需求为二项式机率分配 d_{kil}；
第一期厚度 k 的母玻璃的期初库存为 MG_{k0}；
第一期厚度 k、尺寸 i 的玻璃基板的期初库存为 GS_{ki0}。

3.5.2 接单后生产策略多期模式

假设采取单纯接单后生产策略方式时，为满足 L 期需求投入原物料经热端制程和冷端制程生产出的厚度 k、尺寸 i 玻璃基板数量为 S_{kil},可知 L 期厚度 k、尺寸 i 玻璃基板的销售利润为 $P_{ki}S_{ki}$,而当 L 期需求数量大于 L 期生产的玻璃基板数量时,厚度 k、尺寸 i 玻璃基板的缺货成本为 $\pi_{ki}(d_{kil}-S_{kil})$,由此可得 L 期最大期望净利润函数为:

$$\text{Max}P = 总销售利润 - 总缺货成本 = \sum_{l=1}^{4}\left\{\sum_{k=1}^{2}\sum_{i=1}^{6}P_{kil}S_{kil} - \sum_{k=1}^{2}\sum_{i=1}^{6}[\pi_{ki}(d_{kil}-S_{kil})]\right\}$$

约束条件如下:

1) L 期时热端制程总生产时间小于热端产能时间限制

$$\sum_{k=1}^{2}\sum_{i=1}^{6}t_{h}S_{kil} \leq C_{h} \quad l \in L$$

2) L 期时冷端制程总生产时间小于冷端产能时间限制

$$\sum_{k=1}^{2}\sum_{i=1}^{6}t_{c}S_{kil} \leq C_{c} \quad l \in L$$

3) L 期时生产的厚度 k、尺寸 i 的玻璃基板数量小于市场需求数量

$$S_{kil} \leq d_{kil} \quad k \in K, i \in I, l \in L$$

4) L 期时市场对厚度 k、尺寸 i 的玻璃基板需求数量不为负值

$$d_{kil} \geq 0 \quad k \in K, i \in I, l \in L$$

5) L 期时生产的厚度 k、尺寸 i 的玻璃基板数量不为负值

$$S_{kil} \geq 0 \quad k \in K, i \in I, l \in L$$

3.5.3 延迟生产策略多期模式

假设采取延迟策略生产方式时,为满足 L 期需求投入母玻璃经冷端制程生产出厚度 k、尺寸 i 的玻璃基板数量为 SC_{kil},L 期中性半成品厚度 k 的母玻璃期初存货为 $MG_{k(l-1)}$,L 期生产的母基板数量为 MGL_{kl};可知 L 期厚度 k、尺寸 i 的玻璃基板的销售利润为 $P_{kil}SC_{kil}$,厚度为 k 的母玻璃存货成本为 $h^{MG}MG_{k(l-1)}$,而当 L 期需求数量大于当期生产的玻璃基板数量时,厚度 k、尺寸 i 玻璃基板的缺货成本为 $\pi_{ki}(d_{kil}-SC_{kil})$,由此可得当期最大期望净利润目标函数为:

$$\text{Max}P = 总销售利润 - (总缺货成本 + 母基板总库存成本)$$
$$= \sum_{l=1}^{4}\left\{\sum_{k=1}^{2}\sum_{i=1}^{6}P_{kil}SC_{ki} - \left\{\sum_{k=1}^{2}\sum_{i=1}^{6}[\pi_{ki}(d_{kil}-SC_{kil})] + \sum_{k=1}^{2}h^{MG}MG_{k(l-1)}\right\}\right\}$$

约束条件如下:

1) L 期热端制程总生产时间小于热端制程产能时间限制

$$\sum_{k=1}^{2}t_{h}MGL_{kl} \leq C_{h} \quad l \in L$$

2) L 期冷端制程总生产时间小于冷端制程产能时间限制

$$\sum_{k=1}^{2}\sum_{i=1}^{6} t_c SC_{kil} \leqslant C_c \quad l \in L$$

3) 当期生产厚度 k 的玻璃基板数量小于厚度 k 的母玻璃期初库存

$$\sum_{i=1}^{6} SC_{kil} \leqslant MG_k \quad k \in K, l \in L$$

4) L 期母玻璃期初总库存小于母玻璃库存空间限制

$$\sum_{k=1}^{2} MG_{kl} \leqslant W^{MG} \quad l \in L$$

5) L 期时生产的厚度 k、尺寸 i 的玻璃基板数量小于市场需求数量

$$SC_{kil} \leqslant d_{kil} \quad k \in K, i \in I, l \in L$$

6) L 期时市场对厚度 k、尺寸 i 的玻璃基板需求数量不为负值

$$d_{kil} \geqslant 0 \quad k \in K, i \in I, l \in L$$

7) L 期时生产的厚度 k、尺寸 i 的玻璃基板数量不为负值

$$SC_{kil} \geqslant 0 \quad k \in K, i \in I, l \in L$$

8) L 期时厚度 k 的母玻璃期初库存不为负值

$$MG_{kl} \geqslant 0 \quad k = K, l \in L$$

9) L 期时厚度 k 的母玻璃期末库存满足

$$MG_{kl} = MG_{k(l-1)} - \sum_{i=1}^{6} SC_{kil} + MGL_{kl} \quad k \in K, l \in L$$

3.5.4 面向库存生产策略多期模式

面向库存的生产方式,即在订单到达之前生产一部分基于预测的玻璃基板以供不时之需。假设采取混合面向库存生产策略时,为满足 L 期需求投入原材料经热端制程和冷端制程生产出厚度 k、尺寸 i 的玻璃基板数量为 SC_{kil},厚度 k、尺寸 i 的玻璃基板的期初库存为 $GS_{ki(l-1)}$,可知 L 期厚度 k、尺寸 i 的玻璃基板期初存货成本为 $h^{GS}GS_{ki(l-1)}$,设另一变量 (m_{ki}, n_{ki}),当

1) L 期厚度 k、尺寸 i 的玻璃基板需求大于厚度 k、尺寸 i 的玻璃基板期初存货时

$$(m_{kil}, n_{kil}) = (1, 0)$$

$$玻璃基板销售利润 = P_{kil}^{d_{kil} > GS_{ki(l-1)}} = P_{kil}(SC_{kil} + GS_{ki(l-1)})$$

$$玻璃基板缺货成本 = C_{kil}^{d_{kil} > GS_{ki(l-1)}} = \pi_{kil}(d_{kil} - SC_{kil} - GS_{ki(l-1)})$$

厚度 k、尺寸 i 的玻璃基板期末库存 $GS_{kil} = 0$

2) L 期厚度 k、尺寸 i 的玻璃基板需求小于厚度 k、尺寸 i 的玻璃基板期初存货时

$$(m_{kil}, n_{kil}) = (0, 1)$$

玻璃基板销售利润 $= P_{kil}^{d_{kil}<GS_{ki(l-1)}} = P_{kil}d_{kil}$

玻璃基板缺货成本 $= C_{kil}^{d_{kil}<GS_{ki(l-1)}} = 0$

玻璃基板期末库存 $GS_{kil} = GS_{ki(l-1)} - d_{kil}$

由此可得当期最大期望净利润目标函数为:

$\text{Max}P =$ 总销售利润 $-$ 总缺货成本 $-$ 玻璃基板期初库存总成本

$$= \sum_{l=1}^{4} \{ \sum_{k=1}^{2} \sum_{i=1}^{6} m_{kil} (P_{kil}^{d_{kil} \geq GS_{ki(l-1)}} - C_{kil}^{d_{kil} \geq GS_{ki(l-1)}}) +$$

$$\sum_{k=1}^{2} \sum_{i=1}^{6} n_{kil} (P_{kil}^{d_{kil} \leq GS_{ki(l-1)}} - C_{kil}^{d_{kil} \leq GS_{ki(l-1)}}) \}$$

$$- \sum_{l=1}^{4} \sum_{k=1}^{2} \sum_{i=1}^{6} h^{GS} GS_{ki(l-1)}$$

约束条件如下:

1) L 期热端制程总生产时间小于热端制程产能时间限制

$$\sum_{k=1}^{2} \sum_{i=1}^{6} t_h SC_{kil} \leq C_h \quad l \in L$$

2) L 期冷端制程总生产时间小于冷端制程总产能时间限制

$$\sum_{k=1}^{2} \sum_{i=1}^{6} t_c SC_{kil} \leq C_c \quad l \in L$$

3) L 期玻璃基板期初库存总量小于玻璃基板库存空间限制

$$\sum_{k=1}^{2} \sum_{i=1}^{6} GS_{ki(l-1)} \leq W^{GS} \quad l \in L$$

4) L 期市场对厚度 k、尺寸 i 的玻璃基板需求数量不为负值

$$d_{kli} \geq 0 \quad k \in K, i \in I, l \in L$$

5) L 期生产的厚度 k、尺寸 i 的玻璃基板数量小于市场需求数量

$$SC_{kil} \leq d_{kil} \quad k \in K, i \in I, l \in L$$

6) L 期厚度 k、尺寸 i 的玻璃基板期初库存数量不为负值

$$GS_{ki(l-1)} \geq 0 \quad k \in K, i \in I, l \in L$$

7) L 期时厚度 k 的玻璃基板期末库存为

$$GS_{kil} = SC_{kil} + GS_{ki(l-1)} - d_{kil} \quad k \in K, i \in I, l \in L$$

8) L 期生产的厚度 k、尺寸 i 的玻璃基板不为负值

$$SC_{kil} \geq 0 \quad k \in K, i \in I, l \in L$$

3.5.5 混合预测性生产与延迟生产策略多期模式

假设采混合预测性生产与延迟生产策略时,为满足 L 期需求投入母玻璃经冷端制程生产出厚度 k、尺寸 i 的玻璃基板数量为 SC_{kil},L 期生产的母基板数量

MGL_{kl}，厚度 k、尺寸 i 的玻璃基板的期初库存为 $GS_{ki(l-1)}$，L 期投入原材料生产的玻璃基板数量为 GSL_{kil}，可知 L 期厚度 k 的母玻璃存货成本为 $h^{MG}MG_{k(l-1)}$，厚度 k、尺寸 i 的玻璃基板期初存货成本为 $h^{GS}GS_{ki(l-1)}$，设 0~1 变量 (m_{ki}, n_{ki})，当

1）L 期厚度 k、尺寸 i 的玻璃基板需求大于厚度 k、尺寸 i 的玻璃基板期初存货时

$$(m_{kil}, n_{kil}) = (1, 0)$$

玻璃基板销售利润 $= P_{kil}{}^{d_{kil} > GS_{ki(l-1)}} = P_{kil}(SC_{kil} + GS_{ki(l-1)})$

玻璃基板缺货成本 $= C_{kil}{}^{d_{kil} > GS_{ki(l-1)}} = \pi_{kil}(d_{kil} - SC_{kil} - GS_{ki(l-1)})$

玻璃基板期末库存 $GS_{kil} = GSL_{kil}$

2）当期厚度 k、尺寸 i 的玻璃基板需求小于厚度 k、尺寸 i 的玻璃基板期初存货时

$$(m_{kil}, n_{kil}) = (0, 1)$$

玻璃基板销售利润 $= P_{kil}{}^{d_{kil} < GS_{ki(l-1)}} = P_{kil} d_{kil}$

玻璃基板缺货成本 $= C_{kil}{}^{d_{kil} < GS_{ki(l-1)}} = 0$

玻璃基板期末库存 $GS_{kil} = GS_{ki(l-1)} - d_{kil} + GSL_{kil}$

由此可得当期最大期望净利润目标函数为

$$\text{Max} P = \text{总销售利润} - \text{总缺货成本} - \text{玻璃基板期初库存总成本} -$$
$$\text{母玻璃期初总库存成本}$$

$$= \sum_{l=1}^{4} \Big\{ \sum_{k=1}^{2} \sum_{i=1}^{6} m_{kil} \big(P_{kil}{}^{d_{kil} \geq GS_{ki(l-1)}} - C_{kil}{}^{d_{kil} \geq GS_{ki(l-1)}} \big) +$$
$$\sum_{k=1}^{2} \sum_{i=1}^{6} n_{kil} \big(P_{kil}{}^{d_{kil} \leq GS_{ki(l-1)}} - C_{kil}{}^{d_{kil} \leq GS_{ki(l-1)}} \big) \Big\}$$
$$- \sum_{l=1}^{4} \Big\{ \sum_{k=1}^{2} \sum_{i=1}^{6} h^{GS} GS_{ki(l-1)} + \sum_{k=1}^{2} h^{MG} MG_{k(l-1)} \Big\}$$

约束条件如下：

1）L 期热端制程总生产时间小于热端制程产能时间限制

$$\sum_{k=1}^{2} t_h \Big(MGL_{kl} + \sum_{i=1}^{6} GSL_{kil} \Big) \leq C_h \quad l \in L$$

2）L 期冷端制程总生产时间小于冷端制程总产能时间限制

$$\sum_{k=1}^{2} \sum_{i=1}^{6} t_c (SC_{kli} + GSL_{kil}) \leq C_c \quad l \in L$$

3）L 期生产厚度 k 的玻璃基板数量小于厚度 k 的母玻璃期初库存

$$\sum_{i=1}^{6} SC_{kli} \leq MG_{k(l-1)} \quad k \in K, l \in L$$

4）L 期母玻璃期初库存总量小于母玻璃库存空间限制

$$\sum_{k=1}^{2} MG_{k(l-1)} \leq W^{MG} \quad l \in L$$

5) L 期玻璃基板期初库存总量小于母玻璃库存空间限制

$$\sum_{k=1}^{2} \sum_{i=1}^{6} GS_{ki(l-1)} \leq W^{GS} \quad l \in L$$

6) L 期市场对厚度 k、尺寸 i 的玻璃基板需求数量不为负值

$$d_{kli} \geq 0 \quad k \in K, i \in I, l \in L$$

7) L 期生产的厚度 k、尺寸 i 的玻璃基板数量小于市场需求数量

$$SC_{kil} \leq d_{kil} \quad k \in K, i \in I, l \in L$$

8) L 期厚度 k、尺寸 i 的玻璃基板期初库存数量不为负值

$$GS_{ki(l-1)} \geq 0 \quad k \in K, i \in I, l \in L$$

9) L 期厚度 k 的母玻璃期初库存不为负值

$$MG_{k(l-1)} \geq 0 \quad k \in K, l \in L$$

10) L 期时厚度 k 的母基板期末库存为

$$MG_{kl} = MG_{k(l-1)} - \sum_{i=1}^{6} SC_{kil} + MGL_{kl} \quad k \in K, l \in L$$

11) L 期生产的厚度 k、尺寸 i 的母基板不为负值

$$MGL_{kil} \geq 0 \quad k \in K, i \in I, l \in L$$

12) L 期生产的厚度 k、尺寸 i 的玻璃基板不为负值

$$GSL_{kil} \geq 0 \quad k \in K, i \in I, l \in L$$

3.6 多期模式模型实证与结果分析

3.6.1 参数设定

本研究采用国内某 TFT-LCD 制造公司生产玻璃基板制程的数据，其说明如下：

每片玻璃基板每期的库存持有成本 $h^{GS}=35$ 元；

每片母玻璃每期的库存持有成本 $h^{MG}=20$ 元；

热端制程生产一片母玻璃的间隔时间 $t_h=20\text{s}$；

冷端制程生产一片玻璃基板的间隔时间 $t_c=22\text{s}$；

冷端制程产能限制（时间） $C_c=1\,000\,000\text{s}$；

热端制程产能限制（时间） $C_h=604\,800\text{s}$；

母玻璃库存空间限制 $W^{MG}=90\,000$ 片；

玻璃基板库存空间限制 $W^{GS}=120\,000$ 片；

每片厚度 k、尺寸 i 的玻璃基板缺货成本 π_{ki}（元）见表 3-28；

每片厚度 k、尺寸 i 的玻璃基板利润 P_{ki}（元）见表 3-29。

表 3-28　玻璃基板缺货成本　　　　　　　　　　　（单位：元）

(k,i)	1	2	3	4	5	6
1	290	320	330	340	350	360
2	305	335	345	355	370	385

表 3-29　玻璃基板利润　　　　　　　　　　　　　（单位：元）

期数 L	(k,i)	1	2	3	4	5	6
1	1	280.00	305.00	310.00	315.00	320.00	325.00
	2	290.00	315.00	320.00	325.00	330.00	335.00
2	1	282.80	308.05	313.10	318.15	323.20	328.25
	2	292.90	318.15	323.20	328.25	333.30	338.35
3	1	285.63	311.13	316.23	321.33	326.43	331.53
	2	295.83	321.33	326.43	331.53	336.63	341.73
4	1	288.48	314.24	319.39	324.54	329.70	334.85
	2	298.79	324.54	329.70	334.85	340.00	345.15

假定市场对玻璃基板的需求趋近常态分配，并考虑需求量必为整数的条件下，设其满足二项式概率分布 d_{ki}，并设 $p=0.5$，n 取值见表 3-30。

表 3-30　不同规格玻璃基板需求分布　　　　　　　（单位：片）

期数 L	(k,i)	1	2	3	4	5	6
1	1	1000	4000	18 000	6000	16 000	14 000
	2	800	1000	2000	1000	4000	5000
2	1	1000	2000	11 000	7000	12 000	8000
	2	800	1000	1600	1600	4000	6000
3	1	700	2000	14 000	4000	15 000	10 000
	2	800	1000	2000	1500	5000	6000
4	1	700	4000	16 000	5000	18 000	13 000
	2	980	700	1000	1000	4000	3000

3.6.2　多期模式求解

1. 算法描述

本章节采用标准 PSO 算法，即带有惯性权重的 PSO 算法对 4 种模型进行求解。在算法中，首先通过 Matlab 的随机函数 Rand 初始化 PSO，然后计算每个粒子的适应值，在本例中，适应值即为 4 种策略下的目标函数值。然后将种群的初始位置作为历史最优位置，将其适应值作为其历史最优值，并通过比较求出全局最优位置和全局最优值。接着通过以下两个公式更新粒子的位置和速度

$$V_i^{(k+1)} = wV_i^{(k)} + c_1 r_{i1}(P_i^{(k)} - X_i^{(k)}) + c_2 r_{i2}(P_g^{(k)} - X_i^{(k)}) \quad (i = 1, 2, \cdots, \text{popsize})$$

$$X_i^{(k+1)} = X_i^{(k)} + V_i^{(k+1)}$$

其中，c_1 表示粒子自身加速度权重系数，本例取值为 1.8；c_2 为全局加速度权重系数，本例取值为 1.8；r_{i1}，r_{i2} 为 0~1 内两个相互独立且均匀分布的随机数；$P_i^{(k)}$，$P_g^{(k)}$ 分别第 k 代的历史最优位置和全局最优位置；w 为惯性权重，在本算例中，为了保证在搜索过程中的全局搜索能力和局部搜索能力的平衡，故将惯性权重 w 设计为迭代次数的函数，且随迭代次数线性减少，其计算公式为

$$w^{(k)} = w_{\max} - k(w_{\max} - w_{\min})/k_{\max}$$

上式中，$w_{\max}$，$w_{\min}$ 分别为初始、终止惯性权重，本例中分别设置为 1.2 和 0.4，$k_{\max}$ 为最大迭代代数。

粒子的位置和速度更新后，计算其新的适应值即目标函数值。然后以目标函数值最大为目标对个体历史最优位置、个体历史最优极值、全局最优位置和全局最优极值进行更新。在计算个体适应值时需要调用计算目标函数值的 M 文件，此时将在 M 文件中判断是否满足约束条件，只有在所有约束条件都满足的情况下才计算其目标函数值，否则以原值返回。为了保证粒子的活性，即保证迭代过程中不陷入局部最优，在本算例中设置了一个淘汰和重新激活机制，即通过比较粒子的当前适应值与历史最优值，如果粒子在 20 代之内都没有取得好于历史最优的目标函数值，则认为粒子已经失去活性，然后即对粒子进行重新的初始化。本例中设置初试种群规模为 50，迭代次数为 500 代，若在 500 代之内，连续 20 代的全局最优值变化幅度不超过 0.05% 则终止迭代，否则就以迭代 500 代之后的全局最优值作为目标函数的最大值。通过位置和速度的不断迭代和自身群体历史最优值和全局最优值的比较更新来确定目标函数在满足约束条件下的最大值。本算法的详细过程如图 3-7 所示。

2. 求解结果

考虑该公司原物料采购前置时间最长为一个月的前提下，本文假设期数为 4 期，此时各期市场需求总数并非皆大于产能限制，利用上文所述的标准 PSO 算法对 4 种不同生产策略的数学规划模型进行求解，对 4 种模型分别进行 10 次求解，取 10 次求解的最大值作为目标函数的最大值，其取得最大值时程序运行时间分别为 923s，978s，2345s，2663s，求解结果如下：

（1）接单后生产策略单期模式求解结果　投入原物料经热端制程和冷端制程生产出的玻璃基板数量 S_{kil} 见表 3-31。

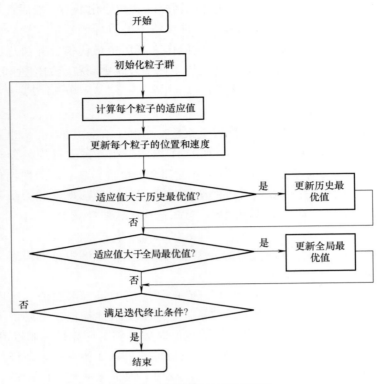

图 3-7 算法详细过程示意图

表 3-31 接单后生产策略单期模式生产出的玻璃基板数量（单位：片）

期数 L	(k,i)	1	2	3	4	5	6
1	1	0	0	5974	3000	8000	7000
1	2	0	266	1000	500	2000	2500
2	1	0	1000	5500	3500	6000	4000
2	2	400	500	800	800	2000	3000
3	1	0	990	7000	2000	7500	5000
3	2	0	500	1000	750	2500	3000
4	1	350	0	7390	2500	9000	6500
4	2	0	350	500	500	2000	1500

总销售利润 = 32 504 000 元

总缺货成本 = 3 344 080 元

最大利润期望值 = 29 159 920 元

(2) 延迟生产策略单期模式求解结果 投入母基板经冷端制程生产出的玻

璃基板数量 SC_{kil} 见表 3-32。

表 3-32 延迟生产策略单期模式生产出的玻璃基板数量　　（单位：片）

期数 L	(k,i)	1	2	3	4	5	6
1	1	500	2000	8365	2950	7632	7000
	2	400	500	1000	500	2000	2500
2	1	500	1000	4219	3500	6000	4000
	2	400	500	800	800	2000	3000
3	1	350	1000	6912	2000	7108	5000
	2	400	500	1000	750	2500	3000
4	1	350	2000	7863	2374	8785	6491
	2	490	350	500	500	2000	1500

当期生产的母玻璃基板数量 MGL_{kl} 见表 3-33。

表 3-33 延迟策略单期模式生产的母玻璃基板数量　　（单位：片）

期数 L	K	数　　量
1	1	19848
	2	9959
2	1	22 403
	2	7590
3	1	26538
	2	3443
4	1	9081
	2	9489

总销售利润 = 40 667 868 元
总缺货成本 = 1 110 860 元
母基板库存成本 = 2 699 780 元
最大利润期望值 = 36 857 228 元

（3）面向库存生产策略单期模式求解结果　投入母基板经冷端制程生产出的玻璃基板数量 SC_{kil} 见表 3-34。

表 3-34 面向库存生产策略单期模式生产出的玻璃基板数量（单位：片）

期数 L	(k,i)	1	2	3	4	5	6
1	1	49	1536	8514	2534	7518	6521
	2	51	48	942	50	1537	2036

(续)

期数 L	(k,i)	1	2	3	4	5	6
2	1	194	709	5193	3292	5701	3685
2	2	100	209	514	514	1713	2101
3	1	182	663	6654	1641	7149	4654
3	2	37	111	613	363	2140	828
4	1	136	1238	7211	1754	8201	5734
4	2	262	142	286	280	1748	1343

玻璃基板期初存货 GS_{kil} 见表3-35。

表3-35 面向库存生产策略单期模式玻璃基板期初存货　（单位：片）

期数 L	(k,i)	1	2	3	4	5	6
1	1	50	43	43	43	43	43
1	2	52	50	45	51	43	44
2	1	190	200	198	201	207	185
2	2	198	205	206	213	207	599
3	1	268	310	318	293	325	300
3	2	281	262	267	273	301	207
4	1	215	225	185	276	113	218
4	2	114	206	226	194	146	194

总销售利润 = 38 447 545 元

总缺货成本 = 3 317 705 元

玻璃基板库存成本 = 4 817 660 元

最大利润期望值 = 30 312 180 元

（4）预测性生产与延迟生产策略单期模式求解结果　投入母基板经冷端制程生产出的玻璃基板数量 SC_{kil} 见表3-36。

表3-36 预测性生产与延迟生产策略单期模式生产出的玻璃基板数量

（单位：片）

期数 L	(k,i)	1	2	3	4	5	6
1	1	353	383	4998	2589	1362	2376
1	2	195	97	0	290	1349	0
2	1	251	125	1576	2231	3127	1716
2	2	45	66	10	66	316	1375

(续)

期数 L	(k,i)	1	2	3	4	5	6
3	1	86	25	1269	144	1517	1317
	2	76	47	17	37	189	75
4	1	48	1058	2824	102	1355	1671
	2	51	64	18	131	828	162

母基板期初库存 MGL_{kl} 见表 3-37。

表 3-37 预测性生产与延迟生产策略单期模式母基板期初库存

(单位：片)

期数 L	k	库存
1	1	12 074
	2	1938
2	1	9064
	2	1889
3	1	4387
	2	452
4	1	7076
	2	1341

玻璃基板期初存货 GSL_{kil} 见表 3-38。

表 3-38 预测性生产与延迟生产策略单期模式玻璃基板期初存货

(单位：片)

期数 L	(k,i)	1	2	3	4	5	6
1	1	247	854	3816	1269	2774	2156
	2	348	422	512	734	1512	1557
2	1	243	755	3921	1723	4293	1683
	2	317	453	983	713	2214	1968
3	1	295	942	5176	2398	7645	4829
	2	434	286	482	369	1172	1338
4	1	215	925	3185	1276	5113	3218
	2	414	106	226	694	1046	3694

总销售利润 = 39 266 015 元

总缺货成本 = 2 634 000 元

母基板库存成本 = 1 123 400 元

玻璃基板库存成本 = 2 937 655 元

最大利润期望值 = 32 570 960 元

3.6.3 多期模式求解结果分析

和单期模式相同的是，延迟生产策略多期模式的净利润期望值仍为四者中最高，接单后生产多期模式的净利润期望值也为最低。从表 3-39 可以发现，延迟生产策略的总销售利润为四者中最高，且总缺货成本为四者中最低，虽然有库存成本，但计算之后净利润期望值仍为最高；而混合生产策略的总销售利润比面向库存生产策略高，且总缺货成本也比面向库存生产策略低，虽然其库存成本比面向库存生产方式高，但经过计算，其净利润期望值比面向库存生产方式高，是次佳的生产方式。而接单后生产由于无法满足订单需求，不仅销售利润低，还有较高的缺货成本，因此其净利润期望值最低。

表 3-39 多期模式总利润与成本比较表 （单位：元）

生 产 策 略	总销售利润	总缺货成本	总库存成本	净利润期望值
接单后生产	32 504 000	3 344 080	0	29 159 920
延迟生产	40 667 868	1 110 860	2 699 780	36 857 228
面向库存生产	38 847 545	3 317 705	4 817 660	30 312 180
预测生产与延迟生产混合模式	39 266 015	2 634 000	4 061 055	32 570 960

见表 3-40，4 种策略中各期的实际情况比较分析如下：

1）接单后生产策略的销售利润显然受限于热端产能限制，因此在市场需求大于当期热端产能时，便会产生很大的缺货成本，尤其第 1 期与第 4 期的市场需求较高，因此缺货成本也明显偏高，以致造成净利润期望值与销售利润相比大幅降低。

2）整体净利润期望值最高的延迟策略，各期的销售利润皆高于接单后生产，主要是因为延迟生产策略生产的母玻璃基板在市场需求大于热端产能时，发挥了延迟策略的效用，更弹性地在热端产能不足的条件下满足了更高的市场需求，因此虽有库存成本产生，但在销售利润上升与缺货成本下降的互抵效果下，第一期及第四期市场需求虽明显高于热端产能限制状况，但最后的净利润期望值仍然上升。而第二期虽因延迟生产策略效果使销售利润较接单后生产策略高，但由于市场需求与热端产能限制差距不大，因此在考虑母玻璃库存成本之后，净利润期望值仍略低于接单后生产策略。

3）当采取面向库存生产策略即只备有玻璃基板库存时，其销售利润由于玻璃基板库存的存在而得到保证，但由于大量玻璃基板库存的存在，使得其具有较高的库存成本，因此其净利润期望值相比延迟策略时低，但接单后生产较高。

4）当采取预测生产与延迟生产混合模式时，值得注意的是第 3 期的部分，其销售利润明显偏低，且缺货成本也明显偏高。究其原因发现，由于第 4 期玻璃基板的单价较第 3 期高，因此为了满足第 4 期的高市场需求，第 3 期花费了大量产能用于生产玻璃基板库存，这就造成了第 3 期自身的产能不足和缺货成本的上升，因此拉低了其净期望利润。

表 3-40　多期模式分利润与成本比较表　　　（单位：元）

生产策略	期别	销售利润	缺货成本	总库存成本	净利润期望值
接单后生产	1	7 695 730	1 981 630	0	5 714 100
	2	7 874 870	145 000	0	7 729 870
	3	8 872 700	226 700	0	8 646 000
	4	8 006 000	990 750	0	7 015 250
延迟生产	1	11 243 140	355 350	596 140	10 291 650
	2	8 615 200	422 730	599 860	7 592 610
	3	9 938 300	175 400	599 620	9 163 280
	4	10 871 000	166 540	371 400	10 333 060
面向库存生产	1	10 064 165	904 645	1 219 250	7 940 270
	2	9 111 400	903 850	1 098 315	7 109 235
	3	9 227 100	704 925	1 119 175	7 403 000
	4	10 043 000	804 285	1 380 920	7 857 795
预测生产与延迟生产混合模式	1	11 573 500	0	1 076 250	10 497 250
	2	8 838 212	193 465	859 405	7 785 342
	3	7 828 084	2 436 980	955 550	4 435 554
	4	11 026 219	3555	1 169 850	9 852 814

3.7　本章小结

3.7.1　研究结论

本章将延迟策略引入 TFT-LCD 的上游生产过程，对 TFT-LCD 产业玻璃基板的生产过程进行分割和重组，通过 4 种不同策略下生产利润模型的构建、求解和分析，得出了以下结论。

1. 单期模式

1) 当市场需求小于产能限制时,采用延迟生产策略并不会提高其整体效益,并且由于半成品库存的大量持有会造成净利润期望值降低。

2) 当市场需求大于产能限制时,延迟生产策略和混合预测性生产与延迟生产策略两者的净利润期望值相仿,皆高于接单后生产和面向库存生产策略。虽然单块母基板的库存成本小于玻璃基板库存成本,但是延迟策略相对于混合预测性生产与延迟生产策略会有更高的缺货成本,因此混合预测性生产与延迟生产策略的净利润期望值稍高于延迟生产策略。

2. 多期模式

1) 延迟策略生产模式在市场需求较低时利用前段的闲置产能生产中性半成品即母玻璃基板,相对于接单后生产策略,能够保持较高的库存弹性,并增加市场需求上升时满足客户订单的能力,为企业创造更大的利润。虽然保有母玻璃基板会产生一定的库存成本,但相比其他模式而言,其整体利润期望值仍是最高的。

2) 混合预测性生产与延迟生产策略的净利润期望值稍低于延迟策略,但高于接单后生产和面向库存生产策略。其利润低于延迟生产策略的原因在于单块玻璃基板的库存成本大于母基板的库存成本,但若在需求远远大于产能限制时,应该通过生产更多的玻璃基板来降低缺货成本,提高净利润期望值。

3.7.2 研究问题的局限性

本章将延迟策略引入 TFT-LCD 产业最上游的生产过程当中,对于不同策略模式下的模型进行了比较分析,仍然存在着许多不足之处。

1) 本章并未就闲置产能对相关成本的影响进行讨论,且相关结论因现实环境的限制,尚未在实际企业运作下进行分析验证,相关结论在实际操作中可能会遇到一些限制,仍待后续研究进行更深入的探讨。

2) 本章所假设的市场需求与产能限制差距并不是很大,而在市场需求变异更大时,以及假设期数更多时,混合预测性生产与延迟策略下的存货持有成本,是否仍会对预期效益产生影响,甚至优于部分延迟生产策略,仍待后续进行更深入的研究和探讨。

3) 本章只是分析了引入延迟策略的 4 种不同模式对于 TFT-LCD 产业最上游的列阵(Array)制程的总体绩效的影响,其评价方法也局限于净期望利润最大,但对于延迟策略的引入将对整个供应链绩效产生怎样的影响,还需后续深入研究和分析。

第 4 章

推拉结合式多阶多厂生产链规划技术

在前面章节中提到了 TFT-LCD 产业的"多阶多厂"以及"推拉结合"的特点，针对这两个特点，本章节采用数学规划方法，建立生产链多厂（或者叫做多阶多厂）环境下的推拉结合式生产规划数学模型。该模型的目的是根据推式生产的预测量以及拉式生产的接单量来对各个工厂的生产进行规划，从而得到每个厂区要生产什么产品、生产多少数量以及完成这些生产所需要的最小总成本。在下文中，统一把列阵（Array）制程阶段所得的半成品叫做 TFT 类产出，组立（Cell）制程阶段生产所得的半成品叫做 LCD 类产出，模组组装（Module）制程阶段的产出叫做 LCM 类成品。本章节主要建立 TFT-LCD 生产链多厂规划数学模型，设定可外购和完全自产两种不同情境，并通过 LINGO 和 PSO 算法对案例进行求解及分析。

4.1 TFT-LCD 生产链生产类型

TFT-LCD 产业具有复杂的生产环境，其生产过程分 3 个阶段完成，叫做"多阶"生产，3 个阶段制程所构成的这条链被称为"生产链"；每个阶段又有多个不同的工厂进行生产，叫做"多厂"，因此也有"生产链多厂"的叫法。而这条"生产链"又类似于"供应链"，因此也有把 TFT-LCD 的生产链当做供应链的一种典型情景来研究。这种模式下的生产规划问题极其复杂，不仅要考虑每个工厂内部复杂的几百道工序生产问题，也要考虑工厂与工厂之间的各种供应关系、运输关系，还要考虑各种物料问题。多阶多厂的特性决定了 TFT-LCD 制造过程生产规划的复杂性，决定了在进行生产规划时要着重考虑设备使用率、运输成本、前后段之间的衔接关系、原料采购成本、库存成本、不同工厂生产良率及生产单位转换等因素。

按照生产计划的来源划分，可以将生产类型分为两种：①存货生产方式，又称按库存生产（Make To Stock，MTS），它是在对市场需要量进行预测的基础上，有计划地进行生产，产品有一定的库存。为防止库存积压和脱销，生产管理的重点是抓供、产、销之间的衔接，按"量"组织生产过程各环节之间的平衡，保证全面完成计划任务。②订货生产方式，又称按订单生产（Make To Order，MTO）。根据用户提出的具体订货要求后，才开始组织生产，进行设计、供应、制造及出厂等工作。生产出来的成品在品种规格、数量、质量和交货期等方面是各不相同的，并按合同规定按时向用户交货，成品库存甚少。

TFT-LCD 前两个阶段制程的设备非常昂贵，折旧费用高，生产出来的半成品只有尺寸和等级上的差别。所以，一方面为了确保机台的高使用率，另一方面为了批量生产以降低成本，这两个阶段一般采用 MTS 策略组织生产，即推式（Push）生产规划。在这种生产环境之下，生产量主要来自企业对需求的预测量，由预测量驱动（Driving）整个多厂规划与活动。因此，这一类的多厂规划与排程可称为推式多厂规划与排程（Push-Based Multi-Site Planning and Scheduling）。

除尺寸外，产品的很多个性化需求产生于模组组装（Module）制程阶段。这个时候，顾客希望可以指定电脑零件，因此生产制造的动作，通常是等顾客订单进来时，才会依据订单进行物料集结再组装生产，称接单后组装生产（Build To Order，BTO）模式。大多数情况下，接单后组装生产方式也叫做MTO，这种等订单进来后才进行最终的多厂规划与排程的方式叫做拉式多厂规划与排程（Pull-Based Multi-Site Planning and Scheduling）。在模组组装（Module）制程阶段，除了按订单生产外，公司也会根据预测安排一部分库存生产以应对旺季需求，在这种情况下就不仅有推式生产策略，也会有拉式生产策略，因此采用推拉结合（Push + Pull）的生产规划方式。

处于 TFT-LCD 产业生产链末端的组装（Monitor）因为制程简单，生产周期短，完全采用 MTO 策略生产，因此是拉式生产（Pull）规划。

推、拉两种生产策略的目标不同，为了使得两种目标均得到较好的满足，本章节在进行多厂生产规划时借鉴推、拉两种生产策略思想来进行规划，建立推拉结合的数学模型来对多阶多厂环境下的生产进行规划。

4.2　多厂生产规划与排程的方法

关于多厂生产规划与排程的特点，Sauer[⊖]有一个经典的总结曾在多篇文章中提及并被大量引用，总结如下：

⊖ Jürgen Sauer. Modeling and Solving Multi-Site Scheduling Problems [M]. John Wiley&sons, Inc. 2006.

（1）不同工厂进行的生产流程之间具有复杂的相依性关系　比如：

1）成品与半成品的关系。由工厂 A 生产的产品接下来要给工厂 B 使用。

2）相同产品可以被不同工厂生产（生产成本可能不同）。

3）产品在厂区之间的运输需要运输能力，运输能力与时间及成本有关。

（2）在全域规划中，所用的规划数据是汇总的而非精确的　比如：

1）产能的信息是以机台群组（Machine Group）为单位的，而非以单一机台为单位。

2）通常情况下，成品或者半成品的持续生产时间（Duration of Manufacturing Processes）是一个估计值。

（3）需要把单一工厂现有的规划与排程系统整合在一起　一个企业下的所有工厂，分散的排程活动之间需要合作。

（4）单个工厂实际状态的不确定性也需要考虑进来　比如机台故障。

（5）不同层级的规划追求的目标不同　其中：

1）全域规划的目标是准时的交单，运输成本最小以及制造时间最小。

2）单个区域规划的重点是机台使用率、机器设置时间（Set-up Times）、中间产品达交等指标的最优化。

具体到 TFT-LCD 产业的多厂规划与排程而言，从生产阶段角度可以把 TFT-LCD 产业多厂生产规划的研究归纳为 3 类：第一类是单阶多厂规划与排程；第二类是双阶多厂规划与排程；第三类是三阶（或者多阶）多厂规划与排程。

第一类，单阶多厂的生产规划与排程。对于模组（Module）制程阶段进行多厂规划与排程的研究相对来说比较多，这是因为该制程相对独立，且接近客户，其目标一般可以归纳为生产成本最小以及满足客户需求两个方面。其次研究较多的是列阵（Array）制程阶段的多厂规划与排程，对于 Array 生产，因为设备昂贵且产能有限，因此，多数研究者都是对设备的高使用率及产能扩充两方面的问题进行研究。在 3 个阶段之中，组立（Cell）阶段的良率最低且机台特性最为复杂。对于组立厂来说，专门对组立多厂规划与排程进行的研究相对较少，但是对单个组立厂内投料与派工方面的研究要多一些。

第二类，双阶多厂的生产规划与排程。双阶排程一般是指将两个推式生产阶段——列阵（Array）和组立（Cell）阶段放在一起进行规划排程，这方面的研究相对较少。

第三类，三阶（或者多阶）多厂生产规划与排程。大多数多阶多厂规划与排程都是以 3 个主要的阶段连贯起来一起作规划，但也有一些研究加入了彩色滤光片（CF）或者最后段的组装（Monitor）制程，这样就构成四阶多厂规划与排程问题。与单阶多厂或者双阶多厂的生产规划排程相比，多阶多厂规划的优点是具有把握全局最优的能力；缺点是只适合于同一企业下多厂且生产信息完全透明化的生产环境。在生产信息不完全透明的生产环境下，各厂区进行各自的最优规划（即单阶多厂或者符合信息透明要求的双阶多厂），然后与其他厂区进行互动合作以完成业务目标这种方式更为适合。

多厂生产规划与排程的方法可以分为两种：一种是数学规划方法；另一种是模拟规划方法。在有些研究中仅用数学规划方法，有些研究中仅运用模拟规划方法，有些研究则把两种方法结合起来使用。当然，有些学者也把数学规划与模拟规划的结合使用归入第三种方法，叫做"混合式规划法"。

数学规划法是指用运筹学方法对多阶多厂生产规划问题进行系统建模，比较常用的有线性规划、非线性规划、动态规划和整数规划等。这种方法的优点是可以求得一个全局最优值，但是缺点也比较明显，该方法无法在细致度上完全考虑实际情形。尽管有无法完全符合实际情形的缺点，数学规划法仍然是众多文献中处理多阶多厂规划问题中最常使用的方法。在每个与所界定的问题相对应的数学模型中，通常都包含了目标函数及约束条件两项。部分文献中这些数学模型的考量因子总结见表4-1，可以看出有些因子是考虑得比较多的，比如单位变动成本、库存成本、运输成本、缺货惩罚成本、产需限制及产能限制等。本章节所考虑的因子中，包括了通常必须考虑的因子，也包括了设置成本、外购成本、产存限制，这跟本模型所界定的范围有关。

表 4-1 目标函数以及约束条件的考量因子汇总

目标函数中包含的因子	限制条件中的考量因子
单位生产变动成本	产需平衡限制
库存成本	产能限制
运输成本	订单不可分割限制
缺货惩罚成本	运输平衡限制
物料采购成本	物料平衡
设置成本	最大、最小产能扩充
产能扩充成本	产存平衡限制
人员、产能闲置成本	采购限制
外包/外购成本	最大、最小生产批量限制
加班成本	等级分配限制
重工成本	交期限制（完工时间）
报废成本	外包限制
	生产单位转换
	决策变数限制

模拟规划法的优点是可以尽可能多地考虑实际情景,然后进行贴合实际的模拟,经过近年来的发展,模拟规划所花费的成本越来越少,效率也比以往更高。但是要设计出细致度高的模拟模型并非易事,模拟是一种较难掌握的"艺术",因此在文献中用得比数学规划法更少。

4.3 问题界定

4.3.1 生产链多厂环境

本章节生产链多厂环境如图 4-1 所示。图中阴影部分有 4 块,第一块表示物料调配中心,第二块代表 Array 阶段,第三块代表 Cell 阶段,第四块代表 Module 阶段。

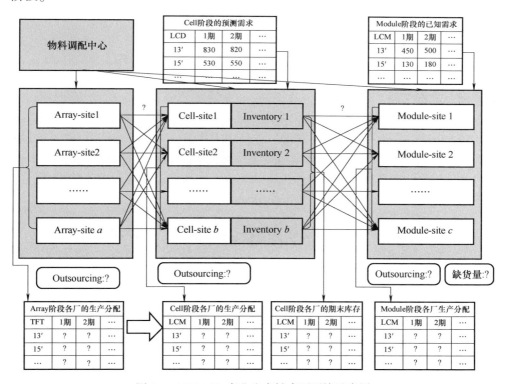

图 4-1 TFT-LCD 产业生产链多厂环境示意图

物料调配中心负责把需要的物料调配到各个工厂,在本章节模型中不考虑物料获取限制(即假设物料的获取是无限的),也不考虑细致的物料总类和各种类的成本,只考虑在不同工厂中单位产品生产所对应的物料总成本。

在图 4-1 中可以看到，Array 阶段有 a 个工厂，Cell 阶段有 b 个工厂，Module 阶段有 c 个工厂，其中 Cell 阶段各个工厂中均存在一个库存点。相邻阶段各个工厂之间的连线代表运输路径，在这条运输路径上会产生运输数量以及相应的运输成本。

在每个阶段下面有一个 Outsourcing，代表了该阶段中各个工厂的外购数量。在每个阶段下面还有一个表格，其中 Array 阶段下面的表格代表了 Array 阶段各个工厂在各个时期的规划生产量；Cell 阶段下面有两个表格，一个代表了 Cell 阶段各厂在各个时期的规划生产量，另一个代表各厂在每期期末的剩余库存量；Module 阶段下面的表格代表了该阶段各厂在各个时期的规划生产量。

除了上述描述之外，还有两个至关重要的表格，一个是图中中上部的 Cell 阶段预测需求；另一个是右上角 Module 阶段的已知需求。预测需求驱动 Cell 阶段以及 Array 阶段的生产，已知需求拉动 Module 阶段的生产。

4.3.2 拟解决的问题

本章节要解决的问题是上述生产链多厂环境下的生产规划优化问题，这个规划问题的解由图 4-1 中打上"?"的各个决策变量构成。这些问号从左到右，从上到下，分别表示：①Array-site a 与 Cell-site b 之间产生的运输量。②Cell-site b 与 Module-site c 之间产生的运输量。③Array 阶段的外购量。④Cell 阶段的外购量。⑤Module 阶段的外购量。⑥Module 阶段的缺货量。⑦Array 阶段各厂的生产量。⑧Cell 阶段各厂的生产量。⑨Cell 阶段各厂的库存量。⑩Module 阶段各厂的生产量。

4.4 生产链多厂规划数学模型的构建

4.4.1 数学建模

1. 模型及数据流说明

（1）建模目的　假设规划周期为时间 t，TFT-LCD 生产企业的生产制程阶段总共有 3 个，阶段用 s 来表示；每个阶段有 f 个工厂；在 3 个阶段里面 Array、Cell 两个阶段采用推式生产策略，Array 生产完后立即出货到下一阶段，因此 Array 阶段与 Cell 阶段之间的生产具有相依性，Cell 阶段的预测订单决定了 Array 阶段的生产；而 Module 阶段采用拉式生产策略（不考虑推式策略），因此会接顾客的订单进行生产。该模型的目的就是考虑各种生产限制条件下，得到 3 个阶段中所有工厂最佳的月产品生产计划量。

(2) 输入数据

1) 时间 t 内 Module 阶段的生产需求量（已知订单量）。

2) 时间 t 内 Cell 阶段的生产预测量（预测需求量）。

3) 时间 t 内每个工厂生产某一种产品的设置成本、单位生产变动成本。

4) 时间 t 内每个工厂的最大产能、最小开工产能、每种产品在某个工厂生产所需的产能。

5) 时间 t 内每个工厂的物料成本。

6) 时间 t 内每个工厂生产某一种产品的良率。

7) 时间 t 内每个工厂对于每种产品缺货所造成的单位惩罚成本。

8) 时间 t 内每个工厂为了防止缺货惩罚而需要支付的单位产品外购成本。

9) 时间 t 内 Cell 阶段不同工厂的库存成本。

10) 时间 t 内上一阶段工厂与下一阶段工厂之间运输某种产品的单位运输成本。

(3) 输出数据

1) 本模型规划所得的最小生产成本。

2) Array/Cell/Module 三个阶段中所有工厂的每月产品生产计划、不同阶段的工厂之间每个月的运输量、Cell 阶段的库存剩余、外购数量和缺货数量。

2. 基本假设

1) 对预测需求量以及已知订单量的说明。考虑到公司会有一定量稳定的客户，这些客户会提前向公司下单，由此产生了规划期间内的已知订单量；预测量是根据已知订单量以及潜在需求来设定的。规划完成之后，Cell 阶段会产生库存剩余量，这个库存剩余量可以作为未来订单可允诺量的决策参考信息。

2) 假设 Array 阶段与 Cell 阶段之间没有库存，Array 阶段生产完之后立即运入 Cell 阶段，因此只产生运输成本，而 Cell 阶段有库存，库存量与运入量、运出量、外购量有关。

3) 已知订单量产生于 Module 阶段，假设一张订单只订购一种产品。可以这样认为，原始的一张订单包含多种产品，但是为了使生产计划更方便的执行，一张订单到了工厂内之后会进行预先处理，转化成了内部生产订单，一张内部生产订单只代表一种产品，这种订单处理方式无论在实务上还是在研究上都可以降低生产规划的复杂度。在本文的后续章节中，并不严格区分"订单"与"产品"两者之间的概念差别，因此很多情况下两个词所代表的含义是相同的。

4) 订单不可分割至不同工厂生产。在实际操作中，假如把订单分割到不同工厂生产的话会产生很大的问题，有可能产生更大的协作成本，因此，为了更加贴合实际，本模型中加入了"订单不可分割"的约束，也就是说，一张订单只能在一个工厂中生产，不能出现一张订单分散在两个或两个以上工厂中生产的情况。

5）假设不存在等级限制以及指定工厂限制。一般来说，不同工厂会以不同的概率产生不同的产品等级；另外，有些顾客会指定生产厂，因此有时候会产生厂区限制；在本模型中假设所有工厂均以良率的概率产生良品，而且均能满足产品的等级需求。当存在指定工厂限制时，可以把该订单以及该厂所耗的产能及成本当成是一个固定值，在本书中假设已经去除了需要制定工厂生产的订单，因此剩下的订单均无指定工厂限制。

6）各种所需要的输入量均为已知。比如，不同产品在各工厂的生产成本不同，包括变动生产成本及开工设置成本，假设这些都是已知的。又比如，运输成本与运输距离及产品种类相关，假设运输成本已知，本模型中只考虑 Array 到 Cell 阶段以及 Cell 到 Module 阶段之间的运输成本。还有，各工厂均有各自的最大产能及最小开工产能限制，假设最大产能以及最小开工产能限制都是已知的。最后，产品在每个阶段不同工厂生产所需要的物料成本是不同的，假设这些物料成本均为已知。

7）在本模型中，当产能不能满足要求时，会自动判断是接受缺货惩罚成本还是接受外购成本，因此本模型中不再考虑产能扩充的问题。

3. 符号说明

（1）标注类符号

p：订单所代表的产品（Product）编号，$p=1\sim P$；

s：阶段编号，$s=1$ 时表示 Array 阶段，$s=2$ 时表示 Cell 阶段，$s=3$ 时表示 Module 阶段；

f^s：工厂编号，其中，$s=1,2,3$，表示阶段（Stage）；$f^s=1\sim F^s$，表示阶段 s 内的工厂（Factory）编号，其中 F^s 是一个正整数，$F^1=2$ 表示第一个制程阶段有 2 个工厂，$F^2=3$ 表示第二个制程阶段有 3 个工厂；

t：时间编号，t：$1\sim T$，单位为月。

（2）输入变量

$Ds_{tp}(s=2,3)$：分别表示在 t 期中阶段 s 对于订单 p 的需求量，$s=2$ 时表示预测量，$s=3$ 时表示需求量；

W_{tf^2p}：表示第 t 期末，工厂 f^2 的库存量，假设规划的初始库存为 0；

$R_{tf^sp}(s=1,2,3)$：在第 t 期中，工厂 f^s 生产订单 p 的良率；

$EQ_{tf^sp}(s=1,2,3)$：在第 t 期中，工厂 f^s 生产订单 p 所需的产能；

$Q\max_{tf^s}(s=1,2,3)$：在第 t 期中，工厂 f^s 的最大产能；

$Q\min_{tf^s}(s=1,2,3)$：在第 t 期中，工厂 f^s 所要求的最小开工产能；

$C_{tf^sp}(s=1,2,3)$：在第 t 期中，工厂 f^s 生产订单 p 所需要的单位变动成本；

$F_{tf^sp}(s=1,2,3)$：在第 t 期中，工厂 f^s 生产订单 p 所需的设置成本；

$K_{tf^sp}(s=1,2,3)$：在第 t 期中，工厂 f^s 生产 p 所需的物料成本；

$SC_{tf^sp}(s=2)$：在第 t 期中，Cell 阶段工厂对不同产品的单位库存成本；

$PC_{tf^sp}(s=2,3)$：$s=2$ 时表示 Cell 阶段外购 TFT 类半成品，$s=3$ 时意为 Module 阶段外购 LCD 类半成品；

PC_{tp}：在第 t 期中，订单 p 的单位缺货惩罚成本，仅指 Module 阶段的缺货惩罚成本；

TFU_{tf^sp}：在第 t 期中，产品 p 在 s 阶段生产完后到达下一阶段时的单位转换率；

$TC_{tf^sf^{s+1}p}(s=1,2)$：在第 t 期中，第 p 张订单在工厂 f^s 生产所需的单位运输成本，与工厂 f^s 至下一阶段工厂之间的距离和所运输的产品有关；比如，对于 Array 阶段，运输成本与该厂与 Cell 阶段厂之间的距离和产品有关；对于 Cell 阶段，运输成本与该厂到 Module 阶段厂之间的距离和产品有关。

(3) 决策变量

$X_{tf^sp}(s=1,2,3)$：第 t 期中，第 p 张订单在工厂 f^s 的生产量；

$Y_{tf^sp}(s=1,2,3)$：为 0，1 变量，$Y_{tf^sp}(s=1,2,3)=1$ 表示在第 t 期中，订单 p 在工厂 f^s 生产；$Y_{tf^sp}(s=1,2,3)=0$ 表示在第 t 期中，订单 p 不在工厂 f^s 生产；

$P_{tf^sp}(s=1,2,3)$：第 t 期中，工厂 f^s 生产订单 p 所需要的产出品的外购数量，外购量不消耗产能，但要花费运输到下一个阶段的运输成本，另外，不存在不可分割的外购产品限制；

$Z_{tf^sf^{s+1}p}$：第 t 期中，订单 p 所代表的产品从工厂 f^s 运输到工厂 f^{s+1} 的产品数量，其中，$s=1$，2；

P_{tp}：在 Module 阶段中，第 t 期的缺货数量。缺货对应的缺货成本很大，因此，一般来说，只要产能可以满足生产就不会产生缺货数量。

4. 数学模型

(1) 目标函数　通常情况下，工厂之间的信息是不完全透明的，因此会把生产规划的工作分得很细，有些生管人员只需要做推式规划，有些只要做拉式规划。

首先，根据预测需求量来驱动推式生产，单独规划出 Array 和 Cell 两个阶段的生产计划。以下是代表推式规划的目标函数 1

$$\text{Min} \sum_{t=1}^{T} \left[\sum_{s=1}^{2} (\sum_{f^s=1}^{Fs} \sum_{p=1}^{P} (C_{tf^sp} \times X_{tf^sp} + F_{tf^sp} \times Y_{tf^sp} + K_{tf^sp} \times X_{tf^sp} + P_{tf^2p} \times PC_{tf^2p}) \\ + \sum_{f^1=1}^{F1} \sum_{p=1}^{P} TC_{tf^1f^2p} \times Z_{tf^1f^2p} \right]$$

在这一步骤中不考虑库存，因为库存跟产销之间的平衡有关，所以，把库存放在下一个目标函数中考虑。

该式子表示以下成本相加最小：变动成本 + 设置成本 + 物料成本 + 外购成本 + 运输成本。因为是按预测生产，所以预测量是已知的，在这一阶段，产能有可能满足不了预测量的生产，因此在该模型中加入了外购成本一项，意思是当自身无法生产出来时，可以向其他厂商购进以满足预测量。

其次，根据 Array 和 Cell 阶段的规划结果，结合 Module 阶段已经接到的订单来驱动拉式生产，规划出 Module 阶段的生产计划，根据每一期的库存结果，给出订单接受建议。以下是代表拉式规划的目标函数 2

$$\text{Min} \sum_{t=1}^{T} \left[\sum_{p=1}^{P} P_{tp} \times PC_{tp} + \sum_{f^3=1}^{F^3} \sum_{p=1}^{P} (C_{tf^3p} \times X_{tf^3p} + F_{tf^3p} \times Y_{tf^3p} + K_{tf^3p} \times X_{tf^3p} + P_{tf^3p} \times PC_{tf^3p}) \right. \\ \left. + \sum_{f^2}^{F^2} W_{tf^3p} \times SC_{tf^3p} + \sum_{f^3=1}^{F^3} \sum_{p=1}^{P} TC_{tf^2f^3p} \times Z_{tf^2f^3p} \right]$$

该模型以成本最小化为目标，考量了以下成本之和：缺货惩罚成本、变动生产成本、设置成本、物料成本、外购成本、库存成本及运输成本。

订单接受建议：AVO_{tp} 表示在第 t 期内可以接受产品 p 的订单量

$$AVO_{tp} = \sum_{f^2}^{F^2} W_{tf^2p} - \sum_{f^3}^{F^3} X_{tf^3p}$$

最后，在全局信息透明的情况下，把上述两个模型合在一起作规划。以下是代表推拉结合的目标函数 3

$$\text{Min} \sum_{t=1}^{T} \left[\sum_{P=1}^{P} P_{tp} \times PC_{tp} + \sum_{s=1}^{3} \sum_{f^s=1}^{F^s} \sum_{p=1}^{P} (C_{tf^sp} \times X_{tf^sp} + F_{tf^sp} \times Y_{tf^sp} + K_{tf^sp} \times X_{tf^sp} + P_{tf^sp} \times PC_{tf^sp}) \right. \\ \left. + \sum_{f^2}^{F^2} W_{tf^3p} \times SC_{tf^3p} + \sum_{s=1}^{2} \sum_{f^s}^{F^s} \sum_{p=1}^{P} TC_{tf^sf^{s+1}p} \times Z_{tf^sf^{s+1}p} \right]$$

（2）约束条件

1）存货平衡式

$$\forall t, f^s, p \quad W_{tf^2p} = X_{tf^2p} \times R_{tf^2p} + P_{tf^2p} - \sum_{f^3}^{F^3} Z_{tf^2f^3p}, if \quad t = 1$$

$$\forall t, f^s, p \quad W_{tf^2p} = X_{tf^2p} \times R_{tf^2p} + W_{(t-1)f^2p} + P_{tf^2p} - \sum_{f^3}^{F^3} Z_{tf^2f^3p}, if \quad t \geqslant 2$$

2）需求与生产平衡

$$\forall t, f^s, p \quad D3_{tp} - P_{tp} + QZ3_{tp} = \sum_{f^3=1}^{F^3} (X_{tf^3p} \times R_{tf^3p} + P_{tf^3p})$$

$$\forall t, f^s, p \quad D2_{tp} + QZ2_{tp} = \sum_{f^2=1}^{F^2} (X_{tf^2p} \times R_{tf^2p} \times TFU_{tf^2p} + P_{tf^2p})$$

$$\forall t, f^s, p \quad \sum_{f^2=1}^{F^2} X_{tf^2p} + QZ1_{tp} = \sum_{f^1=1}^{F^1} (X_{tf^1p} \times R_{tf^1p} \times TFU_{tf^1p} + P_{tf^1p})$$

其中，$QZ1_{tp}$，$QZ2_{tp}$，$QZ3_{tp}$ 是 $-0.5 \sim 0.5$ 的随机数，该随机数用于四舍五入。

3）产能限制。分为最大产能限制以及最小开工产能限制，数学算式如下

$$\forall t, f^1, p \quad Q\max_{tf^1} \geqslant \sum_{p=1}^{P} X_{tf^1p} \times EQ_{f^1p}$$

$$\forall t, f^s, p \quad Q\min_{tf^s} \geqslant \sum_{p=1}^{P} X_{tf^sp} \times EQ_{f^sp} \quad (s = 2,3)$$

$$\forall t, f^s, p \quad X_{tf^sp} \times EQ_{tf^sp} \geqslant Q\min_{tf^s} \times Y_{tf^sp} \quad (s = 1,2,3)$$

4）运输平衡式。包含了运出平衡式与运入平衡式，数学算式如下

$$\forall t, f^s, p \quad X_{tf^1p} \times R_{tf^1p} \times TFU_{tf^1p} + P_{tf^1p} + QZ_{tf^1p} = \sum_{f^2=1}^{F^2} Z_{tf^1f^2p}$$

$$t = 1, \forall f^s, p \quad X_{tf^2p} \times R_{tf^2p} \times TFU_{tf^2p} + P_{tf^2p} - W_{tf^2p} = \sum_{f^3=1}^{F^3} Z_{tf^2f^3p}$$

$$t \geqslant 2, \forall f^s, p \quad X_{tf^2p} \times R_{tf^2p} \times TFU_{tf^2p} + P_{tf^2p} + W_{(t-1)f^2p} - W_{tf^2p} = \sum_{f^3=1}^{F^3} Z_{tf^2f^3p}$$

$$\forall t, f^s, p \quad X_{tf^{s+1}p} = \sum_{f^s=1}^{F^s} Z_{tf^sf^{s+1}p} \quad (s = 1,2)$$

5）订单不可分限制

$$\forall t, f^s, p \quad \sum_{f^s=1}^{F^s} Y_{tf^sp} = 1 \quad (s = 1,2,3)$$

$$\forall t, f^s, p \quad X_{tf^sp} \leqslant BIGNUM \times Y_{tf^sp}$$

$BIGNUM$ 是一个足够大的实数。

6）变量限制

$$\forall t, f^s, p \quad X_{tf^sp} \geqslant 0 \text{ 且为整数} \quad (s = 1,2,3)$$

$$\forall t, f^s, p \quad P_{tf^sp} \geqslant 0 \text{ 且为整数} \quad (s = 2,3)$$

$$\forall t, f^s, p \quad Z_{tf^sf^{s+1}p} \geqslant 0 \text{ 且为整数} \quad (s = 1,2)$$

$$\forall t, f^s, p \quad Y_{tf^sp} = 0 \text{ or } 1 \quad (s = 1,2,3)$$

4.4.2 模型的扩展使用说明

当把推式生产策略扩展到生产链的 3 个阶段时，整个公司的生产策略都变成了推式生产，本书中暂且称之为"纯推式"策略。纯推式最主要的目的是根据预测需求规划出每个工厂在每个月中需要生产的产品数量。在同样情景下，纯推式规划方式实现起来较容易，计算也不复杂。但是这种规划方式的缺点非常明显，因为根本没有根据市场来进行生产调整，制造出来的产品不能满足客户的个性化需求，极易造成最终产品的库存积压，从而产生巨大成本。

1. 完全推式策略下的模型

（1）目标函数　在完全推式策略之下，所有产品均按预测生产，因此会产生成品库存，最终产品会积压在最后一个阶段当中，在按预测生产这种情况之下物料的购买都是提前的，因此其获取比较容易，不会产生物料获取限制，目标函数及主要的约束条件调整如下

$$\text{Min} \sum_{t=1}^{T} \left[\sum_{s=3}^{3} \left(\sum_{f^s=1}^{F^s} \sum_{p=1}^{P} (C_{tf^sp} \times X_{tf^sp} + F_{tf^sp} \times Y_{tf^sp} + K_{tf^sp} \times X_{tf^sp} + P_{tf^sp} \times PC_{tf^sp}) \right. \right.$$
$$\left. \left. + \sum_{s=1}^{s=2} \sum_{f^s=1}^{F^s} \sum_{p=1}^{P} TC_{tf^sf^sp} \times Z_{tf^sf^sp} + \sum_{f^3}^{F^3} \sum_{p=1}^{P} W_{tf^3p} \times WS_{tf^3p} \right) \right]$$

（2）约束条件

1）库存量计算方式

$$t = 1, \forall f^3, p \quad W_{tf^3p} = X_{tf^3p} + P_{tf^3p}$$
$$t \geq 2, \forall f^3, p \quad W_{tf^3p} = W_{(t-1)f^3p} + X_{tf^3p} + P_{tf^3p}$$

2）需求与生产平衡

$$\forall t, f^s, p \quad D3_{tp} + QZ3_{tp} = \sum_{f^3=1}^{F^3} (X_{tf^3p} \times R_{tf^3p} + P_{tf^3p})$$

$$\forall t, f^s, p \quad \sum_{f^3}^{F^3} X_{tf^3p} + QZ2_{tp} = \sum_{f^2=1}^{F^2} (X_{tf^2p} \times R_{tf^2p} \times TFU_{tf^2p} + P_{tf^2p})$$

$$\forall t, f^s, p \quad \sum_{f^2=1}^{F^2} X_{tf^2p} + QZ1_{tp} = \sum_{f^1=1}^{F^1} (X_{tf^1p} \times R_{tf^1p} \times TFU_{tf^1p} + P_{tf^1p})$$

2. 完全拉式策略下的模型

（1）目标函数　当把拉式生产策略扩展到 3 个阶段中时，整个公司的生产策略就变成了"纯拉式"生产。纯拉式生产策略的优点是能满足客户的个性化需求，而且在生产过程可以不产生库存。但是这种方式的缺点也很明显：缺点之一是难以做到快速响应客户，未能满足旺季需求；缺点之二是在淡季容易造成产能闲置问题。

在纯拉式策略之下，所有产品都是按订单生产，订单生产完成之后直接运输出库给客户，会多计算最终阶段与客户直接的运输成本，但是不会产生库存，在约束条件方面与推式策略最大的不同在于物料限制，模型的目标函数及主要约束条件调整如下

$$\text{Min} \sum_{t=1}^{T} \left[\sum_{s=3}^{3} \left(\sum_{f^s=1}^{F^s} \sum_{p=1}^{P} (C_{tf^sp} \times X_{tf^sp} + F_{tf^sp} \times Y_{tf^sp} + K_{tf^sp} \times X_{tf^sp} + TC_{tf^sp} \times Z_{tf^sp} + P_{tf^sp} \times PC_{tf^sp}) \right) \right]$$

(2)约束条件

1)物料获取限制

$$\forall t, f^s, k^p, \quad \sum_{f^s}^{Fs}(X_{tf^sp}) \times Qk_{tp}^s \leqslant \text{Max}Qk_{tp}^s, Qk_{tp}^s$$ 表示在时间 t 阶段 s 中,生产产品 p 需要物料 k 的数量,$\text{Max}Qk_{tp}^s$ 表示在时间 t 阶段 s 中,生产产品 p 可获得的物料 k 的最大数量。

2)需求与生产平衡

$$\forall t, f^s, p \quad D3_{tp} - P_{tp} + QZ3_{tp} = \sum_{f^3=1}^{F3}(X_{tf^3p} \times R_{tf^3p} + P_{tf^3p})$$

$$\forall t, f^s, p \quad \sum_{f^3}^{F3} X_{tf^3p} + QZ2_{tp} = \sum_{f^2=1}^{F2}(X_{tf^2p} \times R_{tf^2p} \times TFU_{tf^2p} + P_{tf^2p})$$

$$\forall t, f^s, p \quad \sum_{f^2=1}^{F2} X_{tf^2p} + QZ1_{tp} = \sum_{f^1=1}^{F1}(X_{tf^1p} \times R_{tf^1p} \times TFU_{tf^1p} + P_{tf^1p})$$

4.5 案例分析

4.5.1 案例设定

某 TFT-LCD 生产企业的制程主要有 3 个制程,分别是 Array、Cell、Module,每个制程有 2 个工厂,因此总共有 6 个工厂,如图 4-2 所示。

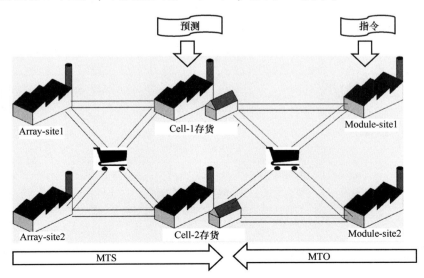

图 4-2 案例中的 TFT-LCD 生产网络图

同一种产品在 Array 生产时单位为 Lot，Cell 投入时的单位为 Sheet，产出时为 Piece，Module 的单位为 Piece，制程工厂之间的转换单位统一为 1（Lot）= 20（Sheet）= 20 × 4（Piece）。

已知在 3 个制程中 Cell 制程的月预测需求量以及 Module 制程的月订单需求量，以总成本最小或者利润最大化为目标，考虑各个工厂的约束条件以及工厂之间的运输情况，和可外购与完全自产两种生产情景，规划出 6 个工厂的月订单分配量。

模型数据列表见表 4-2。

表 4-2 输入数据列表

1. 产品 p 在时间 t 订单量	16. 时间 t 工厂 b 生产产品 p 所耗费的固定成本
2. 产品 p 在时间 t 的预测生产量	17. 时间 t 工厂 c 生产产品 p 所耗费的固定成本
3. 工厂 a 在时间 t 的最大产能限制	18. 时间 t 工厂 a 生产单位产品 p 所耗费的产能
4. 工厂 b 在时间 t 的最大产能限制	19. 时间 t 工厂 b 生产单位产品 p 所耗费的产能
5. 工厂 c 在时间 t 的最大产能限制	20. 时间 t 工厂 c 生产单位产品 p 所耗费的产能
6. 工厂 a 在时间 t 的最小开工产能限制	21. 时间 t 工厂 a 生产产品 p 的良率
7. 工厂 b 在时间 t 的最小开工产能限制	22. 时间 t 工厂 b 生产产品 p 的良率
8. 工厂 c 在时间 t 的最小开工产能限制	23. 时间 t 工厂 c 生产产品 p 的良率
9. 时间 t 工厂 a 的外购成本	24. 在第 t 期中，产品 p 在工厂 a 生产所需要的物料的单位采购成本
10. 时间 t 工厂 b 的外购成本	25. 在第 t 期中，产品 p 在工厂 b 生产所需要的物料的单位采购成本
11. 时间 t 工厂 c 的外购成本	26. 在第 t 期中，产品 p 在工厂 c 生产所需要的物料的单位采购成本
12. 时间 t 工厂 a 生产产品 p 所耗费的变动成本	27. 在第 t 期中，把产品 p 从工厂 a 运送到工厂 b 所需要的单位运输成本
13. 时间 t 工厂 b 生产产品 p 所耗费的变动成本	28. 在第 t 期中，把产品 p 从工厂 b 运送到工厂 c 所需要的单位运输成本
14. 时间 t 工厂 c 生产产品 p 所耗费的变动成本	29. 在第 t 期中，产品 p 的单位缺货损失成本
15. 时间 t 工厂 a 生产产品 p 所耗费的固定成本	30. 时间 t 工厂 b 储存产品 p 所耗费的单位成本

4.5.2 基于 LINGO 软件的线性规划法求解

本章节所建立的数学模型为整数线性规划模型。在本节中采用 LINGO 软件进行编辑求解。求解环境配置是 Windows Vista Ultimate 操作系统，LINGO8.0 版本软件。本案例的数据量较大，为了增强可读性以及便于维护，把数据统一存放在一个 Excel 表格中，运用 OLE 数据传输技术从 Excel 中把需要的数据导入 LINGO 程序，然后把求解结果导回同一个 Excel 表格中（也可以导入不同表格中）。

对模型的求解方法以及结论分析主要有以下 4 点：①规划模型以及取整方法的选择。②可外购情景下的生产规划分析。③完全自产情境下的生产规划分析。④基于 LINGO 软件的线性规划法的效果评价。

1. 规划模型以及取整方法的选择

本模型中的输出数据全部要求为整数，如生产量、运输量、库存量、外购量及缺货量等。为了使整数约束条件被满足，可以采用两种方法：第一种方法是求解模型的过程中不考虑整数约束，把结果求出来之后再对变量进行四舍五入，然后把四舍五入后的整数变量代入目标函数中，从而得到目标函数值，把这种方法暂时称为"结果取整"；第二种方法是限制决策变量为整数，同时在产需平衡约束条件中加入一个值域在 −0.5~0.5 的随机数，这样，就可以对良率产生的小数点进行四舍五入，从而使得等式约束可以被满足，把这种方法暂时称之为"过程取整"。对可外购情境下的 3 个目标函数所构成的 3 个模型的数据进行实验，这些模型数据的属性见表 4-3，其中，"/"前的数字是指第一种取整方法下模型数据属性，"/"后的数字是指第二种取整方法下的模型数据属性。

表 4-3 实验模型的数据属性

模型类型	变量总数	整数变量	约束总数	非零系数
拉式模型	258/330	36/234	169/169	750/822
推式模型	288/360	72/288	265/265	1080/1188
推拉结合模型	522/648	108/522	433/433	1902/2028

由表 4-3 可以看出，两种方法下的模型的约束总数不变，而采用第一种方法的变量总数、整数变量、非零系数都要小于第二种方法，这是因为加入了一个值域在 −0.5~0.5 的随机变量，所以有些数据属性就发生了变化。

分别对两种方法下的 3 个模型进行运算试验，对比因子包括目标函数值、迭代次数、内存使用及运算时间 4 项，结果见表 4-4。

表 4-4 两种取整方法的比较

模型类型	方法分类	目标函数值	迭代次数	内存使用	时间
拉式模型	第一种	1.103558×10^8、1.103675×10^8	174	89KB	1s（自动结束）
	第二种	1.103296×10^9	2413	98KB	1s（自动结束）
推式模型	第一种	1.049245×10^8、1.049116×10^8	4353	107KB	1s（自动结束）
	第二种	1.057100×10^8	64 580 000	114KB	4.5h（中断）
推拉结合模型	第一种	2.152758×10^8、2.152746×10^8	8919	186KB	1s（自动结束）
	第二种	2.186480×10^8	5 042 066	194KB	0.5h（中断）

在第一种方法中，目标函数值有两个，第一个是取整前的目标函数值，第二个是取整后代入目标函数所求的的值。从表 4-4 中可以分析出以下 3 个结论：

1）第二种方法耗时太长，不适合实务。对于数据量不多的拉式模型来说，第二种方法在 1s 内可以求出可行解，而且目标函数值更佳。可是对于数据量稍微大一点的推式以及推拉结合这两个模型来说，不可能在期望的时间内求出可行解，因此该取整方法不适宜实务上的应用；第一种方法所用的时间非常少，而且目标函数值与第一种方法相比更加优良，因此很适合实务上的使用。

2）采用第一种方法求解时，会产生两个目标函数值，这两个目标函数值之间并没有稳定的大小关系。比如在拉式模型中，取整后求得的目标值要大于未取整时的目标值，而在推式以及推拉式中，取整后求得的目标值却要小于未取整时的目标值，这说明"结果取整"后所得的目标函数值并不比取整前的目标函数值差。

3）推拉结合规划模型要优于推式模型和拉式模型组合规划所得的结果。在第一种取整方法下，拉式模型与推式模型的目标函数之和为 2.152803×10^8，推拉结合模型的目标函数为 2.152758×10^8，两者相减得到 4500，这说明推拉结合模型所得的目标值要优于推式和拉式两者分别规划所得的目标值；对结果进行比较，发现这点细微的差别仅来源于一项不同的数据，在推式模型中，第 1 期第二制程对于产品 3 的外购数量发生在工厂 2 中，拉式模型运用推式模型所得的这个结果算出这笔外购数量运输到第三阶段工厂 1 的成本为 450 元 ×30 = 13 500 元；而在推拉结合式模型中，因为考虑了运出成本，所以这笔外购数量发生在工厂 1 而不是发生在工厂 2 中，运输到第三阶段工厂 1 的运输成本为 450 元 × 20 = 9000 元，于是，两者就相差了 4500 元；这说明，推拉结合模型与推、拉单独规划相比，具有了全域规划的优势。

2. 可外购情景下的生产规划分析

根据前文中的分析结果可知：一方面，对求解结果进行取整方法的可行性以及效果都比直接取整更好；另一方面，推拉结合模型的规划效果要优于推式和拉式两个模型的组合规划所得的效果。因此，本文除特殊说明之外，统一用"结果取整方法"以及"推拉规划模型"来计算。

对可外购环境下的计算分析主要包含 2 个方面，分别是：模型的可行性分析、缺货惩罚成本分析。重点在于模型的可行性分析。

（1）可行性分析　通过计算，可以得到如图 4-3 ~ 图 4-10 以及表 4-5 ~ 表 4-8 的计算结果。在这些图中，纵坐标表示数量，横坐标表示时期，从第 1 期到第 6 期，每一期代表一个月，在横坐标上方是折线图，可以清晰的看出变化趋势，横坐标下方是用于生产计划的详细数据。另外，Array、Cell、Module 三个阶段之间的单位不同，分别是 Lot，Sheet，Piece，1Lot = 20Sheet = 20 × 4Piece；产品 P_1、P_2、P_3 代表 3 种不同尺寸的产品。下面按照模型中所列举的约束条件来检查结果是否可行，在计算过程中，因为有良率的存在，所以会产生小数，该模型对小数进行了取整，所以很多情况下都会产生一个误差值，计算过程中接受误差值≤1。

1）存货平衡。在第 1 期中，存货量 = 产量 × 良率 + 外购量 – 运出量，以 Cell-site1 为例，数据来源于下文的表、图，3 种产品库存数据为 [3755, 4077, 0]，产量为 [2184, 1418, 0]，良率为 [0.95, 0.95, 0.94]，外购量为 [0, 0, 450]，运出量为 [4545, 1313, 450]。在计算过程中容忍因良率而产生误差值 1，经过计算得知，结果可以很好的满足存货平衡。用同样方法对其他厂区各产品进行检验，发现均满足存货平衡。

2）需求与生产平衡。在阶段二中，预测量 = 产量 × 良率 × 单位转换 + 外购量，在阶段三中，需求量 = 产量 × 良率 + 外购量 + 缺货量；在第 2 期，阶段二的预测量 = [8300, 5390, 9000]，产量 = [2184, 1418, 0; 0, 0, 2300]，良率 = [0.95, 0.95, 0.94; 0.94, 0.93, 0.95]，单位转换 = 4，外购量 = [0, 0, 0; 0, 0, 260]，通过计算后得知等式可以很好的满足（误差值为 1）。对阶段二其他时期以及阶段三各期的验证方法一样，验证结果表明，所有数据均满足需求与生产平衡。

3）产能限制。各期生产所耗费的产能总量不能高于最大量，不能低于最小量。通过计算可以得到各期各工厂的剩余产能量，结果见表 4-5，其中有一个值为 – 0.5，该误差可以接受。剩余量越小，说明产能利用率越高，剩余量不小于 0，说明可以满足最大产能限制。由表 4-6 可以看出，凡是产生开工产能的工厂，其开工产能均大于最小开工产能限制。由此分析，产能限制完全满足。

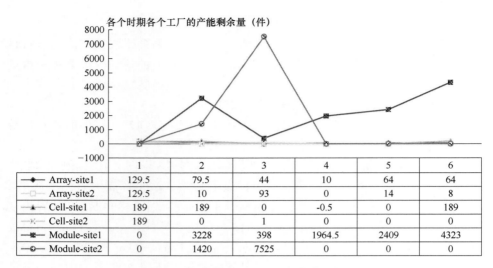

图 4-3　各时期末各个工厂的产能剩余量

表 4-5　各时期各个工厂的产能消耗量　　　　　　　　（单位：件）

时间		Array 阶段			Cell 阶段			Module 阶段		
		$p=2$	$p=3$	$p=1$	$p=2$	$p=3$	$p=1$	$p=2$	$p=3$	$p=1$
$t=1$	1	111	109.5	0	2184	2127	0	0	0	9500
	2	0	0	234	0	0	4500	4545	1969.5	0
$t=2$	1	111	109.5	0	2184	2127	0	4545	2727	0
	2	0	0	240	0	0	4600	0	0	8080
$t=3$	1	0	0	236	0	0	4500	0	0	10 102
	2	115	102	0	2207	1992	0	5051	2424	0
$t=4$	1	136	84	0	2658	1642.5	0	6263	2272.5	0
	2	0	0	230	0	0	4500	0	0	12 500
$t=5$	1	0	0	236	2658	1542	0	7273	1818	0
	2	138	78	0	0	0	4500	0	0	12 500
$t=6$	1	0	0	236	2184	2127	0	6162	1515	0
	2	114	108	0	0	0	4500	0	0	10 000

表 4-6　决定是否在各个厂区生产的 0-1 变量

		$p=1$	$p=2$	$p=3$		$p=1$	$p=2$	$p=3$
$t=1$	Array-site1	1.00	1.00	0.00	Array-site2	0.00	0.00	1.00
$t=2$		1.00	1.00	0.00		0.00	0.00	1.00
$t=3$		0.00	0.00	1.00		1.00	1.00	0.00
$t=4$		1.00	1.00	0.00		0.00	0.00	1.00
$t=5$		0.00	0.00	1.00		1.00	1.00	0.00
$t=6$		0.00	0.00	1.00		1.00	1.00	0.00

(续)

		p = 1	p = 2	p = 3		p = 1	p = 2	p = 3
t = 1	Cell-site1	1.00	1.00	0.00	Cell-site2	0.00	0.00	1.00
t = 2		1.00	1.00	0.00		0.00	0.00	1.00
t = 3		0.00	0.00	1.00		1.00	1.00	0.00
t = 4		1.00	1.00	0.00		0.00	0.00	1.00
t = 5		1.00	1.00	0.00		0.00	0.00	1.00
t = 6		1.00	1.00	0.00		0.00	0.00	1.00
t = 1	Module-site1	0.00	0.00	1.00	Module-site2	1.00	1.00	0.00
t = 2		1.00	1.00	0.00		0.00	0.00	1.00
t = 3		0.00	0.00	1.00		1.00	1.00	0.00
t = 4		1.00	1.00	0.00		0.00	0.00	1.00
t = 5		1.00	1.00	0.00		0.00	0.00	1.00
t = 6		1.00	1.00	0.00		0.00	0.00	1.00

4）运输平衡。运输平衡包括运出平衡以及运入平衡。表 4-7 中 $a=1$ 表示 Array-site1，$a=2$ 代表 Array-site2，同理，$c=2$ 代表 Module-site2。运出平衡式子表示为运出总量 = 产量 × 良率 × 单位转化率 + 外购数量 + 上期库存 – 本期库存，在第二阶段，运出平衡式与存货平衡式是一致的，在第一以及第三阶段的平衡式中需要去除库存因子；运入平衡表示为产量 = 运入总量，第一次运输不包含库存。举个检验运入平衡的例子，在第 3 期中，Module-site2 的运入总量 = [0,0,4040]，产量 = [0,0,4040]，两者相等。其他时期、其他工厂的验证方法类似，验证结果表明，完全符合运输平衡。

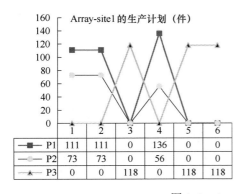
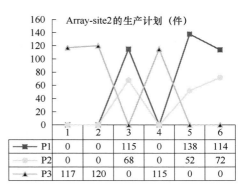

图 4-4　Array 阶段的生产计划

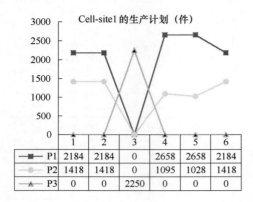
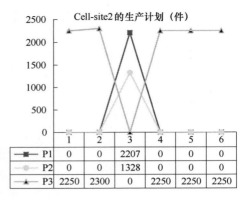

图 4-5　Cell 阶段的生产计划

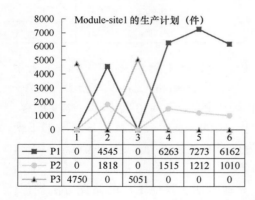
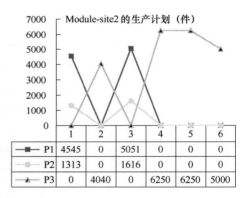

图 4-6　Module 阶段的生产计划

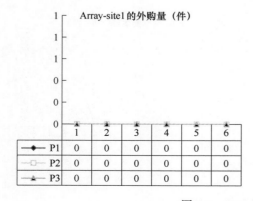
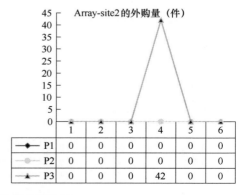

图 4-7　Array 阶段的外购量

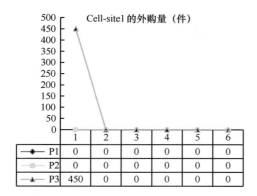 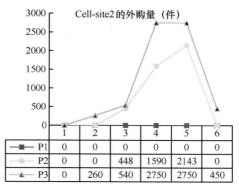

图 4-8　Cell 阶段的外购量

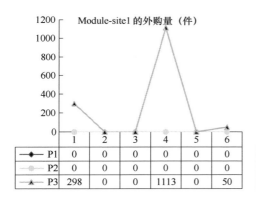 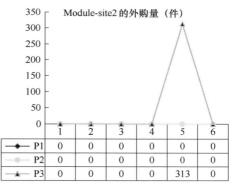

图 4-9　Module 阶段的外购量

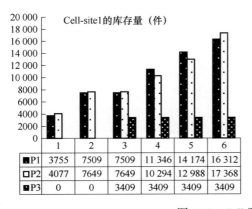 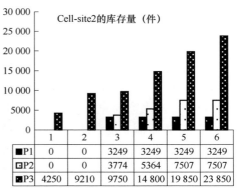

图 4-10　Cell 阶段的库存量

表 4-7　工厂与工厂之间的运输量　　　　　　（单位：件）

$Z1: t, a, b, p$			$p=1$	$p=2$	$p=3$	$Z2: t, a, b, p$			$p=1$	$p=2$	$p=3$
$t=1$	$a=1$	$b=1$	2184	1418	0	$t=1$	$b=1$	$c=1$	0	0	450
		$b=2$	0	0	0			$c=2$	4545	1313	0
	$a=2$	$b=1$	0	0	0		$b=2$	$c=1$	0	0	4300
		$b=2$	0	0	2250			$c=2$	0	0	0
$t=2$	$a=1$	$b=1$	2184	1418	0	$t=2$	$b=1$	$c=1$	4545	1818	0
		$b=2$	0	0	0			$c=2$	0	0	0
	$a=2$	$b=1$	0	0	0		$b=2$	$c=1$	0	0	0
		$b=2$	0	0	2300			$c=2$	0	0	4040
$t=3$	$a=1$	$b=1$	0	0	2250	$t=3$	$b=1$	$c=1$	0	0	5051
		$b=2$	0	0	0			$c=2$	0	0	0
	$a=2$	$b=1$	0	0	0		$b=2$	$c=1$	0	0	0
		$b=2$	2207	1328	0			$c=2$	5051	1616	0
$t=4$	$a=1$	$b=1$	2658	1095	0	$t=4$	$b=1$	$c=1$	6263	1515	0
		$b=2$	0	0	0			$c=2$	0	0	0
	$a=2$	$b=1$	0	0	0		$b=2$	$c=1$	0	0	0
		$b=2$	0	0	2250			$c=2$	0	0	6250
$t=5$	$a=1$	$b=1$	0	0	2250	$t=5$	$b=1$	$c=1$	7273	1212	0
		$b=2$	0	0	2250			$c=2$	0	0	0
	$a=2$	$b=1$	2658	1028	0		$b=2$	$c=1$	0	0	0
		$b=2$	0	0	0			$c=2$	0	0	6250
$t=6$	$a=1$	$b=1$	0	0	0	$t=6$	$b=1$	$c=1$	6162	1010	0
		$b=2$	0	0	2250			$c=2$	0	0	0
	$a=2$	$b=1$	2184	1418	0		$b=2$	$c=1$	0	0	0
		$b=2$	0	0	0			$c=2$	0	0	5000

5）订单不可分割。订单不可分割的意思是在每一期的每一个阶段中，一种产品只能在一个工厂生产，不能出现一种产品在多个工厂中生产的情况发生，通过对各种输出数据的观察得知，完全满足订单不可分的限制。

6）变量限制。变量限制是指所有的产出、外购量、运输量均为不小于 0 的整数，订单是否在工厂生产的决策变量为 0 或者 1，为 0 时所对应的工厂产量为 0，为 1 时所对应的工厂产量大于 0。检验所有含有变量的表，可以得知完全满足变量限制。

通过对所有约束条件进行验证后得知，本模型是可行且准确的。

(2) 缺货惩罚因子分析　　通过求解模型得知，最终的缺货数量均为 0，从理论上来讲，这是因为缺货惩罚成本太大，以至于不敢产生缺货数量，从而驱动外购或者自产数量以满足需求。下面对缺货成本进行调整，以便确定出一组大致的临界点出来，在这个点之上时，不再产生缺货数量，在这组临界点之下时，会产生缺货数量。

通过实验，得到数据见表 4-8。表中数据分为上下和左右两部分，左上是一组通过几次实验而得到的缺货成本，右上是对应的缺货数量。左下是在左上的基础上进行调整，右下是与之对应的缺货数量，因此可以大致地判定左上的缺货成本接近为临界缺货成本。

表 4-8　缺货成本与缺货数量之间的关系

	缺货成本			缺货数量		
	$p=1$	$p=2$	$p=3$	$p=1$	$p=2$	$p=3$
$t=1$	1000	1500	9000	0	0	0
$t=2$	1000	1500	9000	0	0	0
$t=3$	1000	1500	9000	0	0	0
$t=4$	1000	1500	9000	0	0	0
$t=5$	1000	1500	9000	0	0	0
$t=6$	1000	1500	9000	0	0	0
	缺货成本			缺货数量		
	$p=1$	$p=2$	$p=3$	$p=1$	$p=2$	$p=3$
$t=1$	500	1500	9000	4500	0	0
$t=2$	500	1500	9000	4500	0	0
$t=3$	1000	1000	9000	4500	1600	0
$t=4$	1000	1000	9000	0	1500	0
$t=5$	1000	1500	8000	0	0	313
$t=6$	1000	1500	8000	0	0	50

使临界缺货惩罚成本保持不变，接下来要说明缺货数量是如何产生的。在本模型中，临界缺货惩罚成本已经远低于 Module 阶段的外购成本，但是仍然选择性的接受一定量外购成本而不产生缺货惩罚成本。即使外购成本比缺货惩罚成本高，外购数量还是需要维持，这样总成本才能更低。追踪其原因，发现是 Cell 阶段的库存成本驱动了 Module 阶段的生产，因为，假如接受缺货数量，那么 Cell 阶段的库存消耗就会减少，如此会产生大量库存积压，导致总成本更高。所以，除了缺货惩罚成本大小之外，影响缺货数量的另外一个重要因素是库存成本。

3. 完全自产情景下的生产规划分析

完全自产情景是指不存在外购因子，完全需要自己生产。在这种情景下，模型的求解结果有两种：有可行解或者无可行解。在完全自产情景下，模型的目标函数需要去除外购因子，相应的约束条件也要做改进。为了保证得到可行解，需要在 Cell 阶段加上一个缺货数量，对应于该缺货数量的缺货成本要设置得很大，这样才能驱使工厂的产能得到最大利用。目标函数及对应的不同约束条件叙述如下。

（1）目标函数

$$\text{Min} \sum_{t=1}^{T} \left[\sum_{p=1}^{P} P_{tp} \times Pc_{tp} + \sum_{s=1}^{3} \sum_{fs=1}^{Fs} \sum_{p=1}^{P} (C_{tf^sp} \times X_{tf^sp} + F_{tf^sp} \times Y_{tf^sp} + K_{tf^sp} \times X_{tf^sp}) \right.$$
$$\left. + \sum_{f^2}^{F^2} W_{tf^2p} \times SC_{tf^2p} + \sum_{s=1}^{2} \sum_{fs=1}^{Fs} \sum_{p=1}^{P} TC_{tf^sf^{s+1}p} \times Z_{tf^sf^{s+1}p} + \sum_{f^2}^{F^2} P2_{tf^2p} \times PC2_{tf^2p} \right]$$

（2）约束条件

1）存货平衡式

$$t=1, \forall f^s, p \quad W_{tf^2p} = X_{tf^2p} \times R_{tf^2p} - \sum_{f^3}^{F^3} Z_{tf^2f^3p}$$

$$t \geq 2, \forall f^s, p \quad W_{tf^2p} = X_{tf^2p} \times R_{tf^2p} + W_{(t-1)f^2p} - \sum_{f^3}^{F^3} Z_{tf^2f^3p}$$

2）需求与生产平衡

$$\forall t, f^s, p \quad D3_{tp} - P1_{tp} = \sum_{f^3=1}^{F^3} (X_{tf^3p} \times R_{tf^3p})$$

$$\forall t, f^s, p \quad D2_{tp} - P2_{tp} = \sum_{f^2=1}^{F^2} (X_{tf^2p} \times R_{tf^2p} \times TFU_{tf^2p})$$

$$\forall t, f^s, p \quad \sum_{f^2=1}^{F^2} X_{tf^2p} = \sum_{f^1=1}^{F^1} (X_{tf^1p} \times R_{tf^1p} \times TFU_{tf^1p})$$

3）运输平衡式

运输平衡式包含了运出平衡式与运入平衡式，数学算式如下

$$\forall t, f^s, p \quad X_{tf^1p} \times R_{tf^1p} \times TFU_{tf^1p} = \sum_{f^2=1}^{F^2} Z_{tf^1f^2p}$$

$$t=1, \forall f^s, p \quad X_{tf^2p} \times R_{tf^2p} \times TFU_{tf^2p} - W_{tf^2p} = \sum_{f^3=1}^{F^3} Z_{tf^2f^3p}$$

$$t \geq 2, \forall f^s, p \quad X_{tf^2p} \times R_{tf^2p} \times TFU_{tf^2p} + W_{(t-1)f^2p} - W_{tf^2p} = \sum_{f^3=1}^{F^3} Z_{tf^2f^3p}$$

$$\forall t, f^s, p \quad X_{tf^{s+1}p} = \sum_{f^s=1}^{F^s} Z_{tf^sf^{s+1}p} \quad (s=1,2)$$

建立完模型之后，在原来的数据基础上加上 Cell 阶段的缺货成本，然后在 LINGO 中编辑算式求解。对结果的分析主要有 3 个方面：一是可行性分析，证明该模型是可行且准确的；二是与可外购情景下的生产规划进行比较分析；三是在完全自产情景的基础上，建立了一个订单可允诺量决策参考基本模型。

（3）结果分析

1）可行性分析。可行性分析所采用的分析方式和可外购环境下的分析方式相同，同样通过对 6 个约束条件的逐一分析，验证了该模型的可行与准确。具体验证过程不再赘述，图 4-11 ~ 图 4-15 是求解结果。

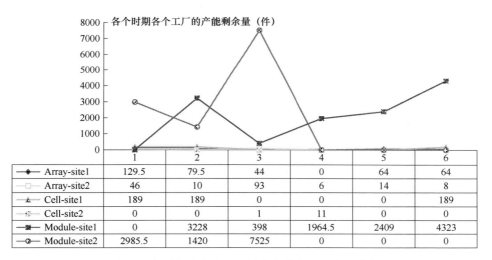

图 4-11　各时期末各个工厂的产能剩余量（完全自产）

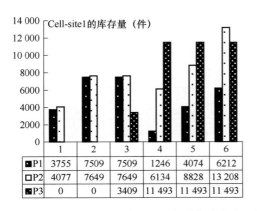

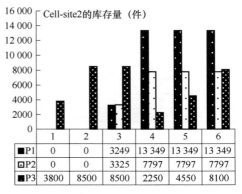

图 4-12　各时期末各个工厂的库存量（完全自产）

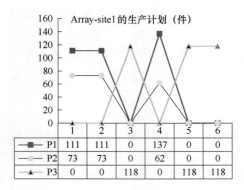 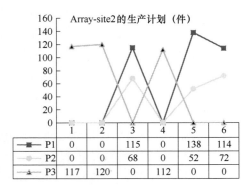

图 4-13　Array 阶段的生产计划（完全自产）

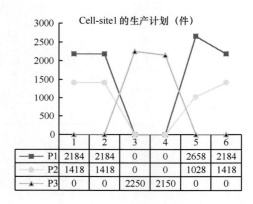 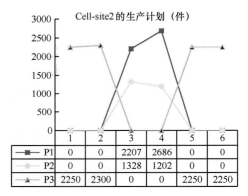

图 4-14　Cell 阶段的生产计划（完全自产）

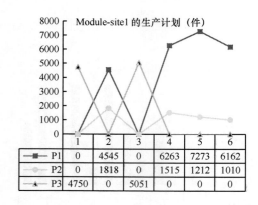 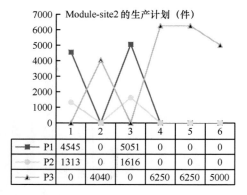

图 4-15　Module 阶段的生产计划（完全自产）

2）完全自产与可外购的对比分析。可外购情景下的求解结果表明，在无限制的可外购环境中，缺货数量是可以避免的，因为可以通过外购来弥补自身产能的不足；但是在有限制的外购环境中（假设完全自产是有限制的外购环境中的一种），产能无法满足需求时，缺货难以避免。下面对这两种情景下的求解结果进行对比分析，对比分析的主要项目包括：剩余产能、缺货量、库存量等。

第一：剩余产能分析。由表4-9可以看出，在Array/Cell阶段时，完全自产情景下的产能剩余要小于可外购情景下的产能剩余，而在Module阶段时，完全自产情景下的产能剩余要大于可外购情景下的产能剩余。这是因为，在完全自产情境下，需要利用自身有限的产能来最大限度的满足需求，而在外购情景中可以通过外购而不是自产的方式来满足需求（外购成本低于自产成本时）；对于Module阶段，在完全自产情景中Cell阶段的产出有限，于是最终产品的缺货数量也更多。

表 4-9 两种情景下的产能剩余比较 （单位：件）

可外购情景下的产能剩余						
	1 期	2 期	3 期	4 期	5 期	6 期
Array-site1	129.5	79.5	44	10	64	64
Array-site2	129.5	10	93	0	14	8
Cell-site1	189	189	0	-0.5	0	189
Cell-site2	189	0	1	0	0	0
Module-site1	0	3228.00	398	1964.50	2409	4323
Module-site2	0	1420.00	7525	0.00	0	0
完全自产情景下的产能剩余						
	1 期	2 期	3 期	4 期	5 期	6 期
Array-site1	129.5	79.5	44	0	64	64
Array-site2	46	10	93	6	14	8
Cell-site1	189	189	0	0	0	189
Cell-site2	0	0	1	11	0	0
Module-site1	0	3228.00	398	1964.50	2409	4323
Module-site2	2985.5	1420.00	7525	0.00	0	0

第二：缺货量分析。在可外购环境中无论哪个阶段均不存在缺货量（因为无外购限制，所以可以全部外购而得），但是在完全自产环境中则必然存在两种缺货量。一种是Cell阶段未能满足预测需求而产生的缺货量，另一种是Module阶段未能满足订单需求的缺货量，如图4-16所示。此处的缺货量是一个阶段的汇总缺货量，并不细致到每个工厂的缺货量（这种细致毫无意义）。由图中可以看出，第4期的缺货最为严重，第5期次之；反观表4-9，发现第4期各工厂的剩余产能最小，第5期各工厂的剩余产能次之；由此得出结论，第4期、5期的产能严重不足，需要通过扩充产能来抓住市场，或者通过减少订单量来避免承

担巨额的缺货惩罚成本。

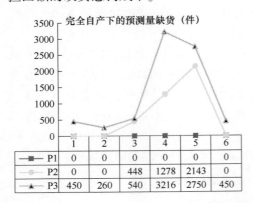
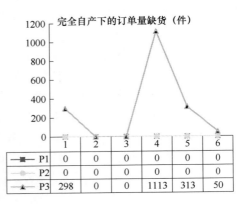

图 4-16 预测量缺货与订单量缺货（完全自产）

3）订单可允诺量的决策参考。在 TFT-LCD 产业运作过程中，经常发生订单允诺后无法达交，或者为了满足已经允诺的订单而产生大量的成品库存，在全球供应链网络的运营环境下，公司需要可允诺系统（Available-To-Tromise，ATP）来有效地分配资源以允诺顾客订单，因此，订单允诺量问题也是需要格外关注的一个问题。

订单可允诺量的决策参考信息主要有两种，一种是 Cell 阶段各期的库存量，还有一种是各工厂的剩余产能。两种信息同时考虑即可以得到各种产品的最大可允诺量。下面给出一个求解各种产品最大可允诺量的决策参考基本模型，该模型考虑了 Cell 阶段的库存量以及 Module 阶段每个工厂的剩余产能。

$$\text{Max} \sum_{t}^{T} \sum_{f3}^{F3} (X_{tf3} \times R_{tf3})$$

st

$$\forall t, \sum_{f3}^{F3} (X_{tf3} \times EQ_{tf3}) \leq E\text{cap}_{tf3}$$

$$\forall t, X_{tf3} \times EQ_{tf3} \geq Y_{tf3} \times Q\text{min}_{tf3}$$

$$\forall t, \sum_{f3}^{F3} X_{tf3} \leq W_t$$

$$\forall t, X_{tf3} \leq NUM \times Y_{tf3}$$

$$\forall t, \sum_{f3}^{F3} Y_{tf3} = 1$$

$$Y_{tf3} = 0 \text{ or } 1$$

$$X_{tf3} \in Z$$

其中，X_{tf3} 表示每期的最大订单可允诺量，R_{tf3} 代表良率，$E\mathrm{cap}_{tf3}$ 表示剩余产能，$Q\mathrm{min}_{tf3}$ 表示最小开工产能，W_t 是 Cell 阶段的库存量，Y_{tf3} 是 0-1 决策变量，NUM 是一个足够大的数，Z 代表整数域。

下面以 P_1 为例来验证模型的可行性。在完全自产情景下所得的数据见表 4-10，数据分别是剩余产能、最小开工产能以及 Cell 阶段的库存量，P_1 的单位产能以及生产良率同之前所求解的模型数据相同。

表 4-10　Module 阶段剩余产能、最小开工产能、Cell 阶段库存

（单位：件）

		$c=1$	$c=2$		$c=1$	$c=2$		
$t=1$		0	2985.5		50	100		3755
$t=2$		3228	1420		50	100		7509
$t=3$	$E\mathrm{cap}$	398	7525	$Q\mathrm{min}$	50	100	W_2	10758
$t=4$		1964.5	0		50	100		2580
$t=5$		2409	0		50	100		5408
$t=6$		4323	0		50	100		7546

用表 4-10 中的数据代入模型中可以求解出各期最大可允诺订单量，如图 4-17 所示，求解结果表明该模型是可行的。

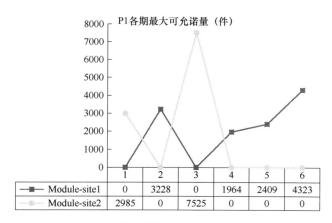

图 4-17　P_1 的在各期的最大订单可允诺量

4. 基于 LINGO 软件的线性规划法的求解效果评价

（1）优势　LINGO 软件是一种非常好的求解线性规划数学模型的工具，采用 LINGO 语言可以直接对照着编辑数学模型的算式。

LINGO 程序的主体通常由四部分组成，分别是：变量定义、数据导入、最大最小目标函数及约束条件。在 LINGO 中，除非特殊限制，否则默认所有决策

变量均为正数,如果需要哪个变量为整数,那么可以通过 GIN 语句来对相应的这个变量加以整数限制。

(2) 劣势 主要包括两个方面。

1) 模型的建立要求具有较高的数学逻辑。首先,凡是违反数学逻辑的,一律无法求出可行解。因此,为了避免无可行解,需要加入一些中间变量,比如,本模型中的外购因子以及缺货数量因子都是中间变量,假如缺少了这些中间变量的话,模型有可能很难得到可行解。其次,为了使求解速度加快,一般会尽量建立线性规划模型;为了得到线性规划模型,必须采用更多的约束条件来进行转换替代,由此也增加了建模的复杂性。

2) 难以直接求解完全整数规划模型。以上的案例验证了数学模型以及线性规划方法是可行的,但是,该方法在直接求整数规划时比较难。假设一个企业拥有 f 间制造工厂,则在这样一个生产网络上每一笔需求订单最多会有 f 种生产路径,当企业有 p 张不同的需求订单时,生产网络路径将会是 f^p,问题的复杂度将随着工厂数目与订单数量增加,过去许多学者指出此类生产分配问题为一复杂的 NP-hard 问题。对应于本文所考虑的 TFT-LCD 生产企业,假设有 3×2 个工厂和 3 个订单,生产路径数为 $6 \times (2^3)^3 = 6 \times 512$,6 个订单时生产路径数为 $6 \times (2^3)^6 = 6 \times 262\,144$,12 个订单时生产路径数 $6 \times (2^3)^{12} = 6 \times 6.8719 \times 10^{10}$,这个时候,使用 LINGO 求解还具有实际效果么?本文通过实验方式,扩大案例中的数据,分别把订单设置为 6 个、9 个、12 个,当不考虑整数约束时尚可快速求得结果,但是当加入整数约束时,仅订单为 3 时的求解时间就超过了 10h,因此,在整数约束条件下 LINGO 的求解效率直线下降。

接下来将研究用 PSO 算法来求解本文所构建的整数规划数学模型。

4.5.3 基于 Matlab 的 PSO 算法求解

1. PSO 算法介绍

(1) 群体智能算法 正如人工智能先驱 Minsky 所认为的那样"我们应该从生物学而不是物理学受到启发……",对生物启发式计算的研究,成为人工智能迎接新曙光而开启的又一个春天。在这样的背景下,许多学者通过对自然界独特规律的认知,通过数学建模并用计算机仿真,发展了一系列仿生算法。

近年来,一种新型的仿生类进化算法成为众多研究者关注的焦点,这种新型的仿生类进化算法叫做群智能算法(Swarm Intelligence Algorithm,SIA)。这种算法基于自然界群体的一些群智能行为:虽然群体中的每个个体非常简单,智能也不高,但当它们一起协同工作时,却能够突破个体智能而完成非常复杂的行为。

比如,蚁群可以完成筑巢、觅食、迁徙等行为,模拟蚁群的这些行为规律就构成了蚁群优化算法（Ant Colony Optimization，ACO）（意大利学者 Marco Dorigo，Vittorio Maniezzo 等人于 1991 年首次提出）。又比如，模拟飞鸟觅食的规律就构成了 PSO 算法（Particle Swarm Optimization，PSO）（美国学者 James Kennedy，Russell Eberhart 于 1995 年首次提出）。其他群智能算法还有鱼群算法（Fish Swarm，FS）（中国学者李晓磊，邵之江于 2002 年首次提出），混合蛙跳算法（Shuffled Frog Leaping，SFL）（美国学者 EusuffM M，Lansey K E 于 2003 年首次提出）。在这些群智能算法之中，ACO 和 PSO 是该领域最主要的两种算法，本部分采用 PSO 算法进行求解计算，因此接下来仅介绍 PSO 算法的原理。

（2）PSO 算法的基本原理和模型　JamesKennedy，Russell Eberhart 在模拟鸟群觅食过程中的迁徙和群集行为时提出了一种基于群体智能的进化计算技术——PSO 算法，而他们的建模与仿真算法主要利用了生物学家 Frank Heppner 的模型。

设想一个自然情景：在一个空间（可以是多维空间）里面只有一块食物，所有的鸟都不知道食物在空间中的哪个点上，在一次随机的飞行寻找后，它们知道了自己飞行过的位置中离食物最近的那个位置，也知道整个鸟群中离食物最近的位置（不用去管为什么会知道位置），于是，每个鸟都根据自己当前最近的位置以及鸟群中离食物最近的位置来决定飞行的方向和速度，从而逐渐找到空间中的这块食物。

从算法角度描述如下：在一个 D 维空间中，第 i 个粒子（一个粒子代表一只鸟）的位置和速度可分别表示为 $X_i=(x_{i1},x_{i2},\cdots,x_{iD})$ 和 $V_i=(v_{i1},v_{i2},\cdots,v_{iD})$，通过各粒子的适应值（把该粒子所代表的解代入目标函数中所得到的值），确定出 k 次迭代后每个粒子所经过的最佳位置（pbest）$P_i=(p_{i1},p_{i2},\cdots,p_{iD})$ 以及群体发现的最佳位置（gbest，所有 pbest 中的最佳值）$P_g=(p_{g1},p_{g2},\cdots,p_{gD})$，再按照以下公式更新各粒子的速度和位置。

$$v_{id(k+1)} = \omega v_{idk} + c_1 r_1 (p_{id} - x_{idk}) + c_2 r_2 (p_{gd} - x_{idk}) \tag{1}$$

$$x_{id(k+1)} = x_{idk} + v_{id(k+1)}, \quad d=1,\cdots,D \tag{2}$$

其中，粒子的维度 D 由所要优化的问题决定，粒子的维度就是解的维度。

粒子数 i 可以根据需要来自行决定。一般的优化问题取 20～40 个粒子就可以得到很好的结果，简单的问题取 10 个粒子就可以取得好的结果，复杂的问题可以取 100 个以上的粒子以便得到好的结果。

ω 为惯性权重因子，决定了对粒子当前速度的继承的多少，ω 值大，全局寻优能力强，局部寻优能力弱；反之，则局部寻优能力增强，而全局寻优能力减弱。其取法一般有常数法、线性递减法、自适应法等。

c_1 和 c_2 为正的加速常数，叫做学习因子，代表将每个粒子推向 pbest 和 gbest 位置的加速项的权重，通常取 c_1 和 c_2 为 2，但也有其他取值，一般 $c_1=c_2$，且范围在 0～4。

r_1 和 r_2 为 0～1 均匀分布的随机数。

PSO 算法中微粒子位置在每一代的上述更新方式可用图 4-18 来表示。

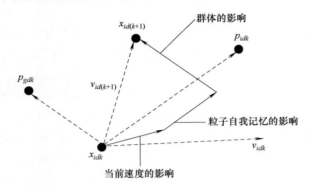

图 4-18　粒子位置更新示意图

算法中的速度值太大会导致粒子跳过最好解，但太小的话又会导致对搜索空间的不充分搜索，因此，通过设置粒子的速度区间（$v_{\min}, v_{\max}$）和位置范围（$x_{\min}, x_{\max}$）则可以对微粒子的移动进行适当限制。

基本 PSO 算法的基本步骤如下：

第一步，随机初始化种群中各微粒的位置和速度。

第二步，评价每个粒子的适应值，将当前各微粒的位置和适应值存储在各微粒的 pbest 中，将所有 pbest 中适应值最优个体的位置和适应值存储于 gbest 中。

第三步，用公式 1 和公式 2 更新粒子的速度和位置。

第四步，对每个粒子，将其适应值与其所经历过的最好位置作比较，并将较好的位置作为当前的最好位置。

第五步，比较当前所有 pbest 和 gbest 的值，把 gbest 的值更新为比较所得的最好值。

第六步，若达到最大迭代数，搜索停止，输出结果，否则返回第三步继续搜索。解决优化问题的 PSO 优化算法的流程如图 4-19 所示。

算法的优点：①原理简单，易于描述，计算代价低，便于实现。②算法通用性强，不依赖于问题信息。③群体搜索，并具有记忆能力，保留

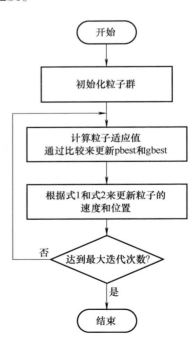

图 4-19　PSO 优化算法流程

局部个体和全局种群的最优信息。④协同搜索,同时利用个体局部信息和群体全局信息指导搜索。

算法的缺点：PSO 算法的收敛性、收敛速度估计等方面的数学证明还没有,其理论和数学基础的研究不够（韩锦峰,2008）。PSO 中的位置和速度的构造及参数的设计理论不成熟（高尚,2006）。学习因子 c_1 和 c_2、惯性权重 ω、位置和速度的初始化值、粒子数、迭代数等因子的设置往往根据经验确定,并不存在精确的理论指导。

（3）改进 PSO 算法　PSO 算法从 1995 年发展到现在,已经有了很多种改进版本,这些版本大致可以列举如下：①基本 PSO 算法（PSO）。②带压缩因子的 PSO 算法（YS）。③线性递减权重法（LINW）。④自适应权重法（SA）。⑤随机权重法（RANDW）。⑥同步变化的学习因子 PSO 算法（LNC）。⑦异步变化的学习因子 PSO 算法（ASYLNC）。⑧基本二阶 PSO 算法（SEC）。⑨二阶振荡 PSO 算法（SECVIBRAT）。⑩混沌 PSO 算法（CLS）。⑪基于自然选择的混合 PSO 算法（SEL）。⑫基于杂交的混合 PSO 算法（BREED）。⑬基于模拟退火的混合 PSO 算法（SIMUA）。下面介绍基于杂交的混合 PSO 算法。

基于杂交的混合 PSO 算法借鉴遗传算法中的杂交概念,在每次迭代中,根据杂交概率选取指定数量的粒子放入杂交池中,池中的粒子随机两两杂交,产生同样数目的子代粒子（child, C）,并且用子代粒子来替换掉父代粒子（parent, P）。子代位置由父代位置进行算术交叉得到

$$C(x) = p \times P_1(x) + (1-p) \times P_2(x)$$

其中, p 是 0 到 1 的随机数,子代的速度由下式计算

$$C(v) = \frac{P_1(v) + P_2(v)}{|P_1(v) + P_2(v)|} \times |P_1(v)|$$

在应用中,把这一段杂交算法编入 PSO 算法的主循环程序里面就可以构成基于杂交的混合 PSO 算法。PSO 算法通过杂交就有可能使陷入局部最优的粒子跳出来,从而使其有可能找到最优解。

（4）算法的应用领域　用 PSO 算法解决实际问题已成为一个热点,其应用领域比较广泛,比如：神经元网络训练领域、化工系统领域、电力系统领域、机械设计领域、通信领域、机器人领域、经济领域、图像处理领域、生物信息领域、医学领域及运筹学领域。

2. 应用 PSO 算法的关键

（1）适应度函数的构造　适应度函数构造是应用 PSO 算法的最大的关键点,也是最大的难点。在本章中,所要解决的是具有很多约束限制的最优化问题,在应用 PSO 算法时必须把这么多的约束条件全部进行转化,使适应度函数能适应 PSO 算法的求解思路,适应度函数的具体构建过程将在下一小节中被描述。

在构建适应度函数时，也要考虑到整数问题、降维问题等。

（2）整数问题　　通常情况下，对整数问题的处理方式有两种：一种是算法取整，另一种是适应度函数取整。算法取整的基本思想是在算法中使得初始化的粒子为整数，在位置更新过程中保持整数，从而达到取整目的。适应度函数取整的思想是把算法中产生的粒子和要求解的目标函数相分离，通过 Matlab 的一些取整函数，来达到目标函数以及所有所需要求得的解均为整数。第二种取整方法的优势有两个：一个是保持了原 PSO 算法的搜索空间，PSO 算法可以在非整数空间迭代，提高了寻优能力；另一个优势是计算更加简单，对于本章节的问题，即使算法中保证了粒子为整数，也无法保证最终结果为整数，只有对适应度函数中的求解变量取整后才可以保证最终结果为整数。所以，第二种取整方法既降低了程序设计的复杂性，也优化了求解效果。

（3）降维问题　　PSO 算法对于维数较低的研究对象大都能够取得良好的收效，但是，当所研究的问题维数较高时，就会出现算法早熟、求解精度差等问题。对于高维问题的处理方式仍然有两种：一种是对算法进行处理，使算法更具有效率，但是，这种方法所得的结果都是仁者见仁，具体问题具体分析的；另一种方法是对问题进行降维，即对适应度函数做出转换，使得所求解的问题维数降低。

对于本部分所研究的问题来说，如果用 PSO 算法来求解，那么一个粒子的一个维度就代表了一个决策变量，有多少个决策变量就有对应的多少个维度。正如在前文中所描述到的，在可外购情景下的推拉结合模型中，决策变量有 522 个，如果全部对应到 PSO 算法中，那么一个粒子将有 522 个维度，如果不对问题进行降维处理，那么 PSO 算法的求解效果将很难想象。所以，本部分的另一个非常关键的问题在于降低粒子维度。

（4）算法求解的效果问题　　效果问题，是指用什么样的算法，或者怎么使用算法，才能求解出更好的结果。对于 PSO 算法来说，包括了基本 PSO 算法、带压缩因子的 PSO 算法、权重改进的 PSO 算法、变学习因子的 PSO 算法、二阶 PSO 算法、混沌 PSO 算法和混合 PSO 算法等。这些算法各有优缺点，适用的问题各有不同，因此，选择一种好的算法来求解也是一个关键点，选出了算法之后，对算法中的参数进行设置也是一个关键点。

3. 适应度函数的构造

适应度函数的构造过程分为以下几个步骤。

（1）选择算例　　在接下来的讨论中，均以完全自产情景下的第 1 期的推式制程为例，考虑约束条件以及各种成本因子，以总成本最小化为目标，根据预测需求量规划出第 1 期内的生产计划。该问题的约束条件和前文讨论过的类似，其目标函数描述如下

第 4 章 推拉结合式多阶多厂生产链规划技术

$$\text{Min} \sum_{s=1}^{2} \sum_{f^s=1}^{Fs} \sum_{p=1}^{P} (C_{tf^sp} \times X_{tf^sp} + F_{tf^sp} \times Y_{tf^sp} + K_{tf^sp} \times X_{tf^sp})$$

$$+ \sum_{f^1}^{F1} \sum_{f^2}^{F2} \sum_{p=1}^{P} TC_{tf^1f^2p} \times Z_{tf^1f^2p} + \sum_{f^2}^{F2} P2_{tf^2p} \times PC2_{tf^2p}$$

所使用的数据和前文相同，用 Matlab 把 Excel 表格中的数据读入 .mat 文件中，统一以矩阵形式存储，然后在适应度函数所在的 .m 文件中用 load 导入。

其中，各个产品的预测需求量 = [8300,5390,9000]，各个工厂的设置成本矩阵为 [1200,1500,2000;1200,1500,2000;800,1000,1200;600,800,1000]，各工厂各产品的物料成本矩阵为 [2000,2000,2000;1800,1800,1800;800,900,1000;850,950,1200]，各工厂的最大产能矩阵为 [350,280;4500,4500]，为了达到最大产能利用率而设置的缺货惩罚成本矩阵为 [100000,1000000,1000000]，各阶段各产品所需要的单位产能矩阵为 [1,1.5,2;1,1.5,2;1,1.5,2;1,1.5,2]，运输成本矩阵为 [5,5,8;12,12,15;12,12,15;5,8,8]，单位变动生产成本矩阵为 [20,24,32;12,20,28;20,30,40;18,25,40]，良率矩阵为 [0.98,0.97,0.95;0.96,0.98,0.96;0.94,0.95,0.94;0.94,0.93,0.95]。

需要得到的决策变量共 39 个，分别是生产分配计划 12 个（2 个阶段共 4 个工厂对于 3 种产品的生产计划），运输量 12 个，决定在哪个工厂生产哪种产品的 0-1 变量 12 个，产品的缺货量 3 个。

（2）降低维度　在本章节所要求解的模型中，通过对线性模型内部的运算机制进行仔细研究后发现，有很多决策变量之间具有等式约束关系，尤其是运输量具有一种"中间变量"的作用。但是这种等式约束关系并不是一一对应的，假设运输矩阵为

$$T = \begin{bmatrix} x_{111} & x_{112} & x_{113} \\ x_{121} & x_{122} & x_{123} \\ x_{211} & x_{212} & x_{213} \\ x_{221} & x_{222} & x_{223} \end{bmatrix}$$

其中，矩阵中 x 下标的含义是：下标中第一个数字代表阶段 1 的工厂编号，第二个数字代表阶段 2 中的工厂编号，第三个数字代表产品编号。比如，x_{213} 表示从工厂 2（阶段 1）运输到工厂 1（阶段 2）的产品 P3 的数量。那么，举个例子，根据运出平衡式得知，阶段 1 工厂 1 生产产品 P1 的总量与运出总量相等，即等于 $x_{111} + x_{121}$，如果仅仅根据运出平衡式，根本无法由运出量来确定阶段 1 的产量，同理，根据运入平衡式也无法确定阶段 2 的产量。

如果能确定出产品在哪个工厂生产的话，就可以根据运输平衡式来确定阶段 1 以及阶段 2 的产量，如果能用运输量来表示生产计划的话，就可以一次减少

24 维。

由订单不可分割限制得出推论，所有产品在这两个阶段的生产路径在一个确定的值域里面，最优化数学模型的目的就是选择一个成本最低的生产路径组合。产品的生产路径组合均可以由 0-1 变量所组成的矩阵来表示，矩阵形式如下

$$Y = \begin{bmatrix} a & b & c \\ 1-a & 1-b & 1-c \\ d & e & f \\ 1-d & 1-e & 1-f \end{bmatrix}$$

其中，a，b，c，d，e，f 均为 0~1 变量，矩阵的第 1 行代表阶段 1 工厂 1，第 2 行代表阶段 1 工厂 2，第 3 行代表阶段 2 工厂 1，第 4 行代表阶段 2 工厂 2，矩阵的列代表产品 P1，P2，P3；当矩阵中的某个元素为 1 时，代表该位置有产品生产，比如，$1-b=1$ 时，表示阶段 1 工厂 2 生产 P2，根据订单不可分限制，对应的阶段 1 工厂 2 对于产品 P2 的生产必须为 0。生产路径组合总数为 $2^6=64$，每一个生产路径组合矩阵可以使得运输量与阶段 1 以及阶段 2 各工厂的产量一一对应，于是，在每一种生产路径组合下都可以用运输量来计算出生产计划。

当目标函数遍历所有生产路径组合时，就会产生 64 个目标函数值，64 个目标函数值中最小的一个即为最优目标值。这个最优目标值对应的生产路径组合即为最优生产计划。

最后，我们可以通过遍历所有确定的生产路径组合的方式来减掉 12 个 0-1 决策变量维度，通过生产路径组合所得到的一一对应关系来减掉 12 个生产计划决策变量维度，再通过第 2 阶段的生产计划与第 2 阶段的预测需求量之间的数量关系来得到缺货量，把缺货量维度也减掉了，最后，对应的 PSO 算法中只剩下 12 个运输决策变量维度。

（3）处理约束　在处理带约束条件的最优化问题时，通常的思路有三种：第一种是采用罚函数法把约束条件加入到目标函数中，比如，设置一个足够大的数与等式两边相减后的平方相乘，当等式不成立时，会使得总的目标函数值变得很大，从而在后面的迭代中使违反该等式约束的解被淘汰；第二种思路是直接设置一种解的淘汰机制，假如违反了该约束条件，那么这个解直接被淘汰掉，不再参与迭代；第三种思路是设置一种解的修复策略，当一个解违反某个约束时，可以对这个解进行修复，从而让这个解继续参与到后面的迭代中。

对照数学模型可知，在约束变量方面，运输平衡式已经在降维的过程中被满足，订单不可分割限制也在降维的过程中被满足，还剩下 3 个约束条件没有满足，第一个是产需平衡约束，第二个是最大最小产能约束，第三个是变量非

负且整的约束。

1）产需平衡约束处理方式：该约束的计算式是预测量－生产量＝缺货量，这个式子在 LINGO 中不会计算出缺货量小于 0 的结果，但是在 Matlab 中却会得到小于 0 的结果。为了解决这个问题，在程序中设置了一个修复操作，当预测量＜生产量时，把预测量的值赋给生产量，这样，缺货量就可以保证大于 0，另外，目标函数中包含了一个很大的缺货惩罚成本，这就保证了缺货量为一个尽可能小的值。

2）最大最小产能约束：通过观察发现，最小产能约束可以不用考虑，因为订单不可分割，所以，每次订单开立的最小产能均可以满足最小产能限制；最大产能限制是一个硬性限制，任何生产计划均不能违反最大产能限制。于是，在程序中设置一个淘汰机制，当某个生产路径组合下的值违反最大产能约束时，这个生产路径组合就被淘汰，符合最大产能约束的值被保留了下来。

3）变量非负且整的约束：由本文所设计的 PSO 算法可以知道，所有的值都是由运输量来决定的，所以，当运输量非负且整时，其他所有的决策变量都是非负且整的。运输量对应 PSO 算法中每个粒子的维度，这个维度上的值经过初始化后进入适应度函数中进行运算，然后根据 PSO 算法的原理来计算出让适应度函数最优的一个粒子。这个粒子的维度并一定是非负整数，于是，用 Matlab 中的 abs 函数来对进入适应度函数程序中的粒子取正，然后再用 round 来对粒子取整，这样，就把进入适应度函数程序中的粒子转换成了非负整数，在接下来的变换中，其他决策变量均为整数。

（4）计算最后的输出结果　在 PSO 算法程序和适应度函数程序两者结合运算后，可以得到一个最优值以及对应这个最优值的粒子值。把该粒子值重新代入适应度函数程序中，就可以得到运输量以及对应该运输量的生产计划量、生产路径组合、缺货量，至此，就可以得到最终的规划结果。

4. 算法求解及结果比较

本文用基本 PSO 算法以及基于杂交的混合 PSO 算法做对比研究。研究点主要包括两个方面：一个是对不同初始化值下的求解效果分析，另一个是 PSO 算法求解结果与线性规划法的求解结果的对比分析。

（1）两种初始化值下的求解效果分析　第一种初始化值：由 randn 函数随机初始化位置和速度。选取种群规模为 20，迭代次数为 20，分别运算 8 次，得出结果，见表 4-11。表中"位置"表示该适应度值对应的路径组合（对 64 种路径组合进行了一个自然序数排序，所以每个路径组合对应了小于或等于 64 的自然数，根据该自然数可以找到对应的路径组合）。通过试算发现，这种初始化值下的求解收敛性很高，基本上全部在 20 代内收敛，在这种情况下，基于杂交的混合 PSO 算法效果较好。

表 4-11　第一种初始化值下的求解结果　　　　　（单位：个）

	基本 PSO		基于杂交的混合 PSO	
	适应度值	位置	适应度值	位置
1	1.20×10^7	50	2.03×10^7	10
2	8.79×10^8	50	6.36×10^7	49
3	2.79×10^9	53	6.83×10^7	10
4	4.05×10^9	38	1.23×10^9	15
5	4.71×10^9	9	1.68×10^9	13
6	4.97×10^9	9	2.65×10^9	11
7	5.24×10^9	55	3.82×10^9	53
8	7.11×10^9	19	4.13×10^9	33

第二种初始化值：设置初始位置为一个 $0 \sim 2$ 的随机整数，初始速度为 1500 以内随机整数。基本 PSO 算法的学习因子 $c_1 = 2$，$c_2 = 2$，惯性权重 $w = 0.5$；杂交混合算法的学习因子 $c_1 = 2$，$c_2 = 2$，惯性权重 $= 0.7$，杂交概率 $= 0.9$，杂交池大小比例取 0.2。对两种算法分别试算 9 次，得到结果见表 4-12，收敛代数是根据输出图来判断的，当后 10 代内曲线均为水平时，认为已经收敛，否则收敛未知。

表 4-12　第二种初始化值下的求解结果　　　　　（单位：个）

	基本 PSO 算法			基于杂交的混合 PSO 算法		
	适应度值	位置	收敛代数	适应度值	位置	收敛代数
1	3.23×10^7	10	未知	4.03×10^7	13	未知
2	1.60×10^9	13	未知	3.23×10^7	10	<8
3	1.60×10^7	53	未知	1.40×10^7	13	未知
4	1.21×10^7	50	未知	1.21×10^7	50	未知
5	2.03×10^7	13	未知	2.56×10^8	50	未知
6	7.23×10^7	13	未知	6.80×10^7	10	未知
7	1.61×10^9	50	未知	2.03×10^7	10	未知
8	1.63×10^7	13	未知	5.23×10^7	13	未知
9	1.23×10^7	10	未知	1.23×10^7	13	未知

通过对第一种初始化值下的求解结果进行观察后发现，求得的适应度值有大有小，并不稳定。而通过对初始化的位置和速度进行调整后发现，求解结果较稳定且较优良。所以，初始化值对适应度值的优劣具有非常重要的影响。这也说明了第二种初始化值是有效的，另外，在有限的迭代次数内，基于杂交的混合 PSO 算法可以得到更好的适应度值。图 4-20 比较直观地展现了两种初始化值所对应的求解结果。

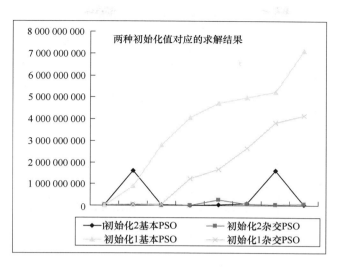

图 4-20 两种初始化值对应的求解结果

（2）结果对比分析　以上求解过程中把迭代数设置为 20，计算结果显示，两种算法均未能达到收敛，因此，把迭代数调整为 40 以及 60，再对两种算法各运算 5 次，得到表 4-13 以及表 4-14 中的结果。对于这两种算法来说，当迭代次数增多时，算法会尽可能的收敛到最小值，总的来说，适应度值的平均值都变小了。

表 4-13　迭代 40 次所求得的适应值

	基本 PSO 算法			基于杂交的混合 PSO 算法		
	适应度值	位　　置	收敛代数	适应度值	位　　置	收敛代数
1	12 351 459	10	<15	16 352 811	10	未知
2	12 354 159	10	<15	28 386 883	13	未知
3	12 354 159	10	<15	12 081 331	53	未知
4	24 388 138	13	未知	12 081 331	53	<20
5	12 354 159	10	<10	12 354 159	10	<5

表 4-14　迭代 60 次所求得的适应值

	基本 PSO 算法			基于杂交的混合 PSO 算法		
	适应度值	位　　置	收敛代数	适应度值	位　　置	收敛代数
1	12 391 162	13	<30	12 391 162	11	<10
2	12 104 123	50	<20	12 391 903	13	未知
3	12 351 459	10	<10	12 391 903	13	<40
4	12 081 331	53	<30	12 391 903	13	<40
5	12 351 459	10	<20	12 354 159	10	<30

两个表中适应度值最小为 12 081 331，对应的生产路径组合位置为 53，但是这个适应度值的求取非常不易，所以不具有代表性。由这个适应度值求出来的相关变量值为

$$X1 = [0,69,118;108,0,0],$$
$$X2 = [0,0,2249;2075,1348,0],$$
$$P2 = [0,2,4],$$
$$Z1 = [0,0,2249;0,1348,0;0,0,0;2075,0,0],$$

总成本 = 12 081 331，其中，除缺货成本之外的总成本 = 6 081 331。

两个表中最具有代表性的是路径组合位置为 10 的适应度值，这个值在通常情况下都可以求得，因此，拿这个值来做比较就具有一定的普遍性。由这个值求出完全资产情景下第一期推式制程中相关变量值为

$$X1 = [106,69,0;0,0,117],$$
$$X2 = [2075,1348,0;0,0,2249],$$
$$P2 = [0,2,4],$$
$$Z1 = [2075,1348,0;0,0,0;0,0,0;0,0,2249],$$

总成本 = 12 354 159，其中，除缺货成本之外的总成本 = 6 354 159。

在前面的案例分析中得知，由 LINGO 软件求出的完全自产情景下的第一期推式制程中相关变量值为

$$X1 = [111,73,0;0,0,117],$$
$$X2 = [2184,1418,0;0,0,2250],$$
$$P2 = [0,0,450],$$
$$Z1 = [2184,1418,0;0,0,0;0,0,0;0,0,2250],$$

总成本 = 456 528 978，其中，除缺货成本之外的总成本 = 6 528 978。

可以得知，PSO 算法所求得的最低成本要低于线性规划方法求得的最低成本，如图 4-21 所示。

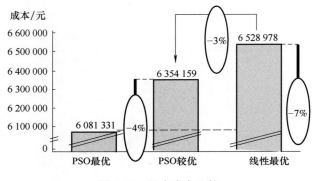

图 4-21 最小成本比较

4.6 本章小结

4.6.1 研究结论

本章对 TFT-LCD 行业生产链上的多厂区规划问题进行了研究，首先归纳出 TFT-LCD 行业多阶多厂以及推拉结合两个特点，然后运用数学规划法构建出一个适用性较好的数学模型，最后用一个案例两种情景验证了该模型的可行性和准确性。

经过验证得知，本模型的灵活性较好，对模型进行适当调整后即能适用于多种生产环境，比如，可用于全推式环境、全拉式环境、推拉结合式环境、可外购环境和完全自产环境等。

本章要点主要归纳如下：

（1）用科学计算方法代替手工和经验计算方法　TFT-LCD 产业的生产链具有多阶多厂的特性，各个阶段之间具有相依性关系，各个工厂之间的生产成本又不同，除了生产成本不同之外还面临各种各样的限制，在这种环境下，依靠经验和手工进行规划会很吃力，因此很有必要对这种环境下的生产进行科学规划，以便得到一个最优解。

主要模型以总成本最小为目标函数，考虑了各种主要的约束条件，运用 LINGO 软件求算模型，最后可以规划出多个时期内多个工厂对不同产品的生产计划量，除了生产计划量之外，还能得到缺货量、各个工厂的剩余产能、Cell 阶段的库存量等决策参考信息。

（2）全域规划优于局部合作规划　本章的主要模型包含了 3 个目标函数，分别是推式目标函数、拉式目标函数以及推拉结合目标函数，运用这 3 个目标函数可以构成 3 个相互独立的模型。其中，推拉结合模型可以一次性规划出各工厂的产量，推式模型和拉式模型单独规划然后汇总，也可以得到各工厂的产量。

在案例验证初期比较了两种求解策略：一种是推拉结合规划，一种是推式拉式单独规划，然后把结果汇总。通过对两者结果的比较，发现推拉结合规划效果更好，这是因为推拉结合具有全域规划的能力，因此，在后续的案例验证中统一用推拉结合规划策略。

（3）结果取整与过程取整的对比分析　本模型涉及到的所有决策变量均为整数，在处理这类整数规划问题时考虑了两种取整方法，一种是结果取整，即在求解过程中不进行整数限制，等结果求解出来后再进行四舍五入取整。另一种是过程取整，即在求解过程中就限制决策变量为整数。通过对两种求解方法的效果的对比发现,两种方法所得的目标值相差不大,但是求解时间却相差非常大,过程取整方法耗时太多,不适宜实务上的应用,因此,应该采用结果取整方法来进行规划研究。

(4) 可外购与完全自产两种情景下的比较分析　生产链多厂规划要考虑的因素很多,其中的逻辑关系也比较繁杂,因此,很多情况下模型都无法求出可行解。在本章节中,可以顺利求出可行解的原因是引入了一些"中间变量",这些变量具有缓冲硬性约束的作用,比如,外购因子以及缺货数量因子的存在使得产能约束无论在什么情况下都可以被满足。

案例验证中主要考虑了两种生产情景:一种是可外购情景,另一种是完全自产情景。在两种情景下对模型进行求解,并对结果进行验证,发现结果均可以满足约束条件,也就是说,模型是可行的。

在可外购情景中,生产计划并不总是能达到最大产能利用率,其原因是,外购成本有可能小于自产成本,于是会选择外购而不是自产。而在完全自产情景中,因为设置了较大的缺货惩罚成本,所以,计算过程中会尽量的让缺货数量最小,从而使得产能利用率最大;另外,通过对完全自产情景中的缺货数量进行观察,可以得知有些时期的产能严重不足,对这些时期,应该进行产能扩充或者减少产量。

(5) 订单可允诺量决策参考基本模型　在无限可外购的情景中不存在订单可允诺量的问题,因为,既然可以无限外购,那么订单的可允诺量就是无穷大的,只需要挑选一个利润最大的订单量即可。而在完全自产情景中,不仅具有Cell阶段的产出库存限制,而且有Module阶段的剩余产能限制,在这些限制下可以规划出各产品的最大订单可允诺量。本章节对此提出了一个基本决策参考模型,通过数据验证了这个最大订单可允诺量决策参考基本模型的可行性。

4.6.2　研究问题的局限性

(1) 采用智能算法求解　本章模型采用数学规划法来对生产链多厂生产进行规划,在求算过程中采用了LINGO软件,LINGO软件在求解非整数线性规划时效果较好,但求解整数线性规划是效果较差,特别是数据量大的时候根本无法在期望的时间内得到可行解。因此,在后续研究中,建议引入智能算法来求解这类线性整数规划问题(既含有普通整数决策变量,又含有0~1变量),比如,各种改进了的PSO算法,遗传算法等。

(2) 增加模型的细致度　后续研究可以在问题的细致度上作出更多考虑,比如,除了内部限制(比如产能、运输等)外,还可以考虑外部限制,比如物料采购限制、产品的指定等级限制等。

(3) 短期排程研究　本章的研究属于中长期的规划研究,这种中长期的研究具有相对"静态"的性质，不像短期排程那样具有适应性。因此，未来可以对短期的规划排程进行研究，可以加入更多的动态因素，比如，根据产品生产周期以及生产前置时间来考虑不同时段的投入和产出计划，又比如根据不确定性需求量来进行动态的生产规划。

（4）采用仿真规划法　本章节所采用的数学规划法虽然是解决生产规划问题的主要方法，但是，随着仿真技术的进步，仿真规划法也将越来越广泛的被采用，与数学规划方法相比，仿真规划法可以仿真现实的情景，因此具有更好的弹性和适应性。在以前，仿真规划法耗费的成本巨大，其成本主要是指软件费用成本以及时间成本两个方面，但是，仿真技术发展到现在，这两个方面的成本开始慢慢地淡出人们视野。所以，在条件允许的情况下，未来也可以用仿真规划法来对该问题进行研究。

第 5 章

基于目标级联法的生产链协同规划

目前对生产链的协同规划研究主要聚焦在生产排程与生产策略。但存在如下问题：①采用一体化建模方式，假设各个工厂的信息完全共享，这与现实情境差距较大。②剥夺企业自主决策权利，硬性安排生产计划。③忽略企业之间信息交互与博弈的过程。

针对以上问题，本章将目标级联法应用到 TFT-LCD 生产链的协同优化研究中。针对 TFT-LCD 生产制造多阶多厂的特点，设计了服从 ATC 建模思想生产链协同规划的三层级模型。模型变量主要考虑产品维、工厂维和时间维 3 个维度；模型约束主要涉及产能约束、库存平衡和运输平衡等经典约束。作为对比，本章还建立了相同情境下的 AAO 模型（一体化建模），利用 AAO 得出的最优解作为判断目标级联法（Analysis Target Cascading，ATC）求解准确性的参照。最后，观察变量的收敛与偏差情况，并从结果正确性、时间复杂度、决策独立性和信息私有性 4 个角度对基于 ATC 的生产链协同规划进行评价。

5.1 ATC 协同规划技术

5.1.1 ATC 概况

以往针对协调策略的研究主要存在两种截然不同的思想：集中式和分布式。第 4 章所研究的生产链规划方法被称为"集中式"或"一体式（All-At-Once，AAO）"规划，需要集中地处理决策问题，各阶及各厂之间生产信息能够共享。从理论上讲，集中式的方法能够得到准确的全局解，但是在实际操作中，由于问题过于复杂、层次多样，集中式方法的时间性、准确性代价过大。同时，集中式规划不涉及目标的分解与协同，因而无法保证在取得整体优化的效果下，各工厂的个体利益是否得到优化，是否实现了各个规划层次的协调统一。

但是，当生产规划从单个生产厂扩展到生产链规划时，协同问题是不可避免的。Khalili-Damghani.等[1]对多产品供应链规划问题分别建立分布式决策模型与一体式模型并进行了对比，证明分布式模型的优越性。近年来，很多学者提出了具有代表性的协调策略，例如 Collaborative Optimization，auction-based mechanism 以及 PRODENT 等。其中，Collaborative Optimization 是由 Braun（2003）提出来的，是一种在前人的基础上进一步优化的协调策略。CO 的目标方程旨在减少交互变量的差异，并保证最优时差异为 0。原规划中的约束被分解到两个不同的层级（system 和 subsystem），子层集中的目标函数是一种等式约束。这种等式约束参照两种方法构建：CO1 和 CO2。在 CO1 模式下，system 层级的变量与 subsystem 层级相关的变量保持一致；在 CO2 模式下，通过相同变量的偏移平方差来表示。CO 作为一种协调策略，在解决多层次的复杂问题时，并不总能得到收敛解，因此，有一定的限制性。

ATC 又称为目标级联分析法，或者分析目标级联法，是解决非集中式、层次结构协调问题的一种新方法，它允许层次结构中各元素自主决策，父代元素对子代元素的决策进行协调优化而获得问题的整体最优解，与其他优化方法相比，ATC 具有可并行优化、级数不受限制和经过严格的收敛证明等优点，因此常应用于解决大规模的系统优化问题。

ATC 是 2003 年由 Kim 等[2]在 Journal of mechanical Design 中提出的一种解决复杂系统中目标优化问题的新方法，其特征在于：①目标级联，侧重于 Target Cascading，即系统中的父级系统为子系统设置目标并将目标传递给子系统。②侧重于 Analytical，每个子系统都有一个分析模块来计算子系统的相应反应。③通过调节子系统之间的偏差来解决子系统之间的一致性问题，在协同优化中，每一级子系统在设计优化时暂时不考虑同级子系统之间的联系，独立进行优化，优化目标是使该子系统的设计优化结果与上一级系统优化提供的目标差异最小，各个子系统设计优化结果的不一致性通过上一级系统优化来协调。ATC 是一种非集中式协调方法，它允许层次结构中的各元素（elements）自主决策，父代元素对子代元素的决策进行协调以使问题的目标最优化，因此适合于解决层次结构的分布式决策问题。

ATC 是给予模块的、层次性的优化方法，在 ATC 模型中包括两类模块：系统设计模块和分析模块。系统设计模块负责元素目标的优化，分析模块负责计

---

[1] Khalili-Damghani K, Ghasemi P. Uncertain Centralized/Decentralized Production-Distribution Planning Problem in Multi-Product Supply Chains: Fuzzy Mathematical Optimization Approaches [J], INDUSTRIAL ENGINEERING AND MANAGEMENT SYSTEMS, 2016, 15 (2): 156-172.

[2] KIM H M, Michelena N F, Papalambros P Y. Target cascading in optimal system design [J]. Journal of Mechanical Design, Trans. ASME, 2003 125 (3): 474-480.

算元素的反应，局部设计变量、参数和子代元素的反应为其输入，而传递给优化设计模型的反应为其输出。

H. M. Kim 在其博士论文中提出了实施 ATC 模型的基础要素，包括问题的拆分、变量的设置、模型的构建等方面，并已应用到汽车的优化设计领域。而 N. Michelena 等⊖证明了 ATC 的收敛性问题，并证实 ATC 会产生符合原问题全局优化条件的结果。

5.1.2 ATC 的应用

ATC 由密歇根大学自动化实验中心（Automotive Research Center）的研究人员首次提出，旨在用 ATC 解决多层次问题从而建立一个智能库对各种不同的车辆性能要求作出响应。在 ATC 提出后的十几年里，凭借其可并行优化、级数不受限制和经过严格的收敛证明等优点得到了广大学者的关注。纵观 ATC 的研究文献，根据研究侧重点的不同，可将其分为：①ATC 在系统设计领域的应用。②ATC 在生产链领域的拓展应用。③ATC 的权重更新与收敛问题。

1. ATC 在系统设计领域的应用

Hyung Min Kim（2000）是自动化实验中心的一员，在其发表的博士论文《Target Cascading in Optimal System Design》中提出了 ATC 的公式化建模（模型表述）以及各层次之间的协调策略。一种重要的思想是，在解决多学科设计优化（Multidisciplinary Design Optimization）问题时必须包含两个部分：模型表述和层次协调策略。模型表述是对设计体系优化模型的一种数学陈述，而层次协调策略是解决上述优化问题的算法。在 ATC 提出之前，已经有了很多层次优化方法，包括 ALL-AT-ONCE（AAO），Interdisciplinary Feasible（IDF），Collaborative Optimization（CO），Wismer，Chattergy 等提出了很多层次协调策略的思路。但这些方法多用于解决两层结构的优化问题，而 ATC 引入了反应变量，联系变量使得层次优化扩展到了多层。

此文最大贡献在于给出了 ATC 的模型表述即具体的数学建模。在 ATC 的建模中，附加的约束被引入用于缩小目标与实际反映值的差距。但是这种约束是否可信，是否可以保证层次之间的一致性，需要通过约束规格（Constraint Qualification）的检验。值得注意的是，偏移量采用的是范数的表达形式，这种表达旨在保证偏移量约束的梯度是线性无关的（库恩塔克条件的约束）。在文章中，将一个非线性规划分解为两层的 ATC 结构，偏移量不等式采取范数表达形式。按照 ATC 的思路进行迭代后，在满足库恩塔克条件的 3 种情况下均可得到最优

⊖ Michelena N, Park H, Papalambros P Y. Convergence properties of analytical target cascading [J]. AIAA Journal, 2012, 41 (5): 897-905.

解。ATC 本身还有一种非常好的性质：非增长性（Non-ascent Property），它指的是对于 ATC 每一次迭代更新得到的新结果都比以前的结果要小，目标函数最小化，更靠近最优解。

Nestor Michelena 也是自动化实验室的成员之一，他提出在 ATC 背景下的产品设计由 4 个步骤组成：①明确产品总体目标。②将产品目标传递给系统层次（system）、子系统层次（subsystem）和元件系统层次并设定各自的子目标。③设计系统层次、子系统层次和元件系统层次达到各自的子目标。④查看最终的产品达到总体目标。作者利用 ATC 对划分为 3 个层次的系统做了优化。最上层的 system 是总目标，subsystem 由底盘、套管和实体三部分组成，component 层对底盘进行细节设计。通过将 ATC 与 AAO 方法下得到的结果进行类比得到如下结论：如果按照适当的数学方法进行建模，ATC 能够得到在满足一定偏移量下的最优解。

Nestor Michelena 和 Panos Papalambros（2003）对 HOC 在非线性约束情况下的收敛做了讨论，提出了相应的算法。如何分解子模块以及子模块之间信息传递影响着收敛算法。

M. Kokkolaras（2003）将 ATC 在汽车设计领域的应用扩展到产品族的规划。对产品平台（Product Platform）和产品族（Product Family）的设计方法论推陈出新，但是没有一个方法是在给定的产品平台下将产品族与个体设计权衡考虑，并由此得到具体的设计参数。ATC 对产品族的优化设计就是为了填补这一空白。在文章中，作者对产品族做了 4 层规划：family level、vehicle level、system level、component level。打破了经典的 3 层结构，与以往的 ATC 模型都不同的是，system level 中的第 2 个模型和第 3 个模型共享 component level 中的 body model，也就是说 body model 得到两个父层设定的目标并将自己的反应变量传递给父层中的两个模块。由此，我们可以得到，ATC 中的各层之间的各个模块并不是完全相互独立的。

Hubin Liu 和 Wei Chen（2003）合著中将概率模型引入了 ATC，使得附加的概论特征得以表达和匹配。关键的问题包括：概率目标的表述，在不确定条件下内部相关的反应变量、联系变量的匹配和层次协调策略。文章在 ATC 数学模型的表述上更加符合逻辑思维，透露出如何求解的信息。具体来说，每一层的 ATC 模型是在那些变量给定的前提下，受制于等式约束（Analysis Model）、不等式约束来优化最小目标函数，找到特定变量的取值。

James Allison（2005）对比了协同优化与 ATC。在众多文章中，CO 是出现频率最高与 ATC 对比次数最多的一种层次优化算法。文章给出了 CO 与 ATC 文献综述。作者先后给出了利用 CO 与 ATC 解决船锚与水泵的设计问题。在 ATC 的整个建立过程首先预给出变量和参数，然后从整体的角度给出约束，包括等式约束、不等式约束，利用层次表格划分系统的层次，将变量归纳到相应的层次，最后明确各个层次的连接变量、本地变量、目标等。整个 ATC 从模糊到清晰，从简答到复杂的建模过程是值得学习的。

最初 Hyung Min Kim 提出 ATC 方法时，只进行了简单的几何规划求解问题验证。而后，Kokkolaras、Michelena 将 ATC 应用到汽车、飞行器等大型系统的情境设计中，层次也由最初的三层逐渐拓展到多层。ATC 在系统设计领域的应用充分的体现了 ATC 自身的特点：复杂系统，层次化建模，各系统独立决策。

2. ATC 在生产链领域的拓展应用

尽管供应链是一种链状结构而并非层次结构，但是根据物料清单 BOM 我们可以有意识的把它划分为一种树状的层次结构。因此，ATC 也被广泛的应用于供应链的优化设计。

在生产规划方面，如 Ling 将其用于分布式生产规划和供应商的选择，为供应链每一阶供应商的选择建立子模型，通过 ATC 协同机制保证子模型与整个供应链规划目标的一致。Qu. T 和 George Q 将 ATC 技术应用于供应链管理的研究，涉及供应链优化配置（George Q. Huang），供应链网络构建等。He. JG 等考虑不同的合作方式，引入 ATC 和多目标线性规划平衡核心企业与其子企业的生产计划，达到最小成本或最优服务水平，Li. YG 等将系统分为路径规划层、单元规划层和作业规划层 3 个层级，利用 ATC 技术求解大规模 Job-Shop 调度优化问题。

Ling（2008）以成本最低为总目标构造了一个具有供应链、工厂、运作车间 3 个层次的 ATC 模型：N 个工厂依次加工合作生产一种产品，每个工厂下设 Q 个运作车间，这些运作车间也是依次加工合作生产所需要的零件，每个运作车间通过外包选择合适的供应商完成零件的生产。将供应链建模中固有的一些约束作为分析模块指派给相应的设计模块，目标函数都是最小化目标与实际的差值与 ε 变量都具有非负约束。通过权重更新的思路不断进行迭代，最后在满足设定的标准后跳出循环得到在满足一定偏差条件下的最优解。本文的贡献在于证明了 ATC 在供应链优化方面的有效性，但模型的抽象程度高，距离实际情况有一定的距离。

凌六一（2006）研究在集中式决策时有 BOM 约束的（R，Q）订货策略的全局最优解的求解方法；在分布式情况下，用 ATC 协调自主决策实体的有 BOM 约束的生产计划。然后，建立分布式生产配送计划协调问题的 ATC 模型，并设计了该模型的协调机制。最后，通过 ATC 解决分布式生产计划协调和供应商选择问题，该问题的 ATC 模型中含有供应商选择子模型，该子模型负责同供应商谈判并选择供应商。由此说明 ATC 解决供应链中分布式决策问题是有效的。

黄英杰（2012）将蚁群算法与 ATC 相结合，为调度问题找出了最优解。文章中利用 ATC 进行了两种情况的规划：①各个车间能加工各种零件，但加工时间不同。ATC 的第一层是生产调度层，旨在将各个零件分配到各个车间；第二层是柔性车间调度层，在各个车间内对零件进行排程，使总加工时间最少。②加工工艺相似的零件为一个零件族，为各个零件族分配设备，这些设备集合制造单元。第一层是零件族规划层，为制造单元分配设备。第二层是零件规划层，为各个制造单元内零件的加工顺序进行排程。本文只借鉴了 ATC 的整体思想，但在解决问题具体细节上使用的并非是 ATC 的经典模型表述和层次策略。

Swaminathan（2010）讲到全球化经济和消费者对服务期望的提高促使供应链向着更加有效的方向重构。作者利用智能体的仿真思想构建了供应链模型，包括智能体：供应商、制造商、运输商他们的协议元素，例如存储政策、交互协议（信息类型）等。这些供应链模型库是在分析了多个不同的供应链得到的，充分体现了供应链里的关键元素。我们在利用 ATC 优化供应链时，应该考虑到模型中是否包含这些关键的元素，这些元素的层次怎样，与它们直接相互作用的元素有哪些。

ATC 的扩展应用更多的是利用 ATC 独有的算法功能，相较于初始的工业设计领域，生产链的模型更为简单。ATC 应用于生产链的建模领域需要解决的关键问题是如何把链状结构转变为层次结构。在这一点上，不同的研究者给出了不同的答案。

3. ATC 的权重更新与收敛问题

Michalek（2004）提出权重因子表达父层传递下来目标的相对重要性，保持了与连接变量和子层目标的一致性。对于有唯一最优解的 ATC 模型，任意正权重经过迭代都可以找到最优解。但是对于不可获得的最优目标，就不可以通过限定的正权重找到最优解，此时我们通过引入容忍度 ε 将目标变为松弛目标，找到容忍限度以内的最优解。在这种情况下，权重因子的选择尤为重要。具体的更新步骤为：①为每一个反应变量，联系变量设定可接受的便宜容忍度，并设定初始的权重（例如，都设为1）。②解 ATC 模型。③如果得到的解没有满足所有的偏移容忍度，利用公式更新所有的权重因子（不包括最高层的权重），返回第二步，否则，退出循环。

Harrison M. Kim（2005）在《Lagrangian coordination for enhancing the convergence of analytical target cascading》这篇文章中证明了当 ATC 层次模型中的各个元素能够各自独立解决，那么利用一定的协调策略，ATC 模型就能收敛到放松的 AAO 模型的最优解，此外，若原目标给定一定的可行性和一致性，能够找到权重使目标收敛于 0。其中，可行性指的是最优解满足所有的约束，一致性指的是父子层传递的目标与连接变量都是一样的。

ATC 的权重更新与收敛问题主要是对算法的改进与优化。ATC 能够解决复杂系统的建模问题，但在应用 ATC 的过程中，收敛速度较慢。Michalek 和

M. Kim 提出的方法进一步提高了 ATC 方法的效率。

之后近 10 年的有关 ATC 问题的进一步探索，研究者们主要着力于求解过程的效率问题。J. J. Michalek 与 P. Y. Papalambros 在 ATC 中增加了权重因子。提出一种基于拉格朗日因子的权重更新方法（WUM），使得 ATC 通过预先设定误差范围，在进行迭代运算的过程中，不断更新权重，从而可以加快求解过程。这种方法依据 KKT 条件有效地减少了迭代求解的次数、提高了求解的收敛速度。除此以外，他们同时考虑了不可实现的预设目标问题。在原始的 ATC 中不可实现的顶层目标会使得求解过程难以收敛；但通过该方法，层次结构中子问题间的不一致会从底部不断传播到顶层，从而解决问题。但该方法也有一定的局限性，即权重的计算往往在实际的问题中涉及到太多的变量，同时还要随着收敛过程不断计算各个子问题的梯度。这对于实际问题来说效率不高。

J. B. Lassiter 等，在拉格朗日对偶的基础上利用拉格朗日函数（OL）提出了一种梯度算法。较之 WUM，这种方法允许子系统的分离。然而，对于解决不具有凸性的问题，这种方法具有一定的局限性。为了进一步提升 ATC 的准确性与效率，Tosserams 引入了增广拉格朗日函数；同时，Blouin 引入了增广拉格朗日对偶，而 Kim 进一步的研究，最终提出来一种子梯度算法，从而使 ATC 可以在非凸性与不可导的情形下适用。

5.2 ATC 的原理

5.2.1 特定层级的模型特点

本节给出了一般情况下使用 ATC 建模的标准形式。ATC 是一种多层次的建模方法，每一层级由设计模型和分析模型组成，各个层级之间可以进行信息的交互。从可行性的角度考虑，只要是多层次的建模问题，经过有效的层级划分与变量选定过程，都可以通过 ATC 求解出来。但是，从全面性和有效性的角度考虑，3 个层级的划分与建模已经能够捕捉到 ATC 的核心思想以及主要特征。因此，本章节给出了三层级系统建模（supersystem，system，subsystem）的一般方法以及各个层级之间的信息交互。

1. 设计模型与分析模型的对比分析

在一个复杂的系统优化问题中，利用 ATC 会将系统划分为多个层级。每一个独立的层级都由两部分构成：设计模型与分析模型。设计模型的数量与所处的层级有关，一个设计模型可以召唤一个或多个分析模型进行优化运算，进而计算出各个系统交互的反应变量。分析模型的输入包括设计变量、联系变量和下层级上传的反应变量，并将本层及计算出的反应变量作为输出，传递给上一层级。因此，反应变量就是分析模型的输出，联系变量就是同一层级内共享的设计变量。设计模型接受下一层级上传的反应变量和联系变量，并与本层级得到的反应变量和联系变量作对比，力求得到差异最小的结果。

设计模型和分析模型是每一层级不可或缺的组成元素，设计模型与分析模型的作用截然不同。其中，设计模型关注于差异最小化的目标，分析模型利用变量之间的约束关系得到满足约束的可行结果。设计模型和分析模型具有紧密的关系：同一层级的各个分析模型共享设计模型传到给它们的联系变量，由分析模型计算出的本层反应变量在设计模型中与上层传递下来的目标反应变量做差异分析，力图减少它们之间的差异。

2. 设计模型与分析模型的信息交互

联系变量实质上是设计变量的一种，在同一层级内相互共享。例如，在图 5-1 中，system 层级的设计模型召唤两个分析模型。sys1 和 sys2 共享相同的设计变量 y_{sys}，并作为分析模型 r_{sys1} 和 r_{sys2} 的输入。设计模型寻找联系变量之间的差异，并不断调整优化问题 P_{sys} 直到它们相互一致。

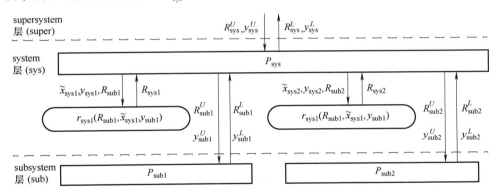

图 5-1 ATC 中间层级与上下层级间的信息交互

当一个设计模型召唤多个分析模型时，分析模型有多种建模集成模式。通常情况下分析模型的设计遵循三种方式：MDF（Multidisciplinary Feasible）、IDF（Individual Discipline Feasible）和 AAO（All-at-once）。当有多个分析模型存在时，共享的输入和输出可以被定义为分析联系变量。分析联系变量和设计联系变量的区别在于设计联系变量对于同一层级的设计问题是共享的，而分析联系变量对于被同一设计模型召唤的分析模型时共享的。

不管是从上层传递给下层的反应变量，还是从下层传递给上层的反应变量，都被称为目标。其中，对于上层赋予下层的目标是非常好理解的，但是对于下层传递给下层的目标，出了包括反应变量之外，还包含保持一致性的差异容忍度方程。因此，在 ATC 的机制下，设计目标不仅体现在目标方程中，还体现在约束方程里。

具体而言，在图 5-1 中，system 层级接收到 supersystem 层级传递的反应变量 R_{sys}^U 和联系变量 y_{sys}^U。当 system 层级求解完问题 P_{sys} 后，system 层级的反应变量 R_{sys}^L 和联系变量 y_{sys}^L 上传给 supersystem 层级。同样的，subsystem 层级接收到 system 层级传递的反应变量 R_{sub1}^U 和联系变量 y_{sub1}^U。当 subsystem 层级求解完问题 P_{sub} 后，system 层级的反应变量 R_{sub1}^L 和联系变量 y_{sub1}^L 上传给 system 层级。Subsystem 的反应变量 R_{sub1}，本地变量 $\tilde{x}_{sys1}$ 和联系变量 y_{sys1} 作为分析模型 r_{sys1} 的输入，R_{sys1} 作为 r_{sys1} 的输出。

其中，符号意义参见表 5-1。

表 5-1 模型符号说明列表

符 号	意 义
P_{super}	supersystem 层级的设计优化问题
P_{sys}	system 层级的设计优化问题
P_{sub}	subsystem 层级的设计优化问题
R^L	由较低层级向较高层级传递的反应变量
R^U	由较高层级向较低层级传递的反应变量
R	分析模型计算出的反应变量
T	目标
g	不等式约束
h	等式约束
r	反映方程
x	所有的设计变量（向量），包括（$\tilde{x}$, y）
$\tilde{x}$	本地设计变量
x^{min}	设计变量 x 的取值下限
x^{max}	设计变量 x 的取值上限
y	联系变量
y^L	由较低层级向较高层级传递的反应变量
y^U	由较高层级向较低层级传递的反应变量
ε_R	对于反应变量差异偏移的容忍度
ε_y	对于联系变量差异偏移的容忍度
m_i	不等式约束的数量
m_e	等式约束的数量
n	设计变量的数量

5.2.2 各个层级的目标传递机制

1. supersystem 层级的目标传递机制

在本章节中列举的三层级 ATC 建模系统中,最高的一个层级称为 supersystem。supersystem 层级与 system 层级的目标传递机制只涉及反应变量和联系变量。supersystem 层级的设计模型收集 system 层级的信息,召唤自己的分析变量,共同产生 supersystem 层级的反应变量。然后,基于 system 层级上传的反应变量和联系变量,supersystem 层级的优化模型寻找最优解,使得两个层级之间反应变量以及联系变量的差异最小。Supersystem 层级建模如下:

$$P_{\text{super}}: \text{Minimize}$$

$$\tilde{x}_{\text{super}}, y_{\text{sys}}, R_{\text{sys}}, \varepsilon_R, \varepsilon_y \parallel R_{\text{super}} - T_{\text{super}} \parallel + \varepsilon_R + \varepsilon_y$$

where

$$R_{\text{super}} = r_{\text{super}}(R_{\text{sys}}, \tilde{x}_{\text{super}})$$

subject to

$$\parallel R_{\text{sys}} - R_{\text{sys}}^L \parallel \leq \varepsilon_R, \parallel y_{\text{sys}} - y_{\text{sys}}^L \parallel \leq \varepsilon_y$$

$$g_{\text{suger}}(R_{\text{super}}, \tilde{x}_{\text{super}}) \leq 0, h_{\text{super}}(R_{\text{super}}, \tilde{x}_{\text{super}}) = 0$$

$$\tilde{x}_{\text{super}}^{\min} \leq \tilde{x}_{\text{super}} \leq \tilde{x}_{\text{super}}^{\max}$$

supersystem 的优化问题陈述如下:最小化 supersystem 层级的目标函数与系统优化目标之间的差距,最小化反应变量的差异容忍度 ε_R (此处的 ε_R 意指 system 层级计算出的实际反应变量与 supersystem 设定的目标反应变量之间的差距),和最小化联系变量的差异容忍度 ε_y。因此,目标函数由最初缩小目标函数与设定的系统目标之间的差距,通过添加 $\varepsilon_R, \varepsilon_y$ 使得 supersystem 与 system 层级之间实现协调关联。

当收敛时,偏差容忍变为 0,并且各个系统间共享的联系变量收敛至同样的值。system 层级计算出的反应变量恰好等于 supersystem 为 system 层级设定的反应目标。

2. system 层级的目标传递机制

对于 3 个层级的 ATC 模型来讲,位于中间的 system 层级很好地刻画了目标级联法的全部特点。相较而言,supersystem 层级只存在一个设计模型。在 system 层级,每一个独立的设计板块都可以看作是设计模型。在每个设计模型中,独自计算自己的设计变量,但有时设计变量之间也会相互影响,例如不同模块之间共享的联系变量。

因此,supersystem 与 system 层级之间的区别在于设计模型的数量不同:

supersystem只有一个设计模型；system可存在多个设计模型并且共享联系变量。system层级建模如下：

$$P_{sys}: \text{Minimize} \parallel R_{sys} - R_{sys}^U \parallel + \parallel y_{sys} - y_{sys}^U \parallel + \varepsilon_R + \varepsilon_y$$

with respect to $\tilde{x}_{sys}, y_{sys}, y_{sub}, R_{sub}, \varepsilon_y, \varepsilon_R$

where $R_{sys} = r_{sys}(R_{sub}, \tilde{x}_{sys}, y_{sys})$

subject to

$$\parallel R_{sub} - R_{sub}^L \parallel \leqslant \varepsilon_R, \parallel y_{sub} - y_{sub}^L \parallel \leqslant \varepsilon_y$$

$$g_{sys}(R_{sys}, \tilde{x}_{sys}, y_{sys}) \leqslant 0, h_{sys}(R_{sys}, \tilde{x}_{sys}, y_{sys}) = 0$$

$$\tilde{x}_{sys}^{\min} \leqslant \tilde{x}_{sys} \leqslant \tilde{x}_{sys}^{\max}, y_{sys}^{\min} \leqslant y_{sys} \leqslant y_{sys}^{\max}$$

目标方程最小化system层级的反应变量以及联系变量与supersystem层级设计的目标反应变量和目标联系变量之间的差异，引入的$\varepsilon_R, \varepsilon_y$使得system与subsystem之间实现协调关联，最小化subsystem层级上传的反应变量与联系变量。因为system层级位于中间，此层级的建模最具代表性，刻画了特定层级与上层级和下层级通过目标变量和联系变量实现的协调联动。

3. subsystem层级的目标传递机制

subsystem层级是三层级ATC模型中的最低层级。在本层中，设计模块召唤分析模块以设计变量和参数作为输入，反应变量作为输出。在目标函数中，因为subsystem作为最后一个层级，没有需要关联的下一层级，因此不再引入ε_R、ε_y。早在system层级中，已经在约束条件中对subsystem共享的联系变量加以约束。subsystem层级建模如下：

$$P_{sub}: \text{Minimize}$$

$$\tilde{x}_{sub}, y_{sub} \parallel R_{sub} - R_{sub}^U \parallel + \parallel y_{sub} - y_{sub}^U \parallel$$

where $R_{sub} = r_{sub}(\tilde{x}_{sub}, y_{sub})$

subject to

$$g_{sub}(R_{sub}, \tilde{x}_{sub}, y_{sub}) \leqslant 0, h_{sub}(R_{sub}, \tilde{x}_{sub}, y_{sub}) = 0$$

$$\tilde{x}_{sub}^{\min} \leqslant \tilde{x}_{sub} \leqslant \tilde{x}_{sub}^{\max}, y_{sub}^{\min} \leqslant y_{sub} \leqslant y_{sub}^{\max}.$$

目标函数最小化subsystem层级分析模型计算出的反应变量和联系变量与system设定的目标反应变量和目标联系变量之间的差距。因为subsystem层级是最后一层，不存在紧密相连的下一层级，因此P_{sub}中不再出现目标偏移容忍约束方程。

5.2.3 目标级联法的协调机制

在解决多学科设计优化（Multidisciplinary Design Optimization）问题时必须

包含两个部分：模型表述和层次协调策略。模型表述是对设计体系优化模型的一种数学陈述，而层次协调策略是解决上述优化问题的算法。在 ATC 提出之前，已经有了很多层次优化方法，包括 ALL-AT-ONCE（AAO），Interdisciplinary Feasible（IDF），Collaborative Optimization（CO）；Wismer，Chattergy 等提出了很多层次协调策略的思路。但这些方法多用于解决两层结构的优化问题，ATC 引入了反应变量，联系变量使得层次优化扩展到了多层。

求解 ATC 所用到的方法并不唯一，从顺序上来看可以分为从上至下或从下至上，一种普遍的双层 ATC 求解思路如下：

1）对于给定 system 层级的反应变量 R_{sys}^L 和联系变量 y_{sys}^L，首先对 supersystem 层级进行求解。

2）对于由 supersystem 层级传递下来的反应变量 R_{sys}^U 和联系变量 y_{sys}^U，对 system 层级进行求解。

3）将计算出来的反应变量 R_{sys}^L 和联系变量 y_{sys}^L 带入步骤 1）。

4）不断重复直至收敛。

5.3 基于 ATC 的生产链协同规划数学模型

5.3.1 问题界定

1. 拟解决的问题

本节关注的是液晶薄膜显示器 TFT-LCD 的生产制作过程，生产过程示意图如图 5-2 所示。由于原材料、人力和技术等诸多限制因素，各个工厂分布在不同的地域里。为了完成生产链上的合同加工效应，上下游的工厂存在密切的往来。但是由于信息的不透明，传递滞后等原因，往往出现这样的现象：有的工厂急需的原材料在另一个工厂大量囤积，运输方式的错误选择使成本居高不下，无

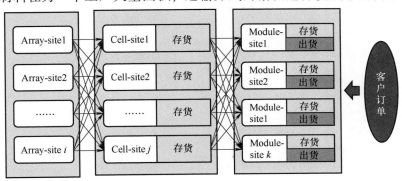

图 5-2　TFT-LCD 多阶多厂示意图

法按时完成客户的订单。

ATC 的层次协调策略使得生产链上的整合决策成为可能，从生产链整体最优的角度对各个工厂之间的生产排程、产品运输进行决策。

具体而言，利用 ATC 解决 TFT-LCD 多阶多厂生产链生产与运输问题如下：一个完整的 TFT-LCD 生产链由 3 个阶段构成，Array-Cell-Module。其中，Array 阶段有 i 个工厂，Cell 阶段有 j 个工厂，Module 阶段有 k 个工厂。各个工厂知晓自己的相关信息，即工厂的产能、工厂的位置、厂与厂之间的运输费用及产品耗能是已知的。Module 是液晶显示屏生产的最后一个环节，也是与客户直接接触的环节。假设 Module 在 t 时刻接到 T 时刻交付产品 P 的订单，需要如何对上游的企业进行生产排程，以及厂与厂的运输才能在 T 时刻按时交付订单，并使得整个生产链上的费用最低。

假设如下：

1）Array 阶段没有库存。由于 Array 阶段设备非常昂贵，并且 Array 阶段的工厂较少，经常出现供不应求的现象。因此，可以把 Array 阶段看做卖方市场，产品生产即全部卖出，不存在库存。

2）Module 阶段接受缺货惩罚。Module 根据客户订单，将 Cell 阶段的产品运输到工厂进行加工。从数学的角度讲，不可能每次都恰好有可行解。当 Module 的产品大于客户订单所需求的产品时，造成库存；当小于客户订单所需求的产品时，造成缺货惩罚。

3）对预测需求量以及已知订单量的说明。考虑到公司会有一定量稳定的客户，这些客户会提前向公司下单，由此产生了规划期间内的已知订单量。

4）产品统一标示。液晶显示屏是手机、电脑、平板等电子产品组装的重要原件。虽然加工工艺复杂，但作为电子产品的原件，本身不涉及各种原件的拼接等工艺。因此，虽然经过 3 个阶段的加工，依然可以从本阶段追溯到上阶段的形态与尺寸。因此，将 3 个阶段的产品都标示为 m，并通过引进转化率表示产品在某一阶段的加工引起的变化。

2. 符号说明

（1）下标类符号说明

m：产品；

t：计划期；

i：Array 阶段共有工厂 i 个；

j：Cell 阶段共有工厂 j 个；

k：Module 阶段的工厂 k 个。

（2）参数类符号说明

PCA_{mi}：Array 阶段的工厂 i 生产产品 m 的费用；

PCC_{mj}：Cell 阶段的工厂 j 生产产品 m 的费用；

PCM_{mk}：Module 阶段的工厂 k 生产产品 m 的费用；

PTA_{ti}：Array 阶段的工厂 i 在 t 时刻的可用生产小时数；

PTC_{tj}：Cell 阶段的工厂 j 在 t 时刻的可用生产小时数；

PTM_{tk}：Module 阶段的工厂 k 在 t 时刻的可用生产小时数；

$PTUA_{mi}$：生产单位产品 m 工厂 i 所需要的小时数；

$PTUC_{mj}$：生产单位产品 m 工厂 j 所需要的小时数；

$PTUM_{mk}$：生产单位产品 m 工厂 k 所需要的小时数；

SCC_{mj}：单位产品 m 在工厂 j 每期的库存费用；

TTC_{ij}：从工厂 i 运输到工厂 j 跨越的计划期；

TTM_{jk}：从工厂 j 运输到工厂 k 跨越的计划期；

TCC_{mij}：将产品 m 从工厂 i 运送到工厂 j 的单位运输费用；

TCM_{mjk}：将产品 m 从工厂 j 运送到工厂 k 的单位运输费用；

CVC_{mj}：单位产品 m 在 Cell 阶段的转化率；

CVM_{mK}：单位产品 m 在 Module 阶段的转化率；

SO_{mk}：产品 m 在工厂 k 的缺货损失。

（3）变量类符号说明

PA_{mit}：时刻 t 时工厂 i 生产产品 m 的数量；

PC_{mjt}：时刻 t 时工厂 j 生产产品 m 的数量；

PM_{mkt}：时刻 t 时工厂 k 生产产品 m 的数量；

SC_{mjt}：产品 m 在 t 时期在工厂 j 的库存量；

TQC_{mijt}：产品 m 在 t 时期从工厂 i 运送出工厂 j 的数量；

TQM_{mjkt}：产品 m 在 t 时期从工厂 j 运送出工厂 k 的数量；

A_{mkt}：时刻 t 时产品 m 在工厂 k 的缺货量。

5.3.2 生产链协同规划的 AAO 模型

AAO 是解决简单或复杂问题的最直接方法：不追求系统的层次划分与组成，由单一的目标和所有约束共同构成模型。如果模型可解，则利用 AAO 得到的解一定是最优解。AAO 的优点在于建模的思路简单，对于单目标的规划有很好的适用性。但是，后续提出的复杂的建模方法大多与 AAO 难以克服的缺点有关。

1）要求所有信息精确共享，信息收集或者传递的成本很高，在现实的情况下难以做到。

2）难以解决分布式决策问题。在现实的管理决策中，往往将大的模型进行划分，各个元素根据局部目标的最优化进行求解，同时通过协调策略进行最优决策。AAO 的模型僵硬，只有单一目标，难以进行分布式决策。

3）没有松弛解的概念，现实模拟性太差。若原问题无解，则 AAO 肯定无解。

在此，依然进行生产链 AAO 模型规划，是想将 AAO 得到的最优解作为对比，以此来评价 ATC 模型得到的解的精确性和有效性。为了建立该问题的 AAO 模型，假定有一个中央调控中心，中央调控中心掌握供应链上各个阶段各个工厂的所有生产信息，并从供应链整体最优的角度进行建模，AAO 模型如下：

$$m \sum_m \sum_k \sum_t SO_{mk} \times A_{mkt}$$

$$+ \sum_m \sum_k \sum_t PCM_{mk} \times PM_{mkt} + \sum_m \sum_k \sum_t PCC_{mj} \times PC_{mjt} + \sum_m \sum_j \sum_k \sum_t TCM_{mjt} \times TQM_{mjkt}$$

$$+ \sum_m \sum_j \sum_t SCC_{mj} \times SC_{mjt}$$

$$+ \sum_m \sum_i \sum_j \sum_t TCC_{mjt} \times TQC_{mijt}$$

$$+ \sum_m \sum_i \sum_t PCA_{mi} \times PA_{mit}$$

s. t.

$$\sum_m PTUA_{mi} \times PA_{mit} \leqslant PTA_{it}$$

$$\sum_m PTUC_{mj} \times PC_{mjt} \leqslant PTC_{jt}$$

$$\sum_m PTUM_{mkt} \times PM_{mkt} \leqslant PTM_{kt}; \forall k \in K, t \in T$$

Where
$$PA_{mit} = \sum_j TQC_{mijt}$$

$$SC_{mjt} = SC_{mj}(t-1) + PC_{mjt} - \sum_k TQM_{mjkt} \quad t \in (2, T)$$

$$\sum_i TQC_{mij(t-TTC_{ij})} \times CVC_{mj} = PC_{mjt}$$

$$\sum_j TQM^{super}_{mjk(t-TTM_{jk})} \times CVM_{mk} = PM_{mkt}$$

$$PM_{mkt} + a_{mkt} = D_{mkt}; m \in M, k \in K, t \in T$$

$$PA_{mit}, PC_{mjt}, PM_{mkt}, TQC_{mijt}, TQM_{mjkt}, a_{mkt}, SC_{mjt} \geqslant 0$$

AAO 模型的目标函数寻求整个生产链上的费用最小，包括 Array 阶段所有工厂的生产费用、运输费用；Cell 阶段所有工厂的生产费用、存储费用、运输费用；Module 阶段所有工厂的生产费用、缺货惩罚费用。前三条约束分别是对 Array、Cell、Module 3 个阶段所有工厂的产能约束（实际加工所用时间小于可用总时间）；第四条约束是 Array 阶段的运出平衡式，Array 阶段不产生库存，当期生产出的产品全部运往下游的工厂；第五条约束是 Cell 工厂的库存平衡式（当期的库存 = 上一期的库存 + 当期的产量 − 当期的运出量）；第六条约束是 Cell 阶段的运入平衡式，从 Array 工厂运来的产品作为原材料生产出 Cell 阶段的产品，产品的变化通过转化率进行表达；第七条约束是 Module 阶段的运入平衡式，从 Cell 工厂运来的产品作为原材料生产出 Module 阶段的产品，产品的变化通过转化率进行表达；第八条约束是 Module 阶段的产需平衡式，当期的需求减去当期的产量即为当期的缺货量。根据现实生产情况的不同，Array、Cell、Module 阶段在建模时有不同的约束，但是总体上保持一致。主要考虑产能约束、运入平衡、库存平衡及需求平衡。

5.3.3 生产链协同规划的 ATC 模型

1. ATC 模型的层级划分

生产链是指产品从原材料开始，经过各个阶段不断加工，最终成为成品的过程。生产链上的企业协调合作，产品从上游向下游流动，生产链上的企业一环扣一环，共同构成一个完整的生产链。从抽象的空间角度看，生产链是一种线性结构，当出现复杂的多阶多厂情境时，线性结构趋于复杂，但始终是一种平面结构。但是，ATC 是解决多层次协调问题的方法。因此，将 ATC 方法引入生产链建模领域，关键在于将生产链转化成具有实际意义的多层级结构。

利用 ATC 原理，将 TFT-LCD 生产链划分为 3 个层级，如图 5-3 所示。P_{super} 是模型的最顶层，负责整个生产链的协同优化，包括 Array，Cell 和 Module 阶段，目标是三个阶段的总成本以及反应变量的偏差最小；P_{sys} 是模型的中间层级，表示上游生产链的协同优化，具体包括 Array 阶段和 Cell 阶段，目标是这两个阶段

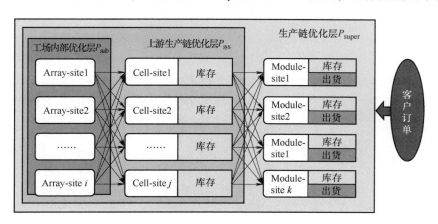

图 5-3 利用 ATC 将 TFT-LCD 生产链划分为 3 个层级

的总成本以及反应变量的偏差最小；P_{sub} 是模型的最底层，表示单个 Array 阶段的协同优化，目标是 Array 阶段的成本以及反应变量的偏差最小。ATC 各层级之间的信息交互如图 5-4 所示。

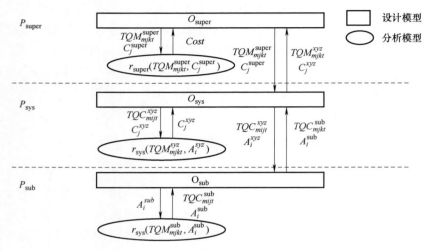

图 5-4 ACT 各个层级的信息交互

2. ATC 模型构建

P_{super} 对整个生产链进行优化：

$$\min Cost + \varepsilon_{super}^R$$

$$\text{s.t.} \sum_m \sum_j \sum_k \sum_t (\omega_{super}^{y1})^2 (TQM_{mjkt}^{super} - TQM_{mjkt}^{sys})^2$$

$$+ \sum_j (\omega_{super}^{R1})^2 (C_j^{super} - C_j^{sys})^2 \leq \varepsilon_{super}^R$$

$$\sum_m PTUM_{mkt} \times PM_{mkt} \leq PTM_{kt}; \forall k \in K, t \in T$$

$$\sum_j TQM_{mjk(t-TTM_{jk})}^{super} \times CVM_{mk} = PM_{mkt}; \forall m \in M, k \in K, t \in T$$

$$PM_{mkt} + a_{mkt} = D_{mkt} \quad \forall m \in M, k \in K, t \in T$$

$$\text{where}: Cost = \sum_m \sum_k \sum_t SO_{mk} \times A_{mkt} + \sum_m \sum_k \sum_t PCM_{mk} \times PM_{mkt} + \sum_j C_j^{super}$$

包括整个生产链的生产费用、库存费用以及缺货惩罚费用。第一个约束是 ATC 的协调机制的必要条件，也是 super 层级与 system 层级传递联系变量 TQM_{mjkt} 与反应变量 C_j 的作用机理；第二个约束表示产能限制，特定时刻 t 下生产产品 m 所耗费的产能需小于总产能；第三个约束是库存平衡，本期库存等于上一期库存与本期产量的和再减去本期需交付的订单量（由于并不能总完成订单量，所以引入缺货量 a_{mkt} 作为协调系数）；第三个约束是产量平衡约束，由于

Module 阶段的产品都是由 Cell 阶段的产品加工而成，并且 t 时刻到达 Module 的半成品是 $t\text{-}TTM_{jk}$ 时从 Cell 阶段运出的，乘以产品 m 在 Module 阶段的转化率就可以得到产品 m 在 t 时刻的产量；第五个约束限定初始库存都为 0。

P_{sys} 对上游生产链（Array 阶段和 Cell 阶段）进行优化：

$$\min \sum_{m}\sum_{j}\sum_{k}\sum_{t} (\omega_{super}^{y1})^2 (TQM_{mjkt}^{super} - TQM_{mjkt}^{sys})^2 + \sum_{j}(\omega_{super}^{R1})^2(C_j^{super} - C_j^{sys})^2 + \varepsilon_{sys}^R$$

$$\text{s.t.} \sum_{m}\sum_{i}\sum_{j}\sum_{t}(\omega_{sys}^{y2})^2(TQC_{mijt}^{sys} - TQC_{mijt}^{sub})^2 + \sum_{i}(\omega_{sys}^{R2})^2(A_i^{sys} - A_i^{sub})^2 \leq \varepsilon_{sys}^R$$

$$\sum_{m} PTUC_{mj} \times PC_{mjt} \leq PTC_{jt} \quad \forall j \in J, t \in T$$

$$SC_{mjt} = SC_{mj}(t-1) + PC_{mjt} - \sum_{k} TQM_{mjkt}^{sys} \quad \forall m \in M, j \in J, k \in K, t \in [2, T]$$

$$\sum_{i} TQC_{mij(t-TTC_{ij})}^{sys} \times CVC_{mj} = PC_{mjt} \quad \forall m \in M, j \in J, t \in T$$

$$\text{where:} C_j^{sys} = \sum_{m}\sum_{j}\sum_{k}\sum_{t} TCM_{mjt} \times TQM_{mjkt}^{sys} + \sum_{m}\sum_{j}\sum_{t} PCC_{mj} \times PC_{mjt} + \sum_{m}\sum_{j}\sum_{t} SCC_{mj} \times SC_{mjt} + \sum_{i} A_i^{sys}$$

P_{sys} 以 super 层级与 system 层级的联系变量与反应变量之间的差异最小为目标，其中联系变量是指时刻 t 从 Cell 的 j 厂运往 Module k 厂产品 m 的运输量，反应变量是指费用，包括上游生产链的生产费用、库存费用以及运输费用。第一个约束是 ATC 的协调机制的必要条件，也是 system 层级与 subsystem 层级传递联系变量 TQC_{mijt} 与反应变量 A_i 的作用机理；第二个约束表示产能限制，特定时刻 t 下生产产品 m 所耗费的产能需小于总产能；第三个约束是库存平衡，本期库存等于上一期库存与本期产量的和再减去本期运出的数量；第三个约束是产量平衡约束，由于 Cell 阶段的产品都是由 Array 阶段的产品加工而成，并且 t 时刻到达 Module 的半成品是 $t\text{-}TTC_{ij}$ 时从 Array 阶段运出的，乘以产品 m 在 Cell 阶段的转化率就可以得到产品 m 在 t 时刻的产量。

P_{sub} 对 Array 阶段的工厂进行优化：

$$\min \sum_{n}\sum_{i}\sum_{j}\sum_{t}(\omega_{sys}^{r2})^2(TQC_{mijt}^{sys} - TQC_{mijt}^{sub})^2$$

$$\text{s.t.} \sum_{z} PTUA_{mi} \times PA_{mit} \leq PTA_{it} \sum_{i}(\omega_{sys}^{n2})^2(A_z^{sys} - A_1^{sub})^2 \quad \forall m \in M, i \in I, t \in T$$

$$PA_{mit} = \sum_{j} TQC_{mijt}^{sub}$$

$$\text{where:} A_i^{sub} = \sum_{n}\sum_{i}\sum_{j}\sum_{t} TCC_{njt} \times TQC_{mijt}^{sub} + \sum_{n}\sum_{i}\sum_{t} PCA_{mi} \times PA_{mit}$$

P_{sub} 以 system 层级与 subsystem 层级的联系变量与反应变量之间的差异最小为目标，其中联系变量是指时刻 t 从 Array 的 i 厂运往 Cell i 厂产品 m 的运输量，反应变量是指费用，包括 Array 阶段工厂 i 的生产费用以及运输费用。由于 Sub-system 是模型的最后一个层级，因此目标函数中不需要含有 ε，用来约束下一层级。第一个约束表示产能限制，特定时刻 t 下生产产品 m 所耗费的产能需小于总产能；第二个约束是产量平衡约束，由于 Cell 阶段的产品都是由 Array 阶段的产品加工而成，并且 Array 阶段处于卖方市场，产品生产出来即可全部卖出，因此，对于任意的工厂 i 向 j 厂运输的产品数量总和为 t 时刻时的产量总和。由于 Array 阶段设备昂贵，供小于求，因此不存在库存，也就不存在库存平衡表达式。

5.4 模型求解与结果分析

5.4.1 模型参数

假定某 TFT-LCD 产业链上共有 6 家企业，其中 Array 阶段 2 家工厂（$I=2$），Cell 阶段两家工厂（$J=2$），Module 阶段 2 家工厂（$K=2$）。由于运输延迟，最早要经过一个时间维度，上一阶段的产品才能运输到下一阶段作为原材料进行加工生产。所以，本节中共涉及 7（$T=7$）个计划期，假定 Module 工厂分别在 3、4、5、6、7 月份收到订单；则 Array 工厂 1、2、3、4、5 月份的生产计划是为了满足 Cell 工厂 2、3、4、5、6 月份的生产计划是为了满足 Module 3、4、5、6、7 月份的订单。

本节主要是从成本最小化的角度对生产链进行生产排程，旨在求得在明确订单数量后整个生产链上各个工厂所需要生产的最优产品数量以及各个工厂之间的运输量。为了问题的简化，不考虑各个产品在特定阶段的复杂制作工艺流程，抓住产品流转过程中的数量变化规律进行建模求解。具体如下：3 个阶段的生产单位不同，生产单位分别为 Lot、Sheet、Piece。其中，一个 Lot 可转化为 10 个（CVC）Sheet，一个 Sheet 可以切割成约 2 个（CVM）piece，且只考虑一种产品（$m=1$）。

此外，为了提高交货率水平，合理安排生产，本文中将缺货惩罚成本设定的非常大，旨在最大限度刺激生产，利用产能。其中，缺货惩罚成本 SO_{mk} = [500, 500]。

其他关键参数如下：

D_{mk}：[0 0 300 600 1000 500 700; 0 0 300 650 800 900 400];

PCA_{mi}：[10, 12];

PCC_{mj}：[1.5,1.4]
PCM_{mk}：[0.9,1]；
PTA_{ti}：[350 300 300 300 300 300 300；350 300 300 300 300 300 300]；
PTC_{tj}：[300 300 200 400 600 400 900；400 300 600 600 400 300 600]；
PTM_{tk}：[500 600 1000 600 1000 500 700；500 500 500 700 1000 1000 500]；
$PTUA_{mi}$：[10,10]；
$PTUC_{mj}$：[1.2,1]；
$PTUM_{mk}$：[1,1]；
SCC_{mj}：[0.5,0.5]；
TTC_{ij}：[1 1；1 2]；
TTM_{jk}：[1 1；1 1]；
TCC_{mij}：[0.2 0.2；0.2 0.1]；
TCM_{mjk}：[0.1 0.1；0.1 0.2]；
CVC_{mj}：[10 10]；
CVM_{mK}：[2 2]。

5.4.2 AAO 模型结果分析

本节求解的配置环境为 Intel（R）Core（TM）i3 CPU M350 @ 2.27GHz，2GB 内存，32 位操作系统。编程的实验环境为 Matlab 7.11.0（R2010b）。虽然 AAO 模型是简单的线性规划模型，利用 Lingo 很容易进行编程和运算，但是 ATC 模型进行生产链的建模求解的是非线性规划，为了保持环境的一致性，减少随机误差，所以 AAO 模型也采用 Matlab 进行求解。在求解过程中，主要使用的是 Matlab 中求解非线性规划的内嵌函数 fmincon。

1. fmincon 函数的应用规则

fmincon 是 find minimum of constrained nonlinear multivariable function 的缩写。从字面意义上理解，就是寻求非线性规划目标值取最小时的解。矩阵的规范式表达如下

$$\min f(x) \text{ such that} \begin{cases} c(x) \leq 0 \\ ceq(x) = 0 \\ A \cdot x \leq b \\ Aeq \cdot x = beq \\ lb \leq x \leq ub, \end{cases}$$

其中 x 表示自变量，是向量的形式；c 表示非线性不等式约束的矩阵；ceq 表示线性等式约束的矩阵；A 表示线性不等式约束的矩阵；b 是线性不等式右端的向量；Aeq 表示线性等式约束的矩阵，beq 表示线性等式约束右端的向量；lb

表示自变量 x 取值的下界，是向量形式；ub 表示自变量 x 取值的上界，是向量形式。

根据求解内容的不同，fmincon 函数的表示形式也不尽相同。fmincon 求解的表达式如下：

$[x, \text{fval}] = \text{fmincon}(\text{fun}, x0, A, b, Aeq, beq, lb, ub, \text{nonlcon}, \text{options})$

从 fmincon 的矩阵式表达可以看出，如果变量是一维，整个函数的调用会非常简单，参数矩阵显而易见。但是，现在面临的主要问题是：模型的参数与未知量大多是三维，甚至四维。因此，需经过精心的构建，合理的降维才能正确地调用 fmincon 函数。选取最具代表性式子，求解 $SC_{jt} = SC_{j(t-1)} + PC_{jt} - \sum_k TQM_{jkt}^{sys}$ 为例，仅涉及等式参数矩阵 Aeq 的构建，构建过程如下：

明确对于自变量 $x1$，$x2$，$x3$ …的遍历规则（假设 $j=2$，$k=2$，$t=3$）。

在这个库存平衡的运输式中，总体而言共有 3 个未知数：SC_{mjt}（二维），PC_{mjt}（二维），TQM_{mjkt}（三维）。因为 fmincon 中自变量的形式被限定为向量，所以自变量不能以矩阵的形式输入，而必须通过 reshape 函数转化为向量。reshape 函数将矩阵转化为向量时，从第一维开始遍历。例如，reshape(SC) = $[SC_{11}, SC_{21}, SC_{12}, SC_{22}, SC_{13}, SC_{23}]$，共 6 个变量；reshape$(PC)$ = $[PC_{11}, PC_{21}, PC_{12}, PC_{22}, PC_{13}, PC_{23}]$，共 6 个变量；reshape$(TQM)$ = $[TQM_{111}, TQM_{211}, TQM_{121}, TQM_{221}, TQM_{112}, TQM_{212}, TQM_{122}, TQM_{222}, TQM_{113}, TQM_{213}, TQM_{123}, TQM_{223}]$，共 12 个变量。所以，将 reshape 后的 SC，PC，TQM 依次拼接，行成一个新的行向量，共有 24 个变量。

确定 $x1$，$x2$，$x3$ 对应的参数矩阵 $Aeq1$，$Aeq2$，$Aeq3$。

将等式变形后得到 $SC_{j(t-1)} - SC_{jt} + PC - \sum_k TQM_{jkt} = 0$。从整体看，共有 $J \times T = 6$ 个等式约束。首先确定 SC 对应的参数矩阵 $Aeq1$：当 $t>1$ 时，按照 SC reshape 后的遍历顺序，序号应该是 11，21，12，22，13，23。SC 调用到的变量排序分别是：(SC_{12}, SC_{11})；(SC_{22}, SC_{21})；(SC_{13}, SC_{12})；(SC_{23}, SC_{22})。SC_{jt} 对应的参数矩阵如图 5-5 所示。

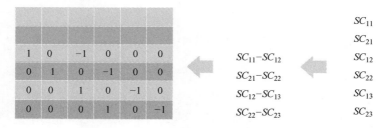

图 5-5　SC_{jt} 对应的参数矩阵

然后确定 PC 对应的参数矩阵 $Aeq2$：按照 PC reshape 后的遍历顺序，序号应该是 11，21，12，22，13，23。PC 调用到的变量排序分别是：PC_{11}，PC_{21}，PC_{12}，PC_{22}，PC_{13}，PC_{23}。PC_{jt} 对应的参数矩阵如图 5-6 所示。

图 5-6　PC_{jt} 对应的参数矩阵

其次，确定 TQM 对应的参数矩阵 $Aeq3$：当 $t>1$ 时，按照 TQM reshape 后的遍历顺序，序号应该是 111，211，121，221，112，212，122，222，113，213，123，223。TQM 调用到的变量排序分别是：（TQM_{111}，TQM_{121}）；（TQM_{211}，TQM_{221}）；（TQM_{112}，TQM_{122}）；（TQM_{212}，TQM_{222}）；（TQM_{113}，TQM_{123}）；（TQM_{213}，TQM_{223}）。图 5-7 为 TQM_{jkt} 对应的参数矩阵。

图 5-7　TQM_{jkt} 对应的参数矩阵

最后，当 $t=1$ 时，$PC_{11}-SC_{11}-TQM_{111}-TQM_{121}=0$；$PC_{21}-SC_{21}-TQM_{211}-TQM_{221}=0$。所以，将 SC 的矩阵补充完整可得，如图 5-8 所示。

图 5-8　SC_{jt} 对应的完整参数矩阵

组合参数矩阵 $Aeq1$，$Aeq2$，$Aeq3$，如图 5-9 为完整参数矩阵。

```
-1  0  0  0  0  0  1  0  0  0  0  0  0 -1  0 -1  0  0  0  0  0  0  0  0
 0 -1  0  0  0  0  0  1  0  0  0  0  0  0 -1  0 -1  0  0  0  0  0  0  0
 1  0 -1  0  0  0  0  0  1  0  0  0  0  0  0  0  0 -1  0 -1  0  0  0  0
 0  1  0 -1  0  0  0  0  0  1  0  0  0  0  0  0  0  0 -1  0 -1  0  0  0
 0  0  0  0 -1  0  0  0  0  0  0  0  0  0  0  0  0  0  0  0  0 -1  0  0
 0  0  0  0  0 -1  0  0  0  0  0  0  0  0  0  0  0  0  0  0  0  0 -1  0 -1
```

图 5-9　完整参数矩阵

2. AAO 模型结果分析

利用 Matlab 求解 AAO 模型，经过 126 次循环迭代，耗费 7.5s 得到最终结果见表 5-2～表 5-9。

表 5-2　Array 阶段的工厂（$i=1$，$i=2$）在 7 个计划期的生产计划

工厂	$t=1$	$t=2$	$t=3$	$t=4$	$t=5$	$t=6$	$t=7$
$i=1$	35	30	30	30	30	0	0
$i=2$	35	30	30	30	25	0	0

表 5-3　Array 阶段的工厂向 Cell 阶段的工厂在 7 个计划期运输的数量

工厂	$t=1$		$t=2$		$t=3$		$t=4$	
	$j=1$	$j=2$	$j=1$	$j=2$	$j=1$	$j=2$	$j=1$	$j=2$
$i=1$	14	21	9	21	9	21	8	22
$i=2$	0	35	0	30	20	10	30	0

工厂	$t=5$		$t=6$		$t=7$	
	$j=1$	$j=2$	$j=1$	$j=2$	$j=1$	$j=2$
$i=1$	0	30	0	0	0	0
$i=2$	25	0	0	0	0	0

表 5-4　Cell 阶段的工厂（$j=1$，$j=2$）在 7 个计划期的生产计划

工厂	$t=1$	$t=2$	$t=3$	$t=4$	$t=5$	$t=6$	$t=7$
$j=1$	0	141	91	294	380	250	0
$j=2$	0	208	558	505	320	300	0

表 5-5　Cell 阶段的工厂（$j=1$，$j=2$）在 7 个计划期的库存

工厂	$t=1$	$t=2$	$t=3$	$t=4$	$t=5$	$t=6$	$t=7$
$j=1$	0	32	0	0	0	0	0
$j=2$	0	18	75	0	0	0	0

表 5-6　Cell 阶段的工厂向 Module 阶段的工厂在 7 个计划期运输的数量

工厂	t = 1		t = 2		t = 3		t = 4	
	k = 1	k = 2	k = 1	k = 2	k = 1	k = 2	k = 1	k = 2
j = 1	0	0	0	109	0	123	0	294
j = 2	0	0	150	40	300	201	500	81

工厂	t = 5		t = 6		t = 7	
	k = 1	k = 2	k = 1	k = 2	k = 1	k = 2
j = 1	0	380	50	200	0	0
j = 2	250	70	300	0	0	0

表 5-7　Module 阶段的工厂（k = 1，k = 2）在 7 个计划期的产量

工厂	t = 1	t = 2	t = 3	t = 4	t = 5	t = 6	t = 7
k = 1	0	0	300	600	1000	500	700
k = 2	0	0	300	650	750	900	400

表 5-8　Module 阶段的工厂（k = 1，k = 2）在 7 个计划期的缺货量 a

工厂	t = 1	t = 2	t = 3	t = 4	t = 5	t = 6	t = 7
k = 1	0	0	0	0	0	0	0
k = 2	0	0	0	0	50	0	0

表 5-9　AAO 模型的成本结果

总成本	缺货成本	Array 生产成本	A-C 运输成本	Cell 生产成本	Cell 库存成本	C-M 运输成本	Module 生产成本
38 986	25 000	3350	53.5	4386	62.5	344	5790

模型的可行性分析：

（1）产能约束　在模型中，产能约束的概念性表达为：加工每个产品所需要的时间×产量≤工厂可用时间。如图 5-10～图 5-12 表示的是剩余产能。

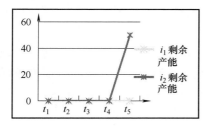

图 5-10　Array 工厂的剩余产能

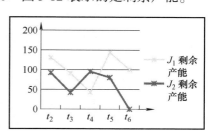

图 5-11　Cell 工厂的剩余产能

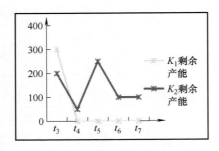

图 5-12 Module 工厂的剩余产能

产能约束要求各个工厂在各期的加工时间小于可用加工时间,从剩余加工时间(剩余产能)的角度意味着所有的剩余产能大于等于 0。如图 5-10 ~ 图 5-12 为 Array/ Cell/ Module 在各个时期的剩余产能。所以,产能约束满足。

(2)库存平衡　Cell 阶段仅在第二期和第三期出现库存。库存平衡关系式要求:当 $t > 1$ 时,当期库存 = 上一期库存 + 当期生产量 − 当期运出量;当 $t = 1$ 时,第一期库存 = 第一期生产量 − 第一期运输量。验证可得:

应有 $SC_{11} = PC_{11} - (TQM_{111} + TQM_{121})$,代入数据验证得 $0 = 0 - (0 + 0)$,所以关于 SC_{11} 的库存平衡式正确;

应有 $SC_{21} = PC_{21} - (TQM_{211} + TQM_{221})$,带入数据验证得 $0 = 0 - (0 + 0)$,所以关于 SC_{21} 的库存平衡式正确;

应有 $SC_{12} = SC_{11} + PC_{12} - (TQM_{112} + TQM_{122})$,代入数据验证得 $32 = 0 + 141 - (0 + 109)$,所以关于 SC_{12} 的库存平衡式正确;

应有 $SC_{22} = SC_{21} + PC_{22} - (TQM_{212} + TQM_{222})$,代入数据验证得 $18 = 0 + 208 - (150 + 40)$,所以关于 SC_{22} 的库存平衡式正确;

应有 $SC_{13} = SC_{12} + PC_{13} - (TQM_{113} + TQM_{123})$,代入数据验证得 $0 = 32 + 91 - (0 + 123)$,所以关于 SC_{13} 的库存平衡式正确;

应有 $SC_{23} = SC_{22} + PC_{23} - (TQM_{213} + TQM_{223})$,代入数据验证得 $75 = 18 + 558 - (300 + 201)$,所以关于 SC_{23} 的库存平衡式正确。

以此类推,可证得各个工厂在各个时期都满足库存平衡。

观察 Cell 阶段库存的存量可得一个明显的特点,只有第二期和第三期库存量不为零。出现这种现象受多方面因素的驱动:①从需求量的角度看,前三期的需求量较少,从第五期开始,需求量大幅增加。②从费用的角度看,单位商品的存储费用小于生产费用。③从产能的角度看,前三期当期的产能能够满足当期的需求,并且出现产能富余。④从运输延迟的角度看,第 Module 阶段五期的需求至少要从 Array 阶段的第三期开始生产。在以上几个因素的影响下,为了达到费用最小的目标,系统自动排程,使前三期满负荷生产,除了满足当期的需求量之外，还要提前为五六期生产，生产的产品通过库存的形式贮存下来，满足五六期的大规模需求。最后一期的需求下降，当期生产的产品即可满足，库存为 0。因此，库存是为了应对大规模需求而产生的，但是库存过多也会造成一定的费用，因此在当期产能满足的情况下，更倾向于当期生产。

（3）运输平衡　运输平衡包括运入平衡和运出平衡，在库存平衡的检验中其实已经变相检验了 Cell 阶段的运出平衡，在这里只检验 Array 阶段的运出平衡和 Cell 阶段、Module 阶段的运入平衡。运入平衡式：经过运输延迟（当期 – 运输时间）运来的原材料 × 加工转化率 = 当期的产量。

Array 阶段的运出平衡式：

应有 $PA_{11} = TQC_{111} + TQC_{121}$，代入数据验证得 $35 = 14 + 21$，所以关于 PA_{11} 的运出平衡式正确；

应有 $PA_{21} = TQC_{211} + TQC_{221}$，带入数据验证得 $35 = 0 + 35$，所以关于 PA_{21} 的运出平衡式正确；

同理，依次均可验证 Array 阶段的运出平衡式正确。

Cell 阶段的运入平衡式：

应有 $(TQC_{111} + TQC_{211}) \times CVC = PC_{12}$，带入数据验证得 $(14 + 0) \times 10 = 141$，所以关于 PC_{12} 的运入平衡式正确；

应有 $TQC_{121} \times CVC = PC_{22}$，带入数据验证得 $21 \times 10 \approx 208$，所以关于 PC_{12} 的运入平衡式正确；

应有 $(TQC_{112} + TQC_{212}) \times CVC = PC_{13}$，带入数据验证得 $(9 + 0) \times 10 \approx 9$，所以关于 PC_{12} 的运入平衡式正确；

应有 $(TQC_{122} + TQC_{221}) \times CVC = PC_{23}$，代入数据验证的 $(21 + 35) \times 10 \approx 558$，所以关于 PC_{12} 的运入平衡式正确；

同理，依次均可验证 Cell 阶段的运入平衡式正确，Module 阶段的运入平衡式正确。

（4）缺货惩罚　缺货惩罚的关系式为：需求量 – 生产量 = 缺货量。应有 $D_{13} - P_{13} = A_{13}$，代入数据验证得 $300 - 300 = 0$，所以关于 A_{13} 的缺货平衡正确；

应有 $D_{25} - P_{25} = A_{25}$，代入数据验证得 $800 - 750 = 50$，所以关于 A_{25} 的缺货平衡正确；

同理，依次均可验证缺货平衡式正确。

（5）变量限制　所有的变量均大于或等于 0 成立。

5.4.3　ATC 模型结果分析

1. ATC 协调机制算法分析

在提出 ATC 这种方法时，H. M. Kim 就证明过 ATC 的两个重要性质：非增

（non-ascent）与收敛（convergence）。非增指的是假设若目标函数求最小值，固定特定层级，找出下一层级的最优解作为反应变量再传递给原来的固定层级时，此时固定层级得到的解一定不大于上一次的解，也就是优于上一次的解。收敛指的是只要目标可达到，设定任意的正权重都可以最后收敛到最优解。

但是，对于目标不可达到的问题（例如：将整个生产链上的成本目标设为0），使用固定的任意正权重无法得到严格满足目标的变量值。基于此，Michalek和Papalamnros提出了一种权重更新法，使得ATC的求解更具效率和效果。权重更新法的核心在于库恩塔克条件的应用。根据库恩塔克一阶必要条件，极值点的一阶条件都为0。因此，设定变量的一阶条件为0，并以此推出权重的数值，作为下次迭代的数值，使得下一次的迭代达到极值点。引用此种方法可以有效减少迭代次数，减少迭代时间。对于不可达到的目标，ATC也能进行求解。

根据ATC自身协调机制，编写伪代码如下：

1）$(\omega_{\text{super}}^{y1})^2 \leftarrow 1$，$(\omega_{\text{super}}^{R1})^2 \leftarrow 1$，$(\omega_{\text{sys}}^{y2})^2 \leftarrow 1$，$(\omega_{\text{sys}}^{R2})^2 \leftarrow 1$；

2）Run P_{super}，P_{sys}

3）Do

4）Run P_{sub}，Pass TQC_{mijt}^{sub} and A_i^{sub} up to P_{sys}

5）Run P_{super}，Pass $TQM_{mjkt}^{\text{super}}$ and C_j^{super} down to P_{sys}；

6）Run P_{sys}，Pass TQC_{mijt}^{sys} and A_i^{sys} down to P_{sub} and Pass TQM_{mjkt}^{sys} and C_j^{sys} up to P_{super}；

7）Until

8）converge（P_{super}）&& converge（P_{sys}）&& converge（P_{sub}）

9）If

10）consist（$TQM_{mjkt}^{\text{super}}$，$TQM_{mjkt}^{\text{sys}}$）&&consist（$TQC_{mijt}^{\text{sys}}$，$TQC_{mijt}^{\text{sub}}$）&& consist（$C_j^{\text{super}}$，$C_j^{\text{sys}}$）&&consist（$A_i^{\text{sys}}$，$A_i^{\text{sub}}$）==0

11）WUM and go back to step 2

12）else

13）break

其中，converge要求所有变量收敛，即连续50次迭代后的结果之差小于给定的偏差（偏差设定为factor = 0.001）；consist要求P_{sys}与P_{sub}，P_{super}与P_{sys}层级的所有对应的反应变量、联系变量之差小于最小容忍度才跳出循环（最小容忍度theta = 0.0001）。

2. 联系变量和反应变量的收敛与偏差

模型中的一组联系变量为$TQM_{mjkt}^{\text{super}}$和$TQM_{mjkt}^{\text{sys}}$，分别表示super层给sys层设定的运输量目标值，并在sys层内共享；经过自身分析模型的计算，sys层上传给super层的运输量。

TQM_{mjkt}^{super} 自身的收敛情况如图 5-13、图 5-14 所示。

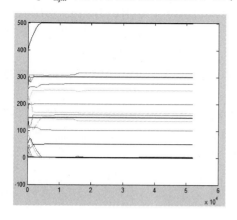

图 5-13 TQM_{mjkt}^{super} 的收敛情况

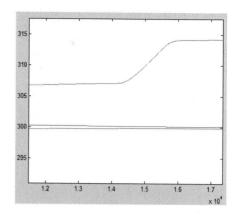

图 5-14 TQM_{mjkt}^{super} 的收敛细节图

TQM_{mjkt}^{super} 实际上代表 super 层级设定的 Cell 阶段两个工厂向 Module 阶段两个工厂在 7 个计划期的运输量，合计 28 个（2×2×7）变量。表示 28 个变量在 52 041 次循环中的收敛情况。其中，绝大部分变量在 25 000 次时已趋于稳定，之所以经过 52 041 次迭代才跳出循环，基于两点原因：第一，偏差设定的非常小（factor = 0.001），变量依然以很小的速度在收敛；第二，跳出循环需要所有 28 个变量连续 50 次的迭代结果之差都小于 0.001，所以即使当偏差的平均值等于 0.001 时，仍有部分变量不满足偏差容忍度，继续需要循环迭代。

图 5-14 是图 5-13 聚焦在循环次数 12 000 ~ 17 000，TQM_{mjkt}^{super} 其中三个变量的变化情况。可以看到，其中两个变量的变化速度较慢，以趋于稳定；但仍有一个变量的值有大幅度波动。直观的展示了不同变量收敛的差异性，也解释了为什么收敛次数巨大。

TQM_{mjkt}^{sys} 自身的收敛情况如图 5-15、图 5-16 所示。

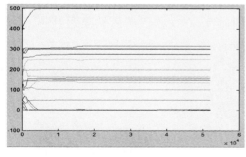

图 5-15 TQM_{mjkt}^{sys} 的收敛情况

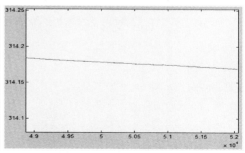

图 5-16 TQM_{mjkt}^{sys} 最后的收敛细节图

TQM_{mjkt}^{sys} 表示 sys 层级回传的 Cell 阶段两个工厂向 Module 阶段两个工厂在 7 个计划期的运输量，合计 28 个变量。从图 5-15 可以看出，TQM_{mjkt}^{sys} 与 TQM_{mjkt}^{super} 收敛情况基本一致。值得注意的是图 5-16。图 5-16 是图 5-15 聚焦在 50 000 次收敛其中一个变量的变化情况。从总体看，25 000 后循环趋于稳定，但是在细节图中，变量仍以非常小的速度在缓慢收敛。直观的展示了后期收敛速度慢的特点。

TQM_{mjkt}^{super} 与 TQM_{mjkt}^{sys} 的偏差变化情况如图 5-17、图 5-18 所示。

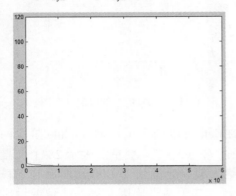 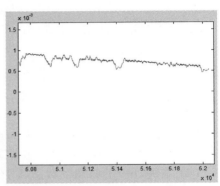

图 5-17　TQM_{mjkt}^{super} 与 TQM_{mjkt}^{sys} 的偏差变　　图 5-18　TQM_{mjkt}^{super} 与 TQM_{mjkt}^{sys} 的偏差变化细节图

图 5-17 中的蓝线表示 TQM_{mjkt}^{super} 与 TQM_{mjkt}^{sys} 偏差的绝对值取平均后在 52 041 次循环中的变化情况。从图 5-18 中可以看出，偏差在很短的循环后就趋于 0。图 5-18 是图 5-17 聚焦在最后 2000 次循环时偏差变化的细节图。可以看到，虽然在总体图中趋于平稳，但在细节图中，偏差仍在剧烈的小范围收敛。

模型中的另外一组联系变量为 TQC_{mjkt}^{sys} 与 TQC_{mjkt}^{sub}，分别表示 sys 层给 sub 层设定的运输量目标值，并在 sub 层内共享；经过自身分析模型的计算，sub 层上传给 super 层的运输量。

TQC_{mjkt}^{sys} 与 TQC_{mjkt}^{sub} 自身收敛情况如图 5-19、5-20 所示。

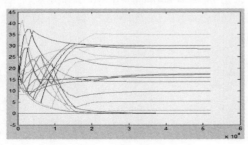 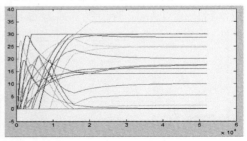

图 5-19　TQC_{mjkt}^{sys} 的收敛情况　　　　　　图 5-20　TQC_{mjkt}^{sub} 的收敛情况

TQC_{mjkt}^{sys} 与 TQC_{mjkt}^{sub} 实际上各代表 sys 层级向 sub 层级设定的，以及 sub 层级向 sys 层级回传的从 Array 阶段两个工厂向 Cell 阶段两个工厂在 7 个计划期的运输量，合计 28 个（$2 \times 2 \times 7$）变量。图 5-19 分别表示 28 个变量在 52 041 次循环中的收敛情况。其中，绝大部分变量在 30 000 次时已趋于稳定，之所以经过 52 041 次迭代才跳出循环，基于两点原因：第一，偏差设定的非常小（factor = 0.001），变量依然以很小的速度在收敛；第二，跳出循环需要所有 28 个变量连续 50 次的迭代结果之差都小于 0.001，所以即使当偏差的平均值等于 0.001 时，仍有部分变量不满足偏差容忍度，继续需要循环迭代。

TQC_{mjkt}^{sys} 与 TQC_{mjkt}^{sub} 的偏差变化情况如图 5-21、图 5-22 所示。

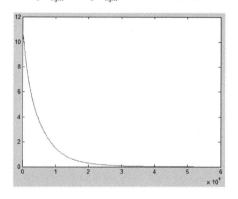 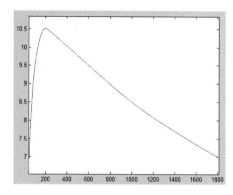

图 5-21　TQC_{mjkt}^{sys} 与 TQC_{mjkt}^{sub} 的偏差变化情况　　图 5-22　TQC_{mjkt}^{sys} 与 TQC_{mjkt}^{sub} 的偏差变化细节图

图 5-21 中的蓝线表示 TQC_{mjkt}^{sys} 与 TQC_{mjkt}^{sub} 偏差的绝对值取平均后在 52 041 次循环中的变化情况。从图 5-21 可以看出，TQC_{mjkt}^{sys} 与 TQC_{mjkt}^{sub} 收敛情况基本一致。值得注意的是图 5-22。图 5-22 是图 5-21 聚焦在 200 次收敛出现偏差急剧增加再下降的现象。原因如下：TQC_{mjkt}^{sys} 与 TQC_{mjkt}^{sub} 的初始值都设定为 0，由于运行次序不同，一方经过最优化求解后趋于最优值，一方仍然为初始值 0，所以差距迅速拉开；随着循环迭代的继续，双方的差距逐渐缩小，所以最终的差距趋于 0。

模型中的一组反应变量为 C_j^{super} 和 C_j^{sys}，分别表示 super 层给 sys 层设定的下游成本目标值（Array 阶段的成本 + Cell 阶段的成本）；以及经过自身分析模型的计算，sys 层上传给 super 层的反映目标值。

C_j^{super} 和 C_j^{sys} 的收敛情况如图 5-23、图 5-24 所示。

C_j^{super} 表示 super 层级向 sys 层级设定的下游生产链费用目标；C_j^{sys} 表示 sys 层级向 super 层级回传的经过分析模型计算后的反应目标值。从图 5-23 和图 5-24 可以看出，从始至终，C_j^{super} 和 C_j^{sys} 取值大小以及收敛速度基本一致。初始值都为 0，在开始几次的迭代后，迅速上升到 5000 左右；随后，斜率趋于平缓，在近 20 000 次的迭代时取值趋于稳定，随后在小范围的剧烈变化。

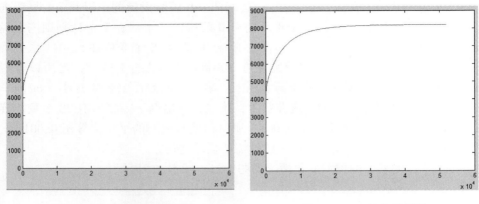

图 5-23　C_j^{super} 的收敛情况　　　　图 5-24　C_j^{sys} 的收敛情况

C_j^{super} 和 C_j^{sys} 的偏差变化情况如图 5-25、图 5-26 所示。图是 C_j^{super} 和 C_j^{sys} 的偏差变化情况的总体变化图。可见，C_j^{super} 和 C_j^{sys} 一开始存在较大差距，随着循环迭代，差距急剧缩小。

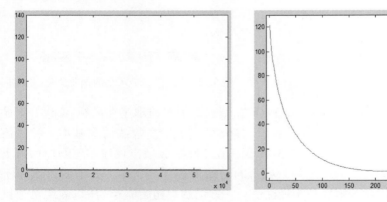

图 5-25　C_j^{super} 和 C_j^{sys} 的偏差变化情况　　图 5-26　C_j^{super} 和 C_j^{sys} 的偏差变化初始细节图

图 5-26 是偏差聚焦在开始 300 次的细节图。可以看到，在 200 次左右，差距已经趋于 0。

图 5-27 是偏差聚焦在结束 50 000 次左右的细节放大图，可见，偏差虽已趋于 0，但仍然在小范围剧烈的变化。

A_i^{sys} 与 A_i^{sub} 的收敛情况如图 5-28、图 5-29 所示。

由图 5-28 和图 5-29 可以看出，从始至终，A_i^{sys} 与 A_i^{sub} 的取值大小以及收敛速度基本一致。初始值都为 0，随后斜率趋于平缓；在近 30 000 次的迭代后取值趋于稳定，随后在小范围的剧烈变化。

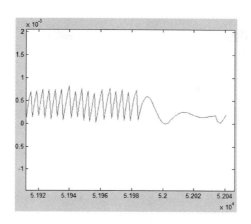

图 5-27　C_j^{super} 和 C_j^{sys} 的偏差变化结束细节图

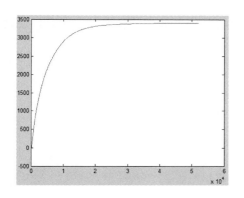

图 5-28　A_i^{sys} 的收敛情况

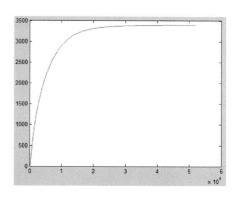

图 5-29　A_i^{sub} 的收敛情况

从 A_i^{sys} 与 A_i^{sub} 的偏差变化情况如图 5-30、图 5-31 所示。

图 5-30　A_i^{sys} 与 A_i^{sub} 的偏差变化情况

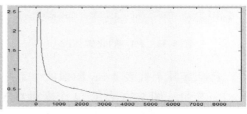

图 5-31　A_i^{sys} 与 A_i^{sub} 的偏差变化初始细节图

图 5-30 是 A_i^{sys} 与 A_i^{sub} 的偏差变化情况的总体变化图。可见，A_i^{sys} 与 A_i^{sub} 一开始的取值都为 0。因为迭代的先后顺序，有一方先向最优值逼近，从而产生较大的差距；随着循环迭代，在 500 次左右差距急剧缩小。

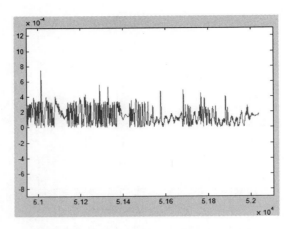

图 5-32 A_i^{sys} 与 A_i^{sub} 的偏差变化最后细节图

图 5-32 是偏差聚焦在结束 50 000 次左右的细节放大图，可见，偏差虽已趋于 0，但仍然在小范围剧烈的变化。

3. 普通变量的收敛情况

PA_{mit} 的收敛情况如图 5-33、图 5-34 所示。

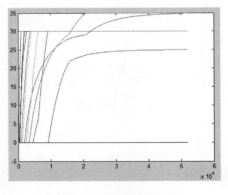

图 5-33 PA_{mit} 的收敛情况

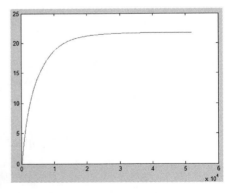

图 5-34 PA_{mit} 的平均收敛情况

PA_{mit} 实际上代表 Array 阶段两个工厂在 7 个计划期的产量，合计 14 个（$1 \times 2 \times 7$）变量，图 5-33 表示 14 个变量在 52 041 次循环迭代中的变化情况。14 个变量的初始值都为 0，最终收敛值为 30 的变量收敛速度最快，并且在收敛之后不存在任何波动；最终收敛值为 35 和 25 的变量收敛的速度较慢，且在之后的收敛过程中依然小范围剧烈波动。

图 5-34 表示 PA_{mit} 14 个变量的平均收敛速度。与明细图一致，PA_{mit} 在 5000 次收敛的速度最快，在 30 000 次时收敛速度趋于平缓。

PC_{mit} 的收敛情况如图 5-35、图 5-36 所示。

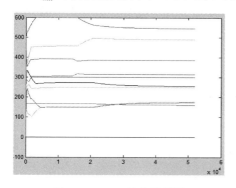

图 5-35　PC_{mit} 的收敛情况

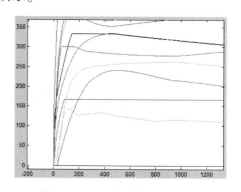

图 5-36　PC_{mit} 的初始收敛情况

PC_{mit} 实际上代表 Cell 阶段两个工厂在 7 个计划期的产量，合计 14 个（1×2×7）变量。从图 5-35 可以看出，这 14 个变量在初始 100 次迭代时变化迅速，随后的迭代过程中在小范围内剧烈变化。

SC_{mit} 的收敛情况如图 5-37 所示。

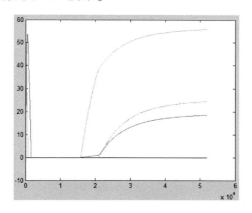

图 5-37　SC_{mjt} 的收敛情况

SC_{mit} 表示 Cell 阶段两个工厂在 7 个计划期的库存量，合计 14 个（2×7）变量。图 5-37 表示 14 个变量在 52 041 次迭代中的变化情况。从图中可以看出，SC_{mit} 的变化轨迹较以往的变量有很大的不同。首先，SC_{mi} 的初始值都为 0，在初始的 200 次迭代时迅速上升又迅速下降，随后，所有的值都趋于 0，在 16 000 次左右时又重新发生剧烈变化，慢慢收敛到最终的结果。原因分析如下：SC_{mit} 与 PC_{mit} 的大小息息相关，在初始几次的循环迭代中，PC_{mit} 迅速摆脱初始值 0 发生剧烈变化，由于等式约束，SC_{mit} 也相应的产生剧烈变化；迭代进行到中间阶段时，由于此时的联系变量与反应变量还未达成一致，存在较大误差，所以在 sys

层级中倾向于只生产当期需要的产量，生产完全部运走，因此也不存在库存，所以所有的 SC_{mit} 都为 0；随着迭代的进行，反应变量与联系变量趋于一致，误差变小，此时部分时间期的产量不能满足当期的需求，趋势提前生产产生库存应对缺货。因此，随着迭代的进行，误差慢慢缩小，越来越接近真实解。

PM_{mkt} 的收敛情况如图 5-38、图 5-39 所示。

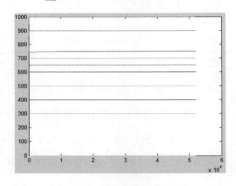

图 5-38 PM_{mkt} 的收敛情况

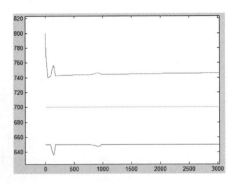

图 5-39 PM_{mkt} 的初始收敛情况

PM_{mkt} 表示 Module 阶段两个工厂在 7 个计划期的产量，合计 14 个（2×7）个变量。从图 5-38 可以看出，PM_{mkt} 在整个收敛过程中变化不大。原因如下：在最初几千次的循环迭代中，联系变量反应变量都没有收敛，误差较大，最优化只是层级内部利用误差参数得到的最优值。因此，PM_{mkt} 最初的产量等于不考虑产能约束的条件下当期的需求。随着迭代的进行，反应变量与联系变量的差距变小，3 个层级协调一致起来。因此，PM_{mkt} 的取值越来越靠近真实的可行解。图 5-39 的上方线表示 PM_{125}（Moduel 阶段第二工厂在第五个计划期的产量），一开始 PM_{125} 取值 800，完全满足需求；随着循环迭代的进行，联系变量与反应变量之间的差距变小，生产链上游的约束开始起作用，前两期的产能瓶颈暴露出来，最终只能取到 750。

A_{mkt} 的收敛情况如图 5-40、图 5-41 所示。

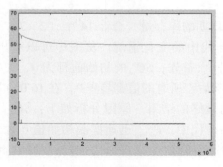

图 5-40 A_{mkt} 的收敛情况

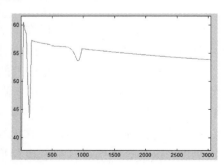

图 5-41 A_{mkt} 的初始收敛情况

A_{mkt} 表示 module 阶段的两个工厂在 7 个计划期的缺货情况，共计 14 个（2×7）变量。从图 5-40 可以看到，只有一个变量不为 0。由于 $A_{mkt} = D_{mkt} - PM_{mkt}$，开始时 $D_{mkt} = PM_{mkt}$，所以 A_{mkt} 从 0 开始剧烈变化，最终稳定在 50。

4. ATC 模型结果分析

利用 Matlab 求解 ATC 模型，经过 52 041 次循环迭代，耗费 6h25m41s 得到最终结果见表 5-10 ~ 表 5-17。

表 5-10　Array 阶段的工厂（$i=1$，$i=2$）在 7 个计划期的生产计划

工厂	$t=1$	$t=2$	$t=3$	$t=4$	$t=5$	$t=6$	$t=7$
$i=1$	35	30	30	30	30	0	0
$i=2$	35	30	30	30	25	0	0

表 5-11　Array 阶段的工厂向 Cell 阶段的工厂在 7 个计划期运输的数量

工厂	$t=1$		$t=2$		$t=3$		$t=4$	
	$j=1$	$j=2$	$j=1$	$j=2$	$j=1$	$j=2$	$j=1$	$j=2$
$i=1$	17	18	16	14	5	25	1	29
$i=2$	0	35	0	30	20	10	30	0

工厂	$t=5$		$t=6$		$t=7$	
	$j=1$	$j=2$	$j=1$	$j=2$	$j=1$	$j=2$
$i=1$	0	30	0	0	0	0
$i=2$	25	0	0	0	0	0

表 5-12　Cell 阶段的工厂（$j=1$，$j=2$）在 7 个计划期的生产计划

工厂	$t=1$	$t=2$	$t=3$	$t=4$	$t=5$	$t=6$	$t=7$
$j=1$	0	173	160	255	314	250	0
$j=2$	0	176	490	545	386	300	0

表 5-13　Cell 阶段的工厂（$j=1$，$j=2$）在 7 个计划期的库存

工厂	$t=1$	$t=2$	$t=3$	$t=4$	$t=5$	$t=6$	$t=7$
$j=1$	0	25	18	0	0	0	0
$j=2$	0	25	56	0	0	0	0

表 5-14　Cell 阶段的工厂向 Module 阶段的工厂在 7 个计划期运输的数量

工厂	$t=1$		$t=2$		$t=3$		$t=4$	
	$k=1$	$k=2$	$k=1$	$k=2$	$k=1$	$k=2$	$k=1$	$k=2$
$j=1$	0	0	0	148	0	165	0	274
$j=2$	0	0	150	2	300	160	500	101

（续）

工厂	t = 5		t = 6		t = 7	
	k = 1	k = 2	k = 1	k = 2	k = 1	k = 2
j = 1	0	314	50	200	0	0
j = 2	250	136	300	0	0	0

表 5-15　Module 阶段的工厂（$k=1$，$k=2$）在 7 个计划期的产量

工厂	t = 1	t = 2	t = 3	t = 4	t = 5	t = 6	t = 7
k = 1	0	0	300	600	1000	500	700
k = 2	0	0	300	650	750	900	400

表 5-16　Module 阶段的工厂（$k=1$，$k=2$）在 7 个计划期的缺货量 A

工厂	t = 1	t = 2	t = 3	t = 4	t = 5	t = 6	t = 7
k = 1	0	0	0	0	0	0	0
k = 2	0	0	0	0	50	0	0

表 5-17　ATC 模型的成本结果　　　　　　　　　　（单位：元）

总成本	缺货成本	Array 生产成本	A-C 运输成本	Cell 生产成本	Cell 库存成本	C-M 运输成本	Module 生产成本
38 986	25 000	3349	53.5	4385	61.8	345	5790

利用本章前述 AAO 模型的验证方法可以验证，ATC 的解满足产能约束、库存平衡、运输平衡、缺货惩罚和变量大于 0 的限制（具体验证过程不在此赘述）。

5.5　AAO 模型与 ATC 模型结果的对比分析

将 AAO 模型求解结果与 ATC 模型求解结果对比，见表 5-18。

表 5-18　AAO 模型与 ATC 模型成本结果对比　　　（单位：元）

模型类型	总成本	缺货成本	Array 生产成本	A-C 运输成本	Cell 生产成本	Cell 库存成本	C-M 运输成本	Module 生产成本
AAO	38 986	25 000	3350	53.5	4386	62.5	344	5790
ATC	38 986	25 000	3349	53.5	4385	63.5	345	5790
正确率	100%	100%	99.9%	100%	99.9%	100%	99.9%	100%

从总体的角度看，ATC 得到的生产链最优解与 AAO 相同，正确率为 100%；分解到各个层级上，super 层级产生的缺货费用、生产成本与 AAO 的结果都保持

在 99.9% 的正确率以上；sys 层级产生的运输费用、库存费用、生产费用与 AAO 的结果都保持在 99.9% 的正确率以上；sub 层级产生的生产成本、运输成本与 AAO 的结果都保持在 99.9% 的正确率以上。

但是，对比每一层级内的私有变量，得到的结果与 AAO 的吻合度不尽相同。例如：

（1）完全相同的情况　见表 5-19，AAO 以及 ATC 关于 PA_{mit} 的结果完全相同。此外，结果完全相同的变量还包括：PM_{mkt}、SC_{mjt}、A_{mkt}。

表 5-19　ATC 求解结果与 AAO 求解结果完全相同的变量

模型类型	工厂	$t=1$	$t=2$	$t=3$	$t=4$	$t=5$	$t=6$	$t=7$
AAO	$i=1$	35	30	30	30	30	0	0
	$i=2$	35	30	30	30	25	0	0
ATC	$i=1$	35	30	30	30	30	0	0
	$i=2$	35	30	30	30	25	0	0

（2）存在偏差的情况　见表 5-20、5-21，AAO 以及 ATC 关于 SC_{mjt}，TQC_{mjkt} 的结果并不完全相同。此外，结果不相同的变量还包括：TQM_{mjkt}、PC_{mjt}。

表 5-20　AAO 模型与 ATC 模型关于 SC_{mjt} 的结果对比：

模型类型	工厂	$t=1$	$t=2$	$t=3$	$t=4$	$t=5$	$t=6$	$t=7$
AAO	$j=1$	0	32	0	0	0	0	0
	$j=2$	0	18	75	0	0	0	0
ATC	$j=1$	0	25	18	0	0	0	0
	$j=2$	0	25	56	0	0	0	0

表 5-21　AAO 模型与 ATC 模型关于 TQC_{mijt} 的结果对比（前四期）

模型类型	工厂	$t=1$		$t=2$		$t=3$		$t=4$	
		$j=1$	$j=2$	$j=1$	$j=2$	$j=1$	$j=2$	$j=1$	$j=2$
AAO	$i=1$	14	21	9	21	9	21	8	22
	$i=2$	0	35	0	30	20	10	30	0
ATC	$i=1$	17	18	16	14	5	25	1	29
	$i=2$	0	35	0	30	20	10	30	0

结果差异原因分析如下：

（1）方程有多个可行解　虽然 AAO 与 ATC 关于库存量 SC_{mjt} 的结果不同，但是由成本对比表可以得出，AAO 与 ATC 的库存费用是相同的。库存费用 = 单位库存费用 × 库存数量（store cost = $\sum\sum\sum SCC_{mj} \times SC_{mjt}$）。观察 SCC_{mj} 的取值

（$SCC = [0.5, 0.5]$），SCC_{mj} 与时间 t 无关，只要库存总量一样，库存费用就相等。带入数字验证得：32 + 18 = 25 + 25；0 + 75 ≈ 18 + 56，所以虽然具体的库存量 SC_{mjt} 不同，但仍然得到相同的库存成本。

此外，SC_{mjt} 是库存平衡中的核心变量，与 PC_{mjt}，TQM_{mjkt} 的取值息息相关，在本章中的第二节与第三节中已经分别验证了库存平衡式的正确性。

综上，可以得到结论：AAO 与 ATC 模式下求得的 SC_{mjt} 都是最优可行解。

（2）非严格的整数规划 ATC 与 AAO 的求解利用的都是 Matlab 中的 fmincon 函数，fmincon 函数只能设定变量的上线下线，无法规定变量为整数。本节中的所有结果都是利用四舍五入呈现的。因此，在四舍五入取整的过程中，ATC 与 AAO 的结果也会产生偏差。

5.6 对 ATC 方法的评价

本节主要从结果正确性、时间复杂度、决策自主性、信息私有性 4 个角度评价 ATC 的效用。

（1）结果正确性 AAO 是在参数变量完全已知的情况下，以费用最小为唯一目标得到的最优解。AAO 得到的结果作为参照量，评判 ATC 结果的正确性。从本章第四节的对比可知，ATC 结果的正确率很高。首先，ATC 通过循环迭代，最终得到的最小成本值与 AAO 一致；其次，细化到各个层级，相应层级的运输成本、生产成本、存储成本、缺货成本值也与 AAO 一致；最后，细化到单一变量。虽然部分 ATC 变量的取值与 AAO 存在偏差，但是经过验证，ATC 的取值也是可行的最优解（不考虑四舍五入取整导致的偏差）。所以，从结果正确性的角度评价，ATC 得到的结果真实可靠，可以用于生产链规划建模。

（2）时间复杂性 从时间复杂性的角度看，ATC 的效率不高。AAO 完成整个模型的运算只需要经过 126 次循环迭代，耗费 7.5s；而 ATC 完成整个模型的运算需要经过 52 041 次循环迭代，耗费 6h25min41s。跳出循环要经过两次检验：是否已收敛，联系变量、反应变量是否一致。在本节中，收敛的判断条件是所有连续 50 次的偏差大小小于 0.001；一致的判断条件是所有反应变量与联系变量的偏差小于 0.0001。从 5.4.3 中的收敛状态图中可以看到，后期的收敛速度很慢，但是为了满足设定值，依然以很小的速度继续收敛。所以，整体的循环时间与偏差容忍度的大小设定有很大的关系。

（3）决策自主性 ATC 与 AAO 的结果对比呈现出一个很有趣的现象。从层次结构来看，首先 super 层级得到的整个模型的最优解（最小成本）与 AAO 的结果一致；sys 层反应变量 C（Array 阶段与 Cell 阶段的总成本）与 AAO 的结果一致；sub 层反应变量 A（Array 阶段总成本）与 AAO 的结果一致。聚焦到特定层级，super 层的私有决策变量（TQM_{mjkt}^{super}）与 AAO 结果不同；sys 层的私有决策变量（TQC_{mjkt}^{sys}、PC_{mjt}、SC_{mjt}、TQM_{mjkt}^{sys}）与 AAO 的结果不同；sub 层的私有变量（TQC_{mjkt}^{sub}）与 AAO 的结果不同。但经过验证，这些结果都为满足反映目标值的最优可行解。

因此，充分体现了 ATC 各层级内自主决策的特点。

（4）信息私有性 ATC 多层级结构协调问题的方法，它允许层次结构中各元素自主决策，父代元素对子代元素的决策进行协调优化而获得问题的整体最优解。通过对变量的识别与实际生产链的理解，将平面的链状结构转变为立体的层级结构。划分好的 3 个层级，每个层级都有自己的私有变量，包括反应变量、联系变量和其他参数。以 sys 层级为例，它包括向 super 层级传递的 TQM_{mjkt}，C_j；向 sub 层级传递的 TQC_{mjkt}，A_i；私有的参数有 TCM_{jk}，PCC_{mj}，SCC_{mj}；私有的变量有 PC_{mjt}，SC_{mjt}。ATC 与 AAO 的最大实际区别在于，ATC 只需要向上下级传递共享反应变量与联系变量即可，自己保有独立的私有变量。

由于信息传递与收集的成本较高，商业机密的保护性措施，生产链上的各个企业能够互相分享的信息很少。AAO 模型建立在假设所有信息都能共享的情况下；而 ATC 只共享少量的联系变量、反应变量。在这一点上，更好拟合了现实的情境。

5.7 本章小结

5.7.1 研究结论

关于生产链的协同规划问题，目前的研究表现出明显的不足，具体表现在：①采用 AAO 方法，假定所有信息共享，现实拟合性差。②忽略了企业自主决策的过程。③忽略了企业之间信息博弈与交换的过程。

针对以上问题，详述了 ATC 方法的原理与机制。首先，从特定层级出发，每一层级都由设计模块和分析模块构成，探讨分析模块与设计模块之间的信息交互；然后，研究各个层级之间的目标传递机制，聚焦联系变量，反应变量的传导方式；最后从协调机制的角度探究 ATC 的解决步骤。

设计服从 ATC 的建模思想的三层级模型：①super 层级，即生产链优化层，负责对整个生产链的协调优化，包括 Module 阶段、Cell 阶段和 Array 阶段。②sys 层级，即上游生产链优化层，负责对 Cell 和 Array 阶段的协调优化。③sub 层级，即工厂内协调优化层，负责对 Array 阶段的工厂进行协调优化。该模型有以下特点：首先，将传统的链状结构进行重塑，构建了层次模型；其次，模型考虑的维度较多，包括产品维、工厂维、时间维，增加了模型的复杂度，提高了现实的仿真度；最后，模型包括了缺货惩罚、运输平衡、库存平衡及产能限制等生产链建模的经典约束。因此，该模型在对现实生产链良好拟合的同时也不失复杂性。

在模型的求解与分析方面，模型模拟了 2 间 Array 工厂，2 间 Cell 工厂，2 间 Module 工厂生产一种产品在 7 个时间维度的生产排程。利用 AAO 得到的最优解作为评判 ATC 结果的参照解。最终得到如下结论：

1）扩展了 ATC 在供应链规划领域的建模。模型变量主要考虑产品维、工厂维和时间维三个维度；模型约束主要涉及产能约束、库存平衡和运输平衡等经典约束。该模型很好地拟合了现实的 TFT-LCD 生产排程情况，并具有一定的复杂度。

2）在建模方面，通过研究变量之间的交互性、关联性、共享性，设计了基于阶段成本的层级划分，将运输量作为联系变量，成本作为反应变量。将生产链链状结构重塑为 ATC 特有的层级结构的方法，对今后 ATC 在生产链建模领域的应用具有参考作用。

3）验证了 ATC 用于生产链协同规划问题的正确性。相较于 AAO 的结果，ATC 求解的结果正确率也很高，保持在 99.9% 以上。

4）相较于 AAO 模型，ATC 具有良好的决策自主性与信息私有性，更好地模拟现实情境。

5.7.2　研究问题的局限性

本章虽然利用 ATC 思路对生产链进行了多阶多厂的数学建模，但是更需要从多种角度对模型进行验证：

（1）层级之间的博弈机制　从信息私有性可以看出，利用 ATC 算法，层级之间只需要共享联系变量与反应变量。层级之间的协调联动是靠着反应变量与联系变量之间的不断逼近而实现的。虽然信息私有性很好拟合了现实情境，但是 ATC 模型迭代了 52 041 次，这也代表着联系变量与反应变量之间进行了海量的交互，这一点并不具有现实操作性。因此，如果将联系变量与反应变量的协调交互打包成独立的博弈机制，可以有效地减少迭代次数，降低运行时间，各个层级更有目的性的求解运算。

（2）非线性规划与整数规划的结合　ATC 的建模方程是一种典型的非线性规划。虽然求解非线性规划有很多算法，但是为了加快求解速度，以往的文献都直接使用 Matlab 中的 fmincon 函数。但是，fmincon 只能限定变量的上限、下限，不能设定变量都为整数。求解中直接进行四舍五入取整，结果存在偏差。因此，非线性规划与正是规划的结合才能将误差降到最低。

（3）加快收敛速度　ATC 与 AAO 模型相对比，最突出的劣势体现在运行时间过长。ATC 模型一共迭代了 52 041 次。但是大多数变量在 20 000 次时已经没有剧烈的变化，后面 30 000 次一直在小范围内剧烈变化。因此，加快收敛速度能够有效降低运行时间。

第 6 章

ATC 协同机制与算法改进

本章首先建立了基于整条供应链全局的集中式优化模型，并考虑了产品生产、运输、库存、订单等多个环节的约束。基于集中式优化模型，进一步分析 ATC 协同机制，建立 ATC 分布式模型，并在模型中按照供应链上下游两种不同的生产模式——MTS 和 MTO 拆分成两个阶段的规划设计。针对 ATC 在求解收敛过程中出现的收敛过慢现象，提出了一种加速收敛的算法，并在模型中验证了其缩短收敛时间的效果。ATC 虽然在求解效率方面表现的不够理想，但可以在一定的误差容忍度的范围内，达到与集中式模型相接近的结果。考虑到并行计算的优势和进一步进行 ATC 拆分的可能性，ATC 求解效率存在着提升的空间。

6.1 TFT-LCD 集中式优化模型设计

6.1.1 问题描述

本章模型首先采取全局集中式优化，综合考虑生产、运输、库存及订单销售等因素，并模拟一定时间段内的不同市场场景下的需求，为整体供应链提供生产规划。

按照 TFT-LCD 的工艺路线，本模型的生产流程如图 6-1 所示。首先对于不同工艺，将生产加工厂商分为 Array、Cell、Module 三类，每一类有若干工厂（图 6-1 中三类生产厂分别为 Array 厂 3 个，Cell 厂 2 个，Module 厂 2 个）。各个 Array 工厂采购原材料开始进入 Array 工艺的生产，生产周期持续一定时间。之后产出的半成品会有 l 种不同的品类以供下游工厂生产不同产品的需求。这些半成品会以统一的运输方式分别运输给不同的下游工厂，以备下一步生产。由于 Array 技术工艺的限制，其产能有限，这一阶段不会产生库存，故此处不考虑库存成本。

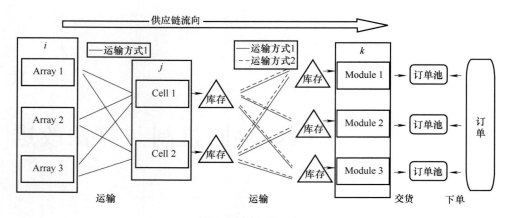

图 6-1 生产链示意图

经过一定的运输时间后,各个产品运达不同的 Cell 工厂,进行下一步生产。经过 Cell 工序后,不同类别的产品(l)又分别会产出第二维度的类别(m)。至此,产品会有 $l \times m$ 种类别,并入库储存在各自的 Cell 工厂下。之后,各自的库存分别以两种方式继续向下游工厂运输。两种方式在运输时间上有差异因而在运输成本上也有区别。

供应链到达此处时,开始由推式生产向拉式生产转变。由于 Module 的生产周期很短,此段的生产是通过实际订单驱动的。Module 工厂会由于需求价格的波动,做出不同的生产决定,各个工厂对不同类别的产品从库存取不同量的上游产品进行短时间生产装配,并根据不同的订单提交产品。此处由于 Module 工艺后产品差异大,故对产品种类不做进一步的区分。换言之,本模型不是对所有 LCD 产品按种类全部分别进行生产规划,而只沿用上游产品的类型,按照 l、m 类别汇总的价格与需求量进行优化。

订单环节中,市场对各类产品的需求的总需求会被分配到各个工厂,各个工厂再将每一期接受的订单归入订单池中,订单在到达订单池后,销售环节的优化过程会将每一期的产出分配给不同到期时间的订单。对于到期而未满足的订单量,会有响应的惩罚成本,且订单会被取消。

6.1.2 模型描述

1. 角标含义

i: Array 环节工厂编号 $(i \in \{1, \cdots, I\})$

j: Cell 环节工厂编号 $(j \in \{1, \cdots, J\})$

k: Module 环节工厂编号 $(k \in \{1, \cdots, K\})$

l: Array 环节产出的不同类别的产品 $(l \in \{1, \cdots, L\})$

m：Cell 环节产出的不同类别的产品　　　　　　　　$(m \in \{1,\cdots,M\})$
r：订单的提前期期数（$R-r$ 表示剩余提前期）　　$(r \in \{0,\cdots,R\})$
s：需求价格波动下的不同场景　　　　　　　　　　$(s \in \{1,\cdots,S\})$
t：供应链运营期间的时间点　　　　　　　　　　　$(t \in \{1,\cdots,T\})$

其中 I、J、K、L、M、R、S、T 分别表示 Array 厂的个数、Cell 厂的个数、Module 厂的个数、Array 版类别数、Cell 工艺产出的类别数、订单提前期、场景总数、T 总时间期数。

2. 固定参数

$Demand_{lmt}^{s}$：　l，m 类别的产品在 t 时刻 s 场景下的市场需求；
P_{lmt}^{s}：　　　l，m 类别的产品在 t 时刻 s 场景下的平均销售价格；
$hc1_{jlm}$：　　　l，m 类别的产品在 j 厂的存货成本；
$hc2_{klm}$：　　　l，m 类别的产品在 k 厂的存货成本；
$pc1_{il}$：　　　　l 类别的产品在 i 厂的单位生产成本；
$pc2_{jlm}$：　　　l，m 类别的产品在 j 厂的单位生产成本；
$pc3_{klm}$：　　　l，m 类别的产品在 k 厂的单位生产成本；
$tc1_{ijl}$：　　　　l 类别的产品从 i 运输到 j 的成本；
$tc21_{jklm}$：　　以运输方式 1，将 l，m 类别产品从 j 运输到 k 的成本；
$tc22_{jklm}$：　　以运输方式 2，将 l，m 类别产品从 j 运输到 k 的成本；
π_{lm}：　　　　l，m 类别产品的缺货成本；
$ur1_{il}$：　　　　l 类别的产品在 i 厂的良品率；
$ur2_{jlm}$：　　　l，m 类别产品产品在 j 厂的良品率；
$ur3_{klm}$：　　　l，m 类别产品产品在 k 厂的良品率；
$ca1_{i}$：　　　　i 厂的最大的产能；
$ca2_{j}$：　　　　j 厂的最大的产能；
$ca3_{k}$：　　　　k 厂的最大的产能；
$ct1_{ij}$：　　　　从 i 厂到 j 厂间的单位运输成本；
$ct21_{jk}$：　　　以运输方式 1，从 j 厂到 k 厂间的单位运输成本；
$ct22_{jk}$：　　　以运输方式 2，从 j 厂到 k 厂间的单位运输成本；
$\max inv1_{j}$：　　j 厂的最大库存；
$\max inv2_{k}$：　　k 厂的最大库存；
$cv1_{l}$：　　　　生产 l 类产品转换率（单位产品投入生产可转化成的产出品量）；
$cv2_{m}$：　　　　生产 m 类产品转换率（单位产品投入生产可转化成的产出品量）；
$tp1$：　　　　　Array 厂的生产提前期；
$tp2$：　　　　　Cell 厂的生产提前期；
$tp3$：　　　　　Module 厂的生产提前期；

$tt1_{ij}$： 从 i 厂到 j 厂间的运输提前期；

$tt21_{jk}$： 以运输方式1，从 j 厂到 k 厂间的运输提前期；

$tt22_{jk}$： 以运输方式2，从 j 厂到 k 厂间的运输提前期；

$mtt1$： Array 和 Cell 厂之间的运输提前期（$mtt1 = \max\{tt1_{11}, \cdots, tt1_{IJ}\}$）；

$mtt2$： Cell 和 Module 厂之间的运输提前期；（$mtt2 = \max\{tt21_{11}, \cdots, tt21_{JK}, tt22_{11}, \cdots, tt22_{JK}\}$）；

tlt： 总提前期（$tlt = mtt1 + mtt2 + tp1 + tp2 + tp3$）；

3. 决策变量

Q^s_{klmt}： 处于场景 s 下，l，m 类别的产品于 k 厂在 t 时刻的出售量；

$\text{Inv}1_{jlmt}$： t 时刻 l，m 类别的产品在 j 厂的库存；

$\text{Inv}2^s_{klmt}$： t 时刻 l，m 类别的产品在 k 厂的库存；

$X1_{ilt}$： t 时刻下 i 厂对 l 产品的投入生产量；

$X2_{jlmt}$： t 时刻下 j 厂对 l，m 产品的投入生产量；

$X3^s_{klmt}$： s 场景下，t 时刻 k 厂对 l，m 产品的投入生产量；

$O1_{ilt}$： t 时刻下 i 厂对 l 产品的实际产出量；

$O2_{jlmt}$： t 时刻下 j 厂对 l，m 产品的实际产出量；

$O3^s_{klmt}$： s 场景下，t 时刻 k 厂对 l，m 产品的实际产出量；

$Tr1_{ijlt}$： t 时刻下从 i 厂到 j 厂对 l 产品的运输量；

$Tr21_{jklmt}$： 以运输方式1，t 时刻下从 j 厂到 k 厂对 l，m 产品的运输量；

$Tr22_{jklmt}$： 以运输方式1，t 时刻下从 j 厂到 k 厂对 l，m 产品的运输量；

Ord^s_{klmt}： s 场景下，t 时刻 l，m 产品在 k 厂的订单量；

$COrd^s_{klmrt}$： s 场景下，t 时刻 l，m 产品在 k 厂对于剩余提前期为 r 的未完成订单量；

ar^s_{klmrt}： s 场景下，t 时刻 l，m 产品在 k 厂对于剩余提前期为 r 的未完成订单的订单完成分配比。

6.1.3　AAO 模型构建

1. 目标函数

$$E(R^s) = \sum_{s=1}^{S} R^s / S \tag{1}$$

$$R^s = Sales^s - holdingcost^s - productioncost^s - transportationcost - penaltycost^2 \tag{2}$$

Where：

$$Sales^s = \sum_{t=1}^{T} \sum_{k=1}^{K} \sum_{l=1}^{L} \sum_{m=1}^{M} P^s_{lmt} \cdot Q^s_{klmt} \tag{3}$$

$$holdingcost^s = \sum_{t=1}^{T}\sum_{l=1}^{L}\sum_{m=1}^{M}\sum_{j=1}^{J} hc1_{jlm} \cdot Inv1_{jlmt} + \sum_{t=1}^{T}\sum_{l=1}^{L}\sum_{m=1}^{M}\sum_{k=1}^{K} hc2_{klm} \cdot inv2^s_{klmt} \quad (4)$$

$$productioncost^s = \sum_{t=1}^{T}\sum_{l=1}^{L}\sum_{i=1}^{I} X1_{ilt} \cdot pc1_{il} + \sum_{t=1}^{T}\sum_{l=1}^{L}\sum_{m=1}^{M}\sum_{j=1}^{J} X2_{jlmt} \cdot pc2_{jlm}$$
$$+ \sum_{t=1}^{T}\sum_{l=1}^{L}\sum_{m=1}^{M}\sum_{k=1}^{K} X3^s_{klmt} \cdot pc3_{klm} \quad (5)$$

$$transportationcost = \sum_{t=1}^{T}\sum_{l=1}^{L}\sum_{j=1}^{J}\sum_{i=1}^{I} Tr1_{ijlt} \cdot tc1_{ij1}$$
$$+ \sum_{t=1}^{T}\sum_{l=1}^{L}\sum_{m=1}^{M}\sum_{k=1}^{K}\sum_{j=1}^{J} Tr21_{jklmt} \cdot tc21_{jklm} + \sum_{t=1}^{T}\sum_{l=1}^{L}\sum_{m=1}^{M}\sum_{k=1}^{K}\sum_{j=1}^{J} Tr22_{jklmt} \cdot tc22_{jklm} \quad (6)$$

$$penaltycost^s = \sum_{t=1}^{T-1}\sum_{l=1}^{L}\sum_{m=1}^{M}\sum_{k=1}^{K} COrd^s_{klmRt} \cdot \pi_{lm} \quad (7)$$

Threshold function:

$$I(x) = \begin{cases} 1, & if\ X > 0 \\ 0, & if\ X \leq 0 \end{cases} \quad (8)$$

2. 生产相关约束

$$O1_{il(t+tp1)} \cdot I(T-tp1-t) = ur1_{il} \cdot cv1_l \cdot X1_{ilt} \quad \forall i,l,t \quad (9)$$

$$O2_{jlm(t+tp2)} \cdot I(T-tp2-t) = ur2_{ilm} \cdot cv2_m \cdot X2_{ilmt} \quad \forall j,l,m,t \quad (10)$$

$$O3^s_{klm(t+tp3)} \cdot I(T-tp3-t) = ur3_{klm} \cdot X3^s_{klmt} \quad \forall k,l,m,s,t \quad (11)$$

$$\sum_{l=1}^{L} X1_{ilt} - ca1_i \leq 0, \sum_{l=1}^{L}\sum_{m=1}^{M} X2_{jlmt} - ca2_j \leq 0, \sum_{l=1}^{L}\sum_{m=1}^{M} X3^s_{klmt} - ca3_k \leq 0 \quad \forall i,j,k,l,m,s,t \quad (12)$$

3. 运输库存相关约束

$$Ol_{ilt} = \sum_{j=1}^{J} Tr1_{ijlt} \quad \forall i,l,t \quad (13)$$

$$\sum_{i=1}^{I} Tr1_{ij1(t-tt1_{ij})} \cdot I(t-tt1_{ij}) = \sum_{m=1}^{M} X2_{jlmt} \quad \forall j,l,t \quad (14)$$

$$Inv1_{jlmt} = Inv1_{jlm(t-1)} \cdot I(t-1) + O2_{jlmt} - \sum_{k=1}^{K} Tr21_{jklmt} - \sum_{k=1}^{K} Tr22_{jklmt} \quad \forall j,l,m,t \quad (15)$$

$$Inv2^s_{klmt} = Inv2^s_{klm(t-1)} \cdot I(t-1) + \sum_{j=1}^{J} Tr21_{jklm(t-tt21_{jk})} \cdot I(t-tt21_{jk}) \quad \forall k,l,m,s,t$$
$$+ \sum_{j=1}^{J} Tr22_{jklm(t-tt22_{jk})} \cdot I(t-tt21_{jk}) - X3^s_{klmt} \quad (16)$$

$$O3_{klmt}^{s} = Q_{klmt}^{s} \quad \forall k,l,m,s,t \tag{17}$$

$$\sum_{l=1}^{L}\sum_{m=1}^{M} Inv1_{jlmt} - maxInv1_{j} \leq 0 \quad \forall j,t \tag{18}$$

$$\sum_{l=1}^{L}\sum_{m=1}^{M} Inv2_{klmt}^{s} - maxInv2_{k} \leq 0 \quad \forall k,s,t \tag{19}$$

$$\sum_{l=1}^{L} Tr1_{ijlt} - ct1_{ij} \leq 0 \quad \forall i,j,t \tag{20}$$

$$\sum_{l=1}^{L}\sum_{m=1}^{M} Tr21_{jklmt} - ct21_{jk} \leq 0, \sum_{l=1}^{L}\sum_{m=1}^{M} Tr22_{jklmt} - ct22_{jk} \leq 0 \quad \forall j,k,t \tag{21}$$

4. 销售订单相关约束

$$COrd_{klm0t}^{s} = Ord_{klmt}^{s} - ar_{klm0t}^{s} \cdot Q_{klmt}^{s} \quad \forall k,l,m,s,t \tag{22}$$

$$COrd_{klmrt}^{s} = COrd_{klm(r-1)(t-1)}^{s} - ar_{klmrt}^{s} \cdot Q_{klmt}^{s} \quad \forall k,l,m,r,s,t | t \geq 2, r \geq 1 \tag{23}$$

$$\sum_{r=0}^{R} ar_{klmrt}^{s} = 1 \quad \forall k,l,m,s,t \tag{24}$$

$$\sum_{k=1}^{K} Ord_{klmt}^{s} - Demand_{lmt}^{s} \leq 0 \quad \forall l,m,s,t \tag{25}$$

5. 初始化与非负性约束

$$COrd_{klmr1}^{s} = 0 \quad \forall k,l,m,r,s | r \geq 1 \tag{26}$$

$$Inv1_{jlmt}, Inv2_{klmt}^{s}, Tr1_{ijlt}, \cdots, Tr22_{jklmt}, X1_{ilt}, \cdots, X3_{klmt}^{s}, O1_{ilt}, \cdots, O3_{klmt}^{s} \geq 0 \quad \forall i,j,k,l,m,s,t \tag{27}$$

$$Q_{klmt}^{s}, Ord_{klmt}^{s} \geq 0 \quad \forall k,l,m,s,t \tag{28}$$

$$COrd_{klmrt}^{s}, ar_{klmrt}^{s} \geq 0 \quad \forall k,l,m,r,s,t \tag{29}$$

式（1）、（2）是整个模型的目标函数。整体的目标是使得期望收益最大化。收益考虑了整体销售额，生产、运输、库存的成本以及未完成订单惩罚成本。对于不同场景 s 的优化，解释如图 6-2 所示。

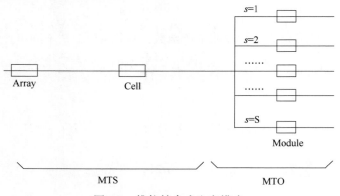

图 6-2 推拉结合式生产模式

本模型采用期望值最大的优化方法，即对 MTO 段不同的场景 s 取平均值作为结果，以此来处理实际问题中的需求价格的不确定性。

式（3）~（7）详细说明了各个成本和销售的组成。销售额为各期各厂各类产品的销售总额。成本的设置从简化的角度出发，均按照平均成本计算，且采用简单的正比线性模型库，不考虑固定成本。库存成本包括各类产品在每一期 Cell 阶段后以及 Module 阶段前两个库存环节的存货成本。生产成本是 3 个阶段中各厂各类产品的生产总成本。运输成本包含了各期 Array、Cell 环节中各个工厂间的运输成本，和 Cell、Module 之间两种不同方式的运输成本。缺货惩罚成本则是各期订单到期后未完成的部分与单位惩罚成本的乘积。

式（8）是本节中自定义的示性函数，用以优化决策变量在模型模拟初期和结束期时的值。由于提前期的存在，延迟了供应链上的个体对产品的供应。因而模拟期初供应链后段接收不到前端的产品，同时适用于中期的约束条件在前期、后期也不适用。因此将部分条件中加入该函数，限制约束的作用范围，如图 6-3 所示。

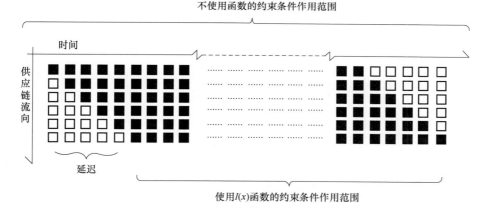

图 6-3　使用阈值函数规范延迟约束

式（9）~（11）是 3 个阶段的生产函数，3 个环节工艺不同生产周期分别为 $tp1$、$tp2$、$tp3$。其中 Array 和 Cell 涉及到不同产品的转换问题（如一块板面被切成若干块）。而 Module 环节只是在在原板上装配，不存在单位转化问题。式（12）是对三个环节各厂的产能的限制条件。

式（13）表示 Array 环节大产出全部在当期运出。式（14）表示经过一定的运输时间，产品由 i 厂运达 j 厂的产品投入 Cell 环节的生产。其中 1 类的产品还会再被分为 M 类。式（15）~（16）是两部分库存点的库存条件。式（17）表示 Module 产出后直接销售。式（18）~（19）表示库存上限条件。式（20）~（21）表示运输上限条件。

式（22）~（25）是对订单、订单池、销售的约束。订单在被确认后，会进入订单池。订单池会随着时间变化：产成品会被分配订单池中，用来完成订单池中的订单；同时，每一期会有新的订单进入，到期的订单也会被挤出，其中未完成的订单数会被计入惩罚成本，如图 6-4 所示。

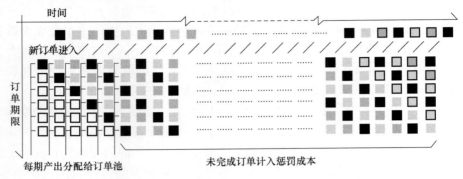

图 6-4　订单分配与惩罚成本在订单池中的关系示意图

式（26）是对订单池初始化设置。前期前端在生产的过程中，后端没有投入，因而对相应设置固定为零。

式（27）~（29）是对各个决策变量非负的约束。

6.2　ATC 模型构建

6.2.1　对模型的分解结构

本节将 ATC 架构应用到本章第 1 节中的集中式模型，将集中化模型划分成了两层。第一层 level 0，将依据总体优化目标，为下一层级进行变量的级联协调。第二层级，考虑到供应链上不同的生产模式，将其划分为推、拉两阶段，两个环节各自独立优化，如图 6-5 所示。在第二层级中，MTO 的拉式生产包括了订单环节、订单池环节、Module 环节的库存和生产，同时将设置不同场景 s，用以模拟市场的不确定性。对于 MTS 阶段则包含前端的 Array、Cell 阶段的生产、库存和整个供应链的运输环节。

模型的分解按照以上架构，将不同的决策变量和相关的变量约束分配到不同的结点中。对于上下级的共享变量，复制为请求/响应变量；对于同级别的姊妹结点，则复制为连接变量。分布式 ATC 结构如图 6-6 所示。

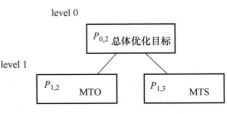

图 6-5　ATC 各结点结构及其含义

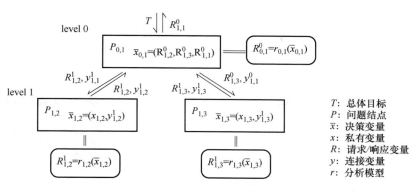

图 6-6 ATC 分布式结构

6.2.2 各层次方程式

1. 顶层模型

由于 ATC 层次化的分解结构，其结点名按照层级和结点编号命名，使得结点名称较易混淆。本模型 ATC 结构较为简单，故将结点名分别简化为 S_0、S_1、S_2，同时也保留了原名方式，以确保各个变量间的清晰关系。

顶层结点 $P_{0,1}$（亦作 S_0）

$$\min_{R^0_{1,2},R^0_{1,3},y^0_{1,1}} (R^0_{0,1}-T)^2 + \|w^R_{1,2}\cdot(R^0_{1,2}-R^1_{1,2})\|^2_2 + \|w^R_{1,3}\cdot -R^1_{1,3})\|^2_2$$
$$+ \|w^y_{1,2}\cdot(y^0_{1,1}-y^1_{1,2})\|^2_2 + \|w^y_{1,3}\cdot y^0_{1,1}-y^1_{1,3})\|^2_2$$

s. t.

$$\sum_{l=1}^{L}\sum_{m=1}^{M} Tr21_{jklmt} - ct21_{jk} \leqslant 0, \sum_{l=1}^{L}\sum_{m=1}^{M} Tr22_{jklmt} - ct22_{jk} \leqslant 0$$

Where：

$$R^0_{0,1} = R^0_{1,2} - R^0_{1,3} - \sum_{t=1}^{T}\sum_{l=1}^{L}\sum_{m=1}^{M}\sum_{k=1}^{K}\sum_{j=1}^{J} Tr21_{jklm}\cdot tc21_{jklm} -$$
$$\sum_{t=1}^{T}\sum_{l=1}^{L}\sum_{m=1}^{M}\sum_{k=1}^{K}\sum_{j=1}^{J} Tr22_{jklm}\cdot tc22_{jklm}$$

$$y^0_{1,1} = [Tr1, Tr21, Tr22]$$

2. 底层模型

（1）底层结点 $P_{1,2}$（亦作 S_1）

$$\min_{x_{1,2},y^1_{1,2}} \|w^r_{1,2}\cdot(R^0_{1,2}-R^1_{1,2})\|^2_2 + \|w^y_{1,2}\cdot(y^0_{1,1}-y^1_{1,2})\|^2_2$$

s. t.

$$Inv2^s_{klmt} = Inv2^s_{klm(t-1)} \cdot I(t-1) + \sum_{j=1}^{J} Tr21_{jklm(t-tt21_{jk})} \cdot I(t-tt21_{jk})$$
$$+ \sum_{j=1}^{J} Tr22_{jklm(t-tt22_{jk})} \cdot I(t-tt21_{jk}) - X3^s_{klmt}$$

$$\sum_{l=1}^{L} \sum_{m=1}^{M} Inv2^s_{klmt} - maxInv2_k \leq 0$$

$$\sum_{l=1}^{L} \sum_{m=1}^{M} X3^s_{klmt} - ca3_k \leq 0$$

$$O3^s_{klm(t+tp3)} \cdot I(T-tp3-t) = ur3_{klm} \cdot X3^s_{klmt}$$

$$O3^s_{klmt} = Q^s_{klmt}$$

$$COrd^s_{klm0t} = Ord^s_{klmt} - ar^s_{klm0t} \cdot Q^s_{klmt}$$

$$COrd^s_{klmrt} = COrd^s_{klm(r-1)(t-1)} - ar^s_{klmrt} \cdot Q^s_{klmt}$$

$$\sum_{r=0}^{R} ar^s_{klmrt} = 1$$

$$\sum_{k=1}^{K} Ord^s_{klmt} - Demand^s_{lmt} \leq 0$$

$$COrd^s_{klmr1} = 0, \forall k,l,m,r,s \mid r \geq 1$$

Where：

$$R^1_{1,2} = \sum_{t=1}^{T} \sum_{k=1}^{K} \sum_{l=1}^{L} \sum_{m=1}^{M} P^s_{lmt} \cdot Q^s_{klmt} - \sum_{t=1}^{T} \sum_{k=1}^{K} \sum_{l=1}^{L} \sum_{m=1}^{M} hc2_{klm} \cdot Inv2^s_{klmt} -$$
$$\sum_{t=1}^{T} \sum_{l=1}^{L} \sum_{m=1}^{M} \sum_{k=1}^{K} pc3_{klm} \cdot X3^s_{klmt} - \sum_{t=1}^{T-1} \sum_{l=1}^{L} \sum_{m=1}^{M} \sum_{k=1}^{K} \pi_{lm} \cdot COrd^s_{klmRt}$$

$$x_{1,2} = [Q, X3, O3, Inv2, COrd, Ord, AR]$$

$$y^1_{1,2} = [Tr21, Tr22]$$

（2）底层结点 $P_{1,3}$（亦作 S_2）

$$\min_{x^1_{1,3}, y^1_{1,3}} \parallel w^R_{1,3} \cdot (R^0_{1,2} - R^1_{1,3}) \parallel^2_2 + \parallel w^y_{1,3} - y^1_{1,3}) \parallel^2_2$$

s. t.

$$\sum_{l=1}^{L} X1_{ilt} - ca1_i \leq 0$$

$$O1_{il(t-tp1)} \cdot I(T-tp1-t) = ur1_{il} \cdot cv1_l \cdot X1_{ilt}$$

$$O1_{ilt} = \sum_{j=1}^{J} Tr1_{ijlt}$$

$$\sum_{l=1}^{L} Tr1_{ijlt} - ct1_{ij} \leq 0$$

$$\sum_{i=1}^{I} Tr1_{ijl(t-tt1_{ij})} \cdot I(t - tt1_{ij}) = \sum_{m=1}^{M} X2_{jlmt}$$

$$\sum_{l=1}^{L} \sum_{m=1}^{M} X2_{jlmt} - ca2_{j} \leq 0$$

$$O2_{jlm(t+tp2)} \cdot I(T - tp2 - t) = ur2_{jlm} \cdot cv2_{m} \cdot X2_{jlmt}$$

$$Inv1_{jlmt} = Inv1_{jlm(t-1)} \cdot I(t-1) + O2_{jlmt} - \sum_{k=1}^{K} Tr21_{jklmt} - \sum_{k=1}^{K} Tr22_{jklmt}$$

$$\sum_{l=1}^{L} \sum_{m=1}^{M} Inv1_{jlmt} - maxInv1_{j} \leq 0$$

Where：

$$R_{1,3}^{1} = \sum_{t=1}^{T} \sum_{l=1}^{L} \sum_{m=1}^{M} \sum_{j=1}^{J} hc1_{jlm} \cdot Inv1_{jlmt} + \sum_{t=1}^{T} \sum_{l=1}^{L} \sum_{i=1}^{I} pc1_{il} \cdot X1_{ilt}$$
$$+ \sum_{t=1}^{T} \sum_{l=1}^{L} \sum_{m=1}^{M} \sum_{j=1}^{J} pc2_{jlm} \cdot X2_{jlmt} + \sum_{t=1}^{T} \sum_{l=1}^{L} \sum_{j=1}^{J} \sum_{i=1}^{I} Tr1_{ijlt} \cdot tc1_{ijl}$$

$$x_{1,3} = [X1, X2, O1, O2, Inv1, Tr1]$$
$$y_{1,3}^{1} = [Tr21, Tr22]$$

6.3 协调机制的分析与设计

由于 ATC 的求解过程是各级结点不断迭代收敛的过程，因而只有合理的协调机制才能使得 ATC 能够求得整体最优的解。根据前述 ATC 特点中的一致、收敛以及可达到/不可达到目标值，可设计如图 6-7 的协调机制。

首先，模型会按广度优先遍历整个树状结构，求解各个结点的优化模型；之后判断各个结点的求解结果是否稳定不变，如果不收敛，则会不断重复遍历，在这个过程中，各个结点通过共享变量相互联系，直到达到收敛稳定；最后如果共享变量间存在偏差（该情况只会在目标值不可达到的情况下出现），则会调用权重更新算法，使得模型在新的权重下重新运行求解，如此反复直到最终达到收敛、一致。

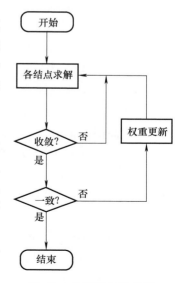

图 6-7 协调机制流程图

具体地，对于本节中的两层 ATC 结构而言，模型首先求解顶层结点，再遍历底层，之后又会再次求解顶层。之后进入判断环节，如果不符合结束条件，则按照底层两结点—顶层结点的顺序遍历一遍。值得注意的是，为了使得权重更新在顶层结点最优的条件下进行，模型对循环求解的遍历次序做了必要的调整。如图 6-8 所示（关于以顶层结点结束循环的必要性，详细请见本章权重更新部分）。

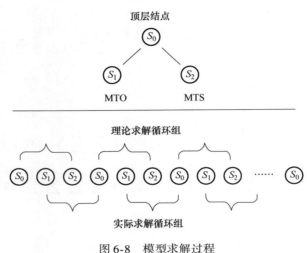

图 6-8　模型求解过程

6.4　权重更新算法

根据 J. J. Michalek 和 P. Y. Papalambros 2004 年发表的论文，对于不可达到的目标值，可以通过权重更新的方法完成求解。由于顶层目标值的不可达，使得 ATC 结构中不可避免地存在偏差。而权重更新的实质，就是通过适当的调整权重，使得各级间共享变量的偏差缩小，同时转移到顶层上，使得 ATC 结构自身是协调一致的。

该算法采用可 KKT 条件，因此必须在某个结点求解达到最优后进行。同时，由于顶层结点包含了所有权重，出于便捷的考虑，在本节中将使用顶层结点的 KKT 条件进行权重更新算法的实现。对具体针对本节模型，有如下推导过程：

1'：顶层优化目标函数

$$\min_{R^0_{1,2}, R^0_{1,3}, y^0_{1,1}} (R^0_{0,1} - T)^2 + \| w^R_{1,2} \cdot (R^0_{1,2} - R^1_{1,2}) \|^2_2 + \| w^R_{1,3} \cdot (R^0_{1,3} - R^1_{1,3}) \|^2_2$$
$$+ \| w^y_{1,2} \cdot (y^0_{1,1} - y^1_{1,2}) \|^2_2 + \| w^y_{1,3} \cdot (y^0_{1,1} - y^1_{1,3}) \|^2_2$$

2′：约束有

$$\sum_{l=1}^{L}\sum_{m=1}^{M} Tr21_{jklmt} - ct21_{jk} \leq 0, \sum_{l=1}^{L}\sum_{m=1}^{M} Tr22_{jklmt} - ct22_{jk} \leq 0$$

且所有决策变量除了 $R_{1,2}^{0}$ 外，均为非负。

简写上述约束为

$$g(\bar{x}) \leq 0$$

3′：对应拉格朗日函数

$$L = (R_{0,1}^{0} - T)^{2} + \| w_{1,2}^{R} \cdot (R_{1,2}^{0} - R_{1,2}^{1}) \|_{2}^{2} + \| w_{1,3}^{R} \cdot (R_{1,3}^{0} - R_{1,3}^{1}) \|_{2}^{2}$$
$$+ \| w_{1,2}^{y} \cdot (y_{1,1}^{0} - y_{1,2}^{1}) \|_{2}^{2} + \| w_{1,3}^{y} \cdot (y_{1,1}^{0} - y_{1,3}^{1}) \|_{2}^{2} + \sum_{n=1}^{N} \mu_{n} \cdot g_{n}(\bar{x})$$

4′：其中，由于约束是线性的，将其转化为矩阵的形式

$$L = (R_{0,1}^{0} - T)^{2} + \| w_{1,2}^{R} \cdot (R_{1,2}^{0} - R_{1,2}^{1}) \|_{2}^{2} + \| w_{1,3}^{R} \cdot (R_{1,3}^{0} - R_{1,3}^{1}) \|_{2}^{2}$$
$$+ \| w_{1,2}^{y} \cdot (y_{1,1}^{0} - y_{1,2}^{1}) \|_{2}^{2} + \| w_{1,3}^{y} \cdot (y_{1,1}^{0} - y_{1,3}^{1}) \|_{2}^{2} + \mu_{n} A \bar{x}^{T}$$

5′：根据 KKT 条件有

$$\nabla L = 0$$

即

$$2 \cdot (R_{O,l}^{O} - T) \cdot \nabla R_{0,1}^{0} + 2 \cdot \begin{bmatrix} w_{1,2}^{R2} \cdot (R_{1,2}^{0} - R_{1,2}^{1}) \\ w_{1,3}^{R2} \cdot (R_{1,3}^{0} - R_{1,3}^{1}) \\ (w_{1,2}^{y} \cdot w_{1,2}^{y} \cdot (y_{1,1}^{0} - y_{1,2}^{1}))_{1}^{T} + (w_{1,3}^{y} \cdot w_{1,3}^{y} \cdot (y_{1,1}^{0} - y_{1,3}^{1}))_{1}^{T} \\ (w_{1,2}^{y} \cdot w_{1,2}^{y} \cdot (y_{1,1}^{0} - y_{1,2}^{1}))_{2}^{T} + (w_{1,3}^{y} \cdot w_{1,3}^{y} \cdot (y_{1,1}^{0} - y_{1,3}^{1}))_{2}^{T} \\ \vdots \end{bmatrix}$$

$$+ A^{T} \mu^{T} = 0$$

其中

$$\nabla R_{0,1}^{0} = \left[\frac{\partial R_{0,1}^{0}}{\partial \bar{x}_{1}}, \frac{\partial R_{0,1}^{0}}{\partial \bar{x}_{2}}, \frac{\partial R_{0,1}^{0}}{\partial \bar{x}_{3}} \cdots \right]^{T} = \left[\frac{\partial R_{0,1}^{0}}{\partial R_{1,2}^{0}}, \frac{\partial R_{0,1}^{0}}{\partial R_{1,3}^{0}}, \frac{\partial R_{0,1}^{0}}{\partial (y_{1,1}^{0})_{1}}, \frac{\partial R_{0,1}^{0}}{\partial (y_{1,1}^{0})_{2}} \right]$$

同时有

$$\mu \cdot g(\bar{x}) = 0,$$
$$g(\bar{x}) \leq 0,$$
$$\mu \geq 0$$

6′：当 S_0 结点求解最优后，均满足上式。若设目标偏差为 θ，则有

$$w_{1,2}^{R} = \sqrt{\frac{\left| (R_{O,l}^{O} - T) \cdot \frac{\partial R_{0,1}^{0}}{\partial R_{1,2}^{0}} + \frac{1}{2}(A^{T}\mu^{T})_{1} \right|}{\theta}}$$

$$w_{1,3}^R = \sqrt{\frac{(R_{O,l}^O - T) \cdot \dfrac{\partial R_{0,1}^0}{\partial R_{1,3}^0} + \dfrac{1}{2}(A^T \mu^T)_2}{\theta}}$$

$$(w_{1,2}^R)_i = \sqrt{\frac{((R_{O,l}^O - T) \cdot \nabla R_{0,1}^0)_{i+2}^T + (w_{1,3}^y \cdot w_{1,3}^y \cdot (y_{1,1}^0 - y_{1,3}^1))_i^T + \dfrac{1}{2}(A^T \mu^T)_{i+2}}{\theta}}$$

$$(w_{1,3}^y)_i = \sqrt{\frac{((R_{O,l}^O - T) \cdot \nabla R_{0,1}^0)_{i+2}^T + (w_{1,2}^y \cdot w_{1,2}^y \cdot (y_{1,1}^0 - y_{1,2}^1))_i^T + \dfrac{1}{2}(A^T \mu^T)_{i+2}}{\theta}}$$

以上 4 式即本节 ATC 模型中权重更新的计算公式。

6.5 模型求解及结果分析

本节中的集中式模型和 ATC 模型均使用 Matlab 8.0 建模求解。对于优化模型，使用 Matlab 内置的 fmincon 函数。由于本模型涉及的优化因素众多，工厂数量、产品种类等参数的设置数量的增加，会极大的增加计算复杂性。经过多次试验调整，本节最后确定了三阶段的工厂设置分别为：Array 1 个、Cell 2 个、Module 1 个；种类 $L=2$，$M=1$ 时间跨度 $T=6$，订单提前期 $R=2$，场景数 $S=2$。在该参数设置下，模型可以同时保证适当的计算复杂度与实际问题的接近程度。模型中参数的设定请参见附录 A。

6.5.1 集中式模型求解

AAO 模型求解的实现流程如下：

（1）参数设置 包括外部参数：三阶段各自的工厂的数量、Array 和 Cell 阶段的产品种类、总体生产链优化周期、订单提前期、生产运输提前期、各厂各阶段单位生产运输库存成本、各厂最大产能、最大库存量、最大运输量、产品转化率、良品率、各类产品单价及其市场需求等（详见附录 A）；决策变量：订单量、订单池、生产投入产出量、运输量及库存量等。

决策变量初始均赋值为 0。但考虑到实际情况和求解效率的问题，优化的初始点应当是根据工厂历史数据设置，从在工厂原本优化的基础上搜索，进一步优化。因此，本节将采取以下处理方式：首先，设置以 0 为决策变量的初始点优化；其次，根据①中的最优解，对每个决策变量进行 ±10% 的随机调整，调整的百分比服从 −0.1 到 +0.1 均匀分布；最后，将调整的结果设为初始解。

（2）将决策变量从多维数据组的形式转化为一维向量 由于 fmincon 函数要求决策变量要以向量的形式输入，而决策变量为 15 个多维数组，因而使用内置函数

reshape 将 15 个数组转化为 15 个向量,再拼接成一个向量。决策变量合计 360 个。

(3) 设计生成线性约束矩阵　模型中的约束是以遍历角标调用数组中的元素进行运算实现的。在实现阶段,可以编写相应的约束函数实现约束的输入。但由于本模型主要以线性约束为主,出于运算效率的考虑,采用矩阵形式实现约束的输入。在 fmincon 函数中不等式和等式约束分别要求以 $A \times x \leqslant b$ 和 $Aeq \times x \leqslant beq$ 的形式出现。本步骤的主要任务为构造 A,b,Aeq,beq 四个矩阵。集中式模型中,不等式约束共计 114 个,等式约束共计 180 个。

(4) 非线性约束函数、目标函数和其他中间计算函数的设置　非线性约束无法使用矩阵形式表达,因而均采用函数形式(不等式:$g(x) \leqslant 0$,等式:$h(x) = 0$)。非线性约束合计 72 个。同时编写目标函数,以及计算函数(如生产成本函数,销售额函数等等)。

(5) 使用 fmincon 函数求解　将上述的初始点,约束矩阵以及函数作为参数传入 fmincon 函数,进过运算即可求得结果。集中式结果将在 6.5.3 中与 ATC 对比出现。

6.5.2　ATC 求解与收敛过程分析

1. 求解过程描述

ATC 模型求解,主要依照各个结点的求解与协调机制。ATC 的模型对于各个结点优化依旧通过 fmincon 函数实现。由于 ATC 在求解过程中收敛缓慢,因而初始解的设定很大程度上决定了收敛所需要的时间。供应链上的厂商也可以提供以往的历史数据。这些数据虽然不是最优解,但是可以帮助 ATC 从接近最优点的解开始优化,从而减少了不必要的运行时间。ATC 模型初始解的设定,与集中式相同,即在集中式模型的最优解的基础上,将每个变量的值在 90% ~ 110% 以均匀分布的方式随机调动,进而形成初始解代入模型优化。

ATC 的实现过程如下:

1) 参数设置。本步骤和集中式模型相似,但还要包含权重设置、共享变量的复制与设定。

2) 各个结点决策变量的向量化、约束矩阵的构造,目标函数的设置。不同于集中式模型,ATC 模型需要分别对各个结点进行配置。

3) 各个结点的 fmincon 函数的设置,以及将优化结果保存在共享变量中,来实现各结点的信息实时共享。

4) 协调机制与权重更新的设置。根据上文中的协调机制和权重更新原理,编写响应的脚本与函数。

另外求解过程中出现了收敛缓慢的情况,相应地,本节设计了加速收敛的算法,在一定程度上加快了求解速度。详细请参见本章 6.6 节。

2. 收敛过程分析

图 6-9 分别描述了 S_0 和 S_1、S_0 和 S_2 间请求/响应变量的求解收敛过程；图 6-10 为偏差缩小的收敛过程。其中，收敛曲线出现的不平滑现象，是因为本

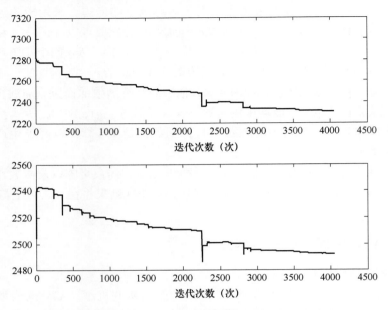

图 6-9　ATC 模型 S_1、S_2 结点请求/响应变量的收敛过程

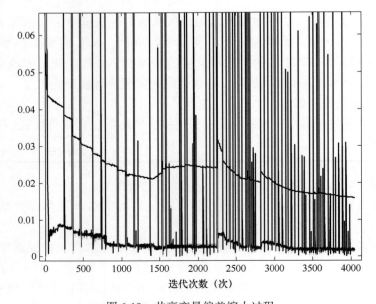

图 6-10　共享变量偏差缩小过程

文使用了加速收敛算法来提升求解效率。由于该算法人为地干预了收敛过程，因而在每次加速后，模型需要若干次迭代达到稳定。这一过程表现在共享变量的图像上时就会出现锯齿状的折线，而在偏差图中会表现为偏差的骤然上升。ATC 收敛过程中表现得十分缓慢，所以针对这一问题，在第 6.6 节中详细分析了收敛过程的特点、成因并提出了加速收敛的解决方法。

6.5.3 模型结果对比分析

求解的实现通过 Matlab，版本为 8.0 windows 64-bit。处理器 Intel i3-2310m@2.1Ghz。表 6-1 为模型求解的数据结果。

表 6-1 　AAO 与 ATC 结果比较

	AAO		ATC	
总利润		4228.95		4227.99
总销售额/元	种类 1	8000.00	种类 1	7742.43
	种类 2	0.00	种类 2	290.47
	总计	8000.00	总计	8032.90
生产成本/元	Array	2359.00	Array	2379.18
	Cell 1	33.97	Cell 1	35.05
	Cell 2	22.06	Cell 2	21.46
	Module	800.00	Module	801.91
	总计	3215.02	总计	3237.60
运输成本/元	$i: 1 \to j: 1$	33.97	$i: 1 \to j: 1$	35.05
	$i: 1 \to j: 2$	22.06	$i: 1 \to j: 2$	21.46
	$j: 1 \to k: 1$	350.00	$j: 1 \to k: 1$	361.81
	$j: 2 \to k: 1$	150.00	$j: 2 \to k: 1$	148.99
	总计	556.03	总计	567.31
库存成本/元		0.00		0.00
惩罚成本/元		0.00		0.00
运行时间/S		202.24	各结点运行总时间	49 966.99
			并行运算时间⊖	45 374.65

由表 6-1 可以看出以下现象：

1）结果差异：对于整体目标（总利润），AAO 和 ATC 模型的结果较为接近；进一步将利润拆分成销售与各类成本后，两者偏差开始增加。

2）缓慢现象：ATC 的运算时间大大超出了 AAO 的时间。

将在 6.5.4 中分别对以上现象进行分析。

⊖ 通过并行运算可减少求解时间，可见运行效率分析。

表 6-2 是 ATC 模型的参数设置。其中目标值为顶层结点 S_0 设置；初始偏差权重为 1，该权重会根据权重更新算法调整权重；收敛判断容忍度直接决定收敛判断的严格程度，由于模型收敛的缓慢性，本模型中设置的数值较小；偏差容忍度决定了共享变量间的偏差允许度；最终偏差和、目标值偏差、请求变量偏差、连接变量偏差是最终模型求解后同一对（组）共享变量的偏差值。

表 6-2 ATC 相关参数与共享偏差结果

ATC 相关参数与共享偏差	求 解 结 果
目标值	4228
初始权重	1
收敛判断容忍度	0.001
偏差容忍度	0.1
最终偏差和	0.0431
目标值偏差	2.8795×10^{-6}
请求变量偏差	8.5901×10^{-6}
连接变量偏差	0.043

6.5.4 结果差异分析

AAO 模型与 ATC 模型在求解本节中的同一问题时结果出现了差异，这种差异表现在最终结果和决策变量两个方面。首先最终结果的差异可以从表 6-1 中对比得出。其中，ATC 结果的销售额与成本都大于 AAO 的结果，而销售额作为顶层目标偏差最小。

其次对于决策变量，详细统计了每个决策变量的偏差情况，将 360 个决策变量的偏差以柱状图的形式展现，如图 6-11 所示。

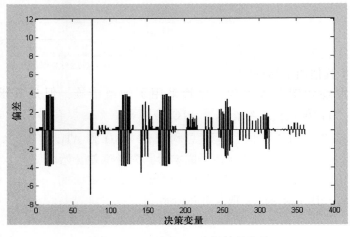

图 6-11 ATC 与 AAO 求解结果偏差

表 6-3 指示了图 6-11 中横坐标对应的不同决策变量。可以看出，销售额、Array 厂的生产量、Module3 的生产量和订单接受量在两个模型间的差异较大。

表 6-3 决策变量与偏差图中的编号对应关系

1-24	25-48	49-72	73-78	79-102	103-126	127-132	133-156	157-180	181-192	193-216	217-240	241-264	265-312	313-360
Q	$Inv1$	$Inv2$	$X1$	$X2$	$X3$	$O1$	$O2$	$O3$	$Tr1$	$Tr21$	$Tr22$	Ord	$COrd$	ar

经分析，认为造成偏差现象有以下 3 种解释：①由于 ATC 的协调机制是通过不断缩小被复制的共享变量间的偏差来实现的。预设偏差的存在导致了共享变量传递的不准确，从而使得决策变量在最后优化结果上的不一致。另一方面，ATC 将共享变量的偏差作为优化的目标，但对相应的私有决策变量没有关联性的要求，这就造成了共享变量偏差较小，而底层的私有变量偏差较大。②由于 ATC 不是全局优化，而是通过动态博弈求解，因而在解的搜索过程中，存在同一目标值或者相近目标值存在多组解的可能性。③求解过程中收敛判定条件不够苛刻。本节中 ATC 模型收敛判定条件为最后 50 次解的变化小于 0.001（1.0×10^{-3}）。严格的收敛条件应该是解不再变化即变化值等于 0，但在实际求解过程中无法实现 0 变动。虽然 0.001 的变动较小，但是 ATC 收敛较为特殊，模型可能依然以小于 0.001 的恒定速度变动直到达到均衡点（详见第 6.5.5）。

6.5.5 运算效率分析

图 6-12 反映了 ATC 在迭代过程中各个结点的运算效率。其中处在上段的折线反映了结点 S_1 的每次迭代花费的时间，S_0，S_2 的运算时间反映在下段的两条折线。可以看出 S_1 结点所需要的求解时间远远高于另外两个结点。这种现象的主要原因可能是结点 S_1 包含的约束条件更复杂，包含了非线性约束条件，因而其计算难度大于其他两个结点。

ATC 的求解效率令人失望，尽管采用了加速措施，但是其求解时间是 AAO 模型的 200 倍。这大大增加了 ATC 的运算成本。但在另一方面，本节中模型的设计有诸多可以提升的空间。三个结点的计算复杂度不同，因而求解的时间差异较大。图 6-12 中显示 S_1 结点求解平均时间大约为 15s，其他两个结点分别为 1s 和 3s。因而在一次迭代过程中，各个结点时间利用率估计为 42%，结点闲置时间比例为 58%，即有超过一半的时间机器是闲置的，说明本模型没有充分分配好各个结点的运算任务量。如果合理的分配各个结点的计算复杂性（如将复杂结点再分解为下一级子结点或将问题约束分摊给同级结点），可以避免复杂度低的结点等待时间，提高并行运算的时间利用率，加快求解效率。

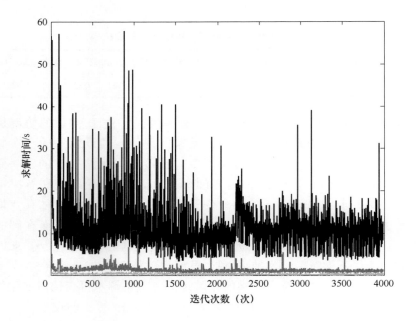

图 6-12　各结点求解过程中的运行时间

6.6　加速收敛算法的设计与实现

本节先对 ATC 模型求解过程中的收敛问题进行描述与分析，然后进行加速收敛的算法设计。出于加速收敛算法的设计与实现的便捷考虑，将先采用简化模型，对收敛的特征进行分析，同时对简化模型进行加速收敛算法的实现，并验证其效果。最后将算法一致置于 ATC 模型，对比加速效果。简化模型的描述请参见附录 B，本章只对比分析结果。

6.6.1　收敛过程的特点与成因分析

对于收敛状态的描述，所有变量的变化过程基本没有太多差异，因而本节只选取一个变量进行分析。图 6-13 和图 6-14 所示为以顶层阶段对 S_1 结点级联的请求变量作为对象进行的收敛过程。图 6-14 是图 6-13 的对数转化，以便于观察分析。可以看出模型在初期迅速进入相对稳定的状态，之后变化率（斜率）非常小。模型在这种低变化率的状态下花费了大量的时间与迭代次数来达到预设的收敛条件[注]。

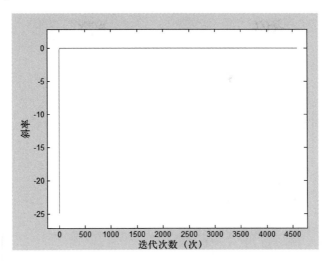

图 6-13 顶层阶段对 S_1 结点级联的请求变量收敛过程

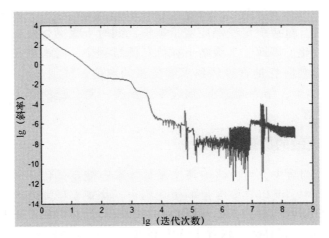

图 6-14 顶层阶段对 S_1 结点级联的请求变量收敛过程对数图

另外，收敛过程中变量是以较低的斜率线性变化的，如图 6-15 所示。这种低斜率的线性收敛过程会在延长收敛时间的同时，给收敛的判断带来困难。

对于收敛状态的低速与线性特点，分析主要原因如下：

ATC 在优化的过程中，可以看作是共享变量的偏差传递的过程。首先，顶级结点的主要偏差是目标值与对目标值的响应；在顶级结点被优化后，部分偏

[注] 本例的收敛条件为连续 50 次变化率低于 0.001。

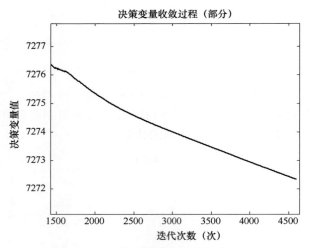

图 6-15　未使用加速算法的收敛过程

差传递到了顶层与下级的请求与响应变量间；之后通过下级结点的优化，来实现缩小顶级与下级间的偏差。

但是，顶级与下级结点间同时存在着联系变量的传递、下级结点的联系变量作为决策变量，直接决定着响应变量取值；同时下级的优化目标有包含了联系变量的偏差优化。因而，下级结点在优化的过程中，考虑到了联系变量的偏差，就无法使得响应变量直接达到求解变量的取值。特别是在本节的模型中，联系变量共计 72 个，结点间请求/响应变量仅有一对，这使得下级结点无法快速的响应顶级请求。

6.6.2　加速收敛的原理与设计

ATC 在优化过程中，可以将决策变量分为私有变量的优化与共享变量的优化。而在这两者中，又以共享变量的优化为主：共享变量通过动态协调不断达到最优；而一旦共享变量到达均衡状态，私有变量在各级结点中可仅通过一次优化达到最优。本节的加速算法的核心，就是在收敛过程中，适当地按共享变量的变化趋势对其进行调整。

由于观察到变量的收敛有线性特点，收敛加速算法将以线性方式对共享变量进行加速。

另外，由于基于收敛时共享变量无偏差的假设，本算法仅适用于可达到的目标值的 ATC 模型。加速过程如下：

1）判定变量是否满足加速条件，即加速前对共享变量是否有线性关系以及是否会相交进行判断。

2）对同一变量的多个"复制"，根据共享变量斜率，给各个变量一个相应的增量，使它们达到一致。

具体对于不同的共享变量，加速的增量取值不同：

（1）请求/响应变量的加速　请求/响应变量是成对出现的，而两者的偏差会作为优化的目标之一，因而两者在收敛过程中会不断接近。当目标值可达时⊖，成对的共享变量会存在相交的趋势，如图 6-16 所示。根据这一趋势，加速算法会预期到共享变量相交，从而在下次运行时直接根据斜率与预期交点，为两者提供一对增量，使得它们提前达到预期的状态。

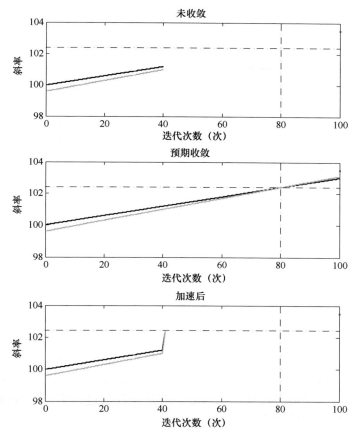

图 6-16　加速收敛基本原理示意图

（2）联系变量的加速　联系变量的个数大于等于 3 个，因模型不同而不同。本节中为 3 个。

⊖　对于不可达目标 ATC 模型，收敛时共享变量可能依然会有偏差；可达目标 ATC 收敛时不会有偏差。

连接变量中由一个父级变量和多个子级变量组成,子级往往会和父级相交于多个点。根据这些父—子级交点,选择的增量应当使得各个连接变量达到最先相交的点的状态。如图 6-17 所示,父级结点从 $y=100$ 处出发,分别与两个子级结点相交,两个交点分别在 $x=60$ 和 $x=80$ 处。如果选择 $x=80$ 作为加速后的状态,只会缩小一对偏差,但总偏差反而增加了。

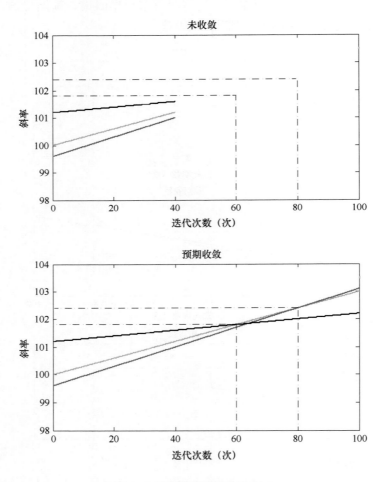

图 6-17　联系变量加速示意图

特别注意的是,在加速后达到预期收敛点时,模型不会立刻稳定,一般需要若干次迭代协同各级结点,如图 6-18 所示。协同后的结点同一组共享变量可能依然会有偏差。另外,加速算法仅仅起到辅助求解的作用,使用频率不宜过高,否则会干扰正常的收敛。

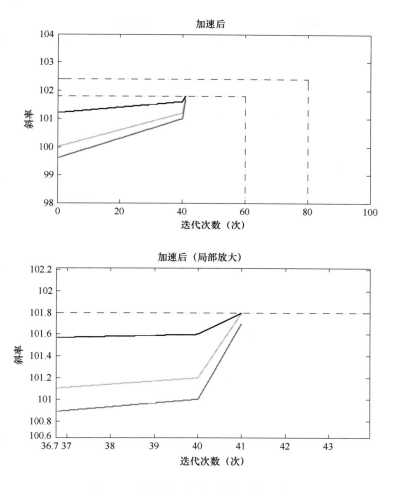

图 6-18 联系变量加速后局部放大示意图

6.6.3 算法设计与实现

(1) 线性条件的判断 算法首先截取共享变量最后若干次迭代结果构成一个序列,如果单调,判断其线性程度,即二阶导数是否小于预设判定容忍度。如果符合以上两个条件,变量即符合线性条件。

(2) 相交判定与增量计算

1) 对于请求/响应变量,假设两者的斜率为别为 K_1、K_2,加速前的取值非别为 y_1、y_2。计算预期交点与当前的距离 d。

$$d = \max\left\{\frac{y_1 - y_2}{k_1 - k_2}, 0\right\}$$

如果 d 小于零,则说明变量没有相交的趋势,此时 $d=0$,即不进行加速。两者的增量 a_1,a_2 分别为

$$a_1 = k_1 d, a_2 = k_2 d$$

2)对于联系变量,假设父级斜率为 k_p,子级为 k_1,k_2,k_3,…;相应地,加速前的取值分别为 y_p,y_1,y_2,y_3,…。

加速距离 d 为

$$d = \max\left\{0, -\frac{y_p - y_1}{k_p - k_1}, -\frac{y_p - y_2}{k_p - k_2}, \frac{y_p - y_3}{k_p - k_3}, \cdots\right\}$$

增量为

$$a_p = k_p d, \ a_1 = k_1 d, \ a_2 = k_2 d, \ a_3 = k_3 d, \cdots$$

在使用了加速算法后,需要对协调机制重新调整。调整后的机制如图 6-19 所示。

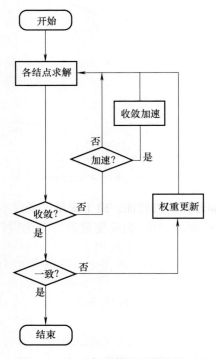

图 6-19 加入加速算法后的协调过程

6.6.4 加速效果检验对比

加速算法对简化模型[注]进行了验证对比，加速前迭代次数为741，加速后为453；加速前运行总时间为100s，加速后为62s。图6-20、图6-21分别为收敛过程与共享变量偏差对比图。

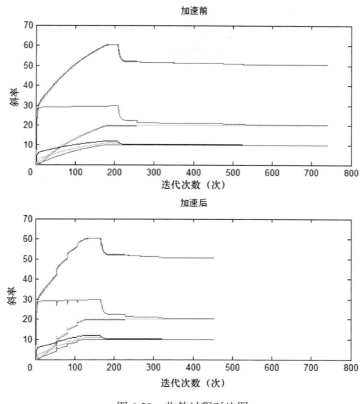

图 6-20 收敛过程对比图

对如ATC模型的加速算法的验证，由于变量过多且不同变量间数值差异大，本文仅选取结点 S_1 与 S_0 间的请求/响应变量进行对比进行具体说明，各个共享变量的收敛变化过程基本一致。结果如图6-22所示。图中仅截取了部分数据。在图中，变量的理论最优值[注]为7200，可见在收敛过程中，加速算法使得共享变量可以更快的寻找均衡点。表6-4为求解过程调用加速算法时所处的迭代次数。

⊖ 此处简化模型的目标值不可达到，因而最后偏差集中在顶层目标值上，而各结点间的偏差小于预设值。关于于可达目标值的收敛和偏差对比图，请见附录C。

⊜ 该数值是根据AAO模型得出的。

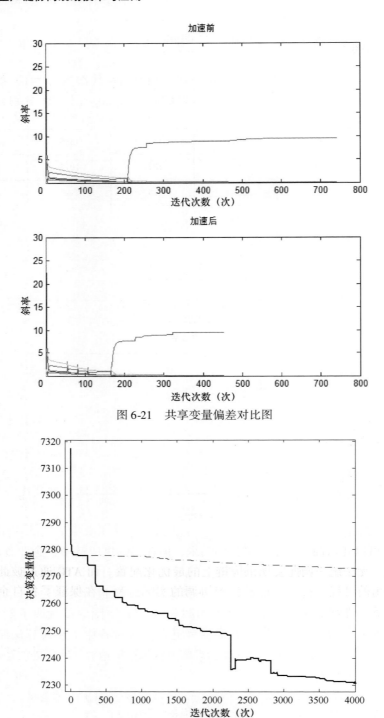

图 6-21 共享变量偏差对比图

图 6-22 原始 ATC 模型加速算法效果对比

表 6-4　调用加速算法时模型求解所处的迭代次数

加速算法调用时的模型的迭代次数（合计加速 57 次）					
88	139	190	297	405	512
563	670	834	886	991	1097
1254	1305	1411	1540	1585	1671
1713	1784	1856	1877	1973	1995
2016	2061	2107	2152	2198	2246
2267	2313	2358	2403	2473	2518
2563	2733	2754	2802	2848	2895
2941	2986	3032	3079	3149	3194
3239	3289	3381	3625	3694	3764
3809	3953	3974			

6.7　本章小结

6.7.1　研究结论

经过对 ATC 在 LCD 产业上的应用研究，在一定程度上验证了 ATC 对供应链优化的可行性，同时 ATC 在求解中也体现了一定的局限性，对其优势与不足，总结如下：

（1）ATC 作为分布式的优化方法，可以真正实现在供应链上的应用　虽然 AAO 方法可以凭借高效率求得最优的结果，但在实际供应链中，企业各自经营，彼此独立，无法统一调配实现供应链上的最优化配置。而 ATC 通过彼此协调最终达到均衡的过程，符合供应链生产协调的实际过程。在保证了各自企业独立性的前提下，进行生产链的优化。

（2）ATC 具有私密性，供应链企业可以很好地保护私有信息　在 ATC 优化的过程中，信息仅仅在关联的企业间通过共享变量传递，其他企业无法获得与自己不相关的信息；同时，企业的私有变量仅仅会在其内部优化，保护了企业的机密信息。

（3）ATC 的优化结果与整体优化的结果相近　这使得供应链上的企业在分布式的条件下达到次优的状态。

（4）ATC 在求解的过程中速度缓慢　在供应链的优化过程中不可避免地涉及到大量的连接变量的协调，这使得收敛速度大大降低。虽然本章使用了加速算法，在一定程度上减少了求解的时间成本，但与 AAO 集中式模型相比，效率依然不够理想。特别是，随着求解精度要求的提高，即偏差容忍度的缩小，ATC 所花费的时间会成倍的增加。

对本章的工作，得出以下研究结论：

1）模型的构建包含的因素较为全面，综合了产品种类、运输生产、时间延迟、订单优化及生产模式等问题，符合实际的 LCD 生产链的特点；同时，本文比较充分地对比了 AAO 与 ATC 在该模型前提下的运行效果。

2）虽然实现的 ATC 模型在求解效率上有待提高，但求解的结果与集中式模型相比，结果差异在可以接受的范围内，从而证明了 ATC 在本章的假定条件下的可行性与有效性。

3）所设计的加速收敛算法具有比较明显的效果，同时在一定程度上为 ATC 设计实现更高效求解方法提供了思路。

6.7.2　研究问题的局限性

（1）供应链模型设计有一定局限性　本章中的模型是基于未来市场数据已知（预测）的结果进行的优化，模型可以准确的计划好每个阶段的不同时刻的生产安排，因而优化的结果中不存在违约与库存的成本，这与现实中市场的未知性不相符。同时，企业的决策是实时更新的动态过程，本文的优化则是一次性静态的优化整个生产周期。

（2）运行数据与实际数据有差距　本章中运行的数据（包括市场需求，成本价格等参数），均是参考现况的假设数据，并不是 LCD 产业的实际数据，因而模型运行结果不能完全真实地反映实际的产业状况。

（3）模型对问题的细分未达到企业的阶段　本章的 ATC 树状结构较为简单，只是将整个供应链条划分成了 MTO 与 MTS 两个阶段进行优化，而未能将决策结点细分到企业个体，因而不能充分验证 ATC 在实际的供应链优化中的可行性和有效性。

（4）各个结点间的问题复杂度不同，造成并行运算效率不高　本章中的 3 个结点中，MTO 的复杂性较大，而其余两个结点复杂性相对较低。这就导致了在 S_1 运算的过程中，同级的 S_2 结点处于闲置等待状态。这就造成了并行运算时的资源浪费。通过表 6-1 中运行时间的结果来看，ATC 并行运算提升的程度并不是很明显。如果可以合理分配各自结点的复杂程度，即可节省更多的运算时间成本。

6.7.3　改进与提升的方向

（1）多层次化的细分结构　对于 ATC 模型的设计与结点划分，可以在本章的基础上继续逐级构建到企业个体的层次；同时，对于过于复杂的结点可以合理布置其机构，使得同级结点间复杂度相近，节省并行运算的时间。

（2）动态实时式的优化　针对本章模型的局限性，供应链优化的模型构建应当是动态实时性的。模型将根据每个优化周期实时数据与对未来的预测，在原有决策的基础上及时调整其优化结果。

（3）求解方法的改进　ATC 的求解过程主要依靠各级结点相互协调来达到均衡状态，这一过程完全靠各个结点自发完成，进而造成了缓慢收敛的结果。改进的求解方式可以根据结点间协调时的共享变量的梯度与合适的步长设置进行快速收敛。

第 7 章

TFT-LCD 生产链协同规划决策支持原型开发及运作流程

本章主要介绍一个多阶多厂区生产链协同规划决策支持系统原型的架构、功能及运作流程等。7.1 节对系统架构、功能模块进行介绍，着重对单厂区生产规划的系统界面、功能进行了介绍。7.2 节对单厂内生产计划与调度模块的功能模块、开发运作流程进行介绍。系统开发共分为了 3 个阶段，包括需求规划、产能规划、主生产计划、生产排程以及 what-if 模拟分析。对各模块的功能、规划流程和输入输出参数进行了详细介绍。7.3 节介绍了系统的开发及导入进程，将开发及导入过程划分为 5 个阶段，明确了每一阶段的工作任务、交付成果等，保证项目的按期完成。7.4 节简单介绍了系统导入后的绩效。

7.1 系统架构

协同的意义，是一种协调与合作的模式，凭借整合企业间的资源，并通过彼此间的协调与沟通，来合作完成共同的目标。而生产链协同规划的意义，可以理解为生产链上不同的独立企业个体，通过网络的连接相互协调与合作，共同完成一项最终产品。

根据功能可以将生产链协同规划系统分为四个模块：多阶生产规划模块、多厂区生产规划模块、单厂区生产规划模块和通信模块。

多阶生产规划模块是接受订单需求，并将订单分配到生产链上各个节点的初始规划。系统在接受订单信息后，进入订单规划阶段。此阶段，系统先针对订单需求，根据订单交期、数量以及成品品项，配合成品物料清单及所使用机台资源，作出一个粗略规划。所规划的结果主要为在何时间范围内各阶制造厂要生产哪些产品以及产品的数量。完成规划后，对规划结果进行评估与调整，若确定各厂关键资源的总产能大于需求,则初步确认计划可执行;反之,则需要寻找调整方案来满足订单需求。当确认订单可执行后,接下来进行订单分配阶段,订单分配的主要目的是根据所设定的准则将订单分配到供应链不同节点的制造厂,最后将分配结果传递给通信模块来传递信息。

多厂生产规划是承接多阶生产规划的结果来进行,由同一节点上的工厂针对所接受的订单信息,包括品项、交期与数量,根据各厂产能、地理位置、交通运输等状况进行规划,规划的结果是各平行制造厂在何时间范围内生产的产品品项和数量。同样需对规划结果根据资源、物料状况进行调整,最终确定各厂的生产计划。

承接多厂生产规划的结果,各厂进行详细的作业排程,将结果交由现场执行。

通信模块除了传递规划信息外,还是信息沟通的桥梁。例如当现场生产环境发生意外延误时,如,关键机台故障而无法完成预定产能,需要将信息回馈至多厂区生产规划模块重新进行规划。

多阶多厂区生产链协同规划系统逻辑架构如图 7-1 所示。

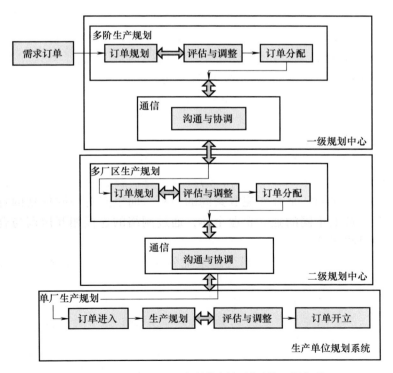

图 7-1　多阶多厂区生产链协同规划系统逻辑架构

如图 7-2 所示为单厂生产规划系统界面及系统功能。后续各节的介绍也将以单厂区生产规划为例。

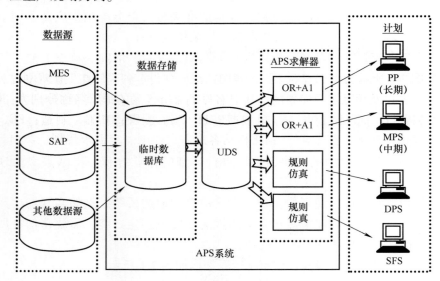

图 7-2　单厂区生产规划与调度系统结构图

系统包括以下几部分功能：

1. 月作业计划

包括：①月生产计划。②月产能计划。③关键原材料的月采购计划。

2. 日计划

包括：①日生产计划。②日产能计划。③关键原材料的日采购计划。

3. 详细的排程计划

包括：详细排程清单。

4. 报告

该功能可根据用户要求自动生成用户定义的报告，以便用户随时掌握生产线状况，报告通常包括：①产能利用报告/负荷报告。②产能瓶颈报告。③工件开始/结束报告。④计划工件加工周期报告。⑤物料需求报告。⑥设备利用报告等。

5. what-if 分析

What-if 分析功能可对系统可能发生的情况进行变更分析，找出最优应对策略，主要包括以下情况变更分析：①需求变更分析（需求数量变更、需求日期变更、优先级变更等等）。②产能变更（设备 move-in，move-out 等）。③急单等。

7.2 系统模块及运作流程

7.2.1 生产规划工作内容及相互关系

如图7-3所示为生产规划流程示意图，图中列出了各部门在生产规划过程中的工作内容以及相互之间的关系。其中缩写字母所代表的部门名称分别为：CS，客服/销售；IE，工业工程；MC，物控；PP/PC，生管；MFG，制造；FG，交管。工作流程如下：首先客服/销售根据客户需求预测制定需求规划、产出计划

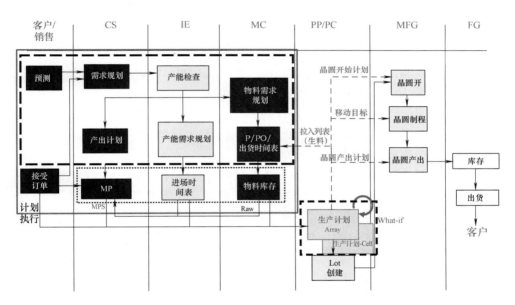

图7-3 生产规划流程及系统开发阶段示意图

及第一版主生产规划；根据客服/销售的需求规划，工业工程部门检查目前产能状况，制定产能需求规划，为满足未来产能需求，相应制定新设备导入计划；物控部门根据大生管的产出规划展开物料需求计划，根据物料需求计划展开采购及出货计划，检查原材料库存状况；根据工业工程部门和物控部门的计划，大生管对第一版主生产规划进行修正，生成确认版的主生产排程。生管根据主生产排程逐步展开日生产排程和车间排程。同时，根据日生产排程，生管将制定投料计划、日生产目标以及日产出计划并创建新的工单。制造部门执行上述计划，监控工单投入、工单加工和工单产出。交管部检查成品库存，出货给客户。生产规划流程至此结束。

为实现上述功能，系统开发过程分为 3 个阶段完成，第一阶段工作所包含的内容如图 7-3 所示长划线所包围的部分，是以月为时间尺度的计划，主要包括需求规划，产能规划；第二阶段工作所包含的内容如图 7-3 所示中点划线所包围的部分，是以周为时间尺度的计划，主要包括主生产计划；第三阶段的工作内容如图 7-3 中短划线所示，是以天为时间尺度的计划，包括生产排程和 what-if 模拟分析。对各模块详细资料分别进行阐述。

7.2.2 月计划模块

1. 需求规划

（1）功能

1）分配客户需求。
- 根据客户需求制定中期和长期需求计划
- 计划的制定是根据预定分配标准，如产品利润、客户等级、设备利用等

2）为产能计划和物料计划的制定提供指导。
- 给出客户需求计划、主生产计划和物料需求计划的制定目标
- 依据有限产能/无限产能生成产出计划、投入计划
- 允诺交货量/达交率的指导方针

（2）规划流程　如图 7-4 所示为需求规划作业流程。首先，销售/市场部根据来自客户的预测数据做出预测，预测数据包括产出预测和投入预测，以 9 个月为时间长度，分配到月或周，数据来自 Excel、传真、电话以及口头询问等方式；随后制定需求分配计划，制订需求分配计划过程所考虑的因素包括产品利润、客户等级、客户需求的紧迫性、车间产能状况以及其它判断因素；接下来进一步制定出产出计划，以 9 个月为时间长度，制订到每个月。对于销售/市场部的产出计划，IE 部制订产能需求计划。根据 IE 部的产能计划，市场/销售部对产出计划进行修改，从而生成确认的产出计划和投入计划，其间将根据订单情况调整预测和净需求，生成净产出预测，其后进入主生产规划流程。根据确认的投入计划，成品部将制定物料需求计划。

（3）参数

1）输入参数包括：
- ➤ 客户订单
- 可从 SAP 中得到
- ➤ 客户预测数据
- 客户确认数据
- 工艺组或设备状况
- 时间长度：9 个月或更长

第 7 章 TFT-LCD 生产链协同规划决策支持原型开发及运作流程

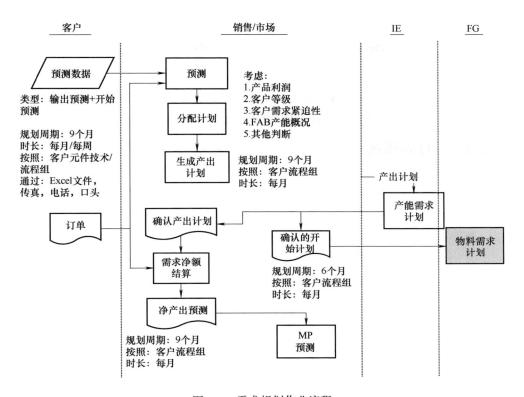

图 7-4 需求规划作业流程

- 基本时间单位：周或月
- 库存状况/资金状况
- 委托加工件
- 在制品

2）控制条件包括：

- 管理目标（如最小化成本、最大盈利、最小化拖期率等）
- 分配规则
- 产品利润
- 客户等级
- 精确的客户预测历史数据
- 销售判断及经验
- 其他业务规则
- 产能状况（粗略产出）
- 产品尺寸

- 流程工艺组
- 其它非限制因素
- 时间长度：9个月或更长
- 基本时间单位：月

3) 输出数据：

➢ 确认的投料计划
- 根据客户情况、工艺组
- 时间长度：6个月
- 基本时间单位：月

➢ 确认产出计划
- 根据客户情况、工艺组
- 时间长度：9个月或更长
- 基本时间单位：月

➢ 净产出预测
- 通过"净产出计划"与客户实际订单情况的对比
- 客户、工艺组
- 时间长度：9个月
- 基本时间单位：月

如图 7-5 所示，需求规划参数示意图。

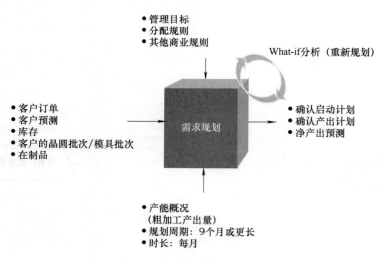

图 7-5　需求规划参数示意图

2. 产能需求规划

（1）功能

- 进行产能检查和产能需求规划以满足未来需求
- 平衡销售预测与产能投资
- 提出必要的行动来解决可用产能与需求产能间的差异
- 在确认的产能需求计划的基础上，做出产出计划和投入计划

（2）规划流程　如图 7-6 所示为产能需求规划流程。首先，IE 部门对销售/市场部的产出计划进行检查，如果产出计划中有新产品，则需要定义新产品路径及流程时间，若无新产品则跳过此步；接下来对同一工艺组内的需求数量进行评估，结合在制品状况、平均良率、设备导入/导出计划、设备能力参数（可用设备数量、工作方式、设备效率、操作工效率及操作时间等），做出产能需求分析；召开产能/销售会议，若接受产能需求分析，则对结果进行确认，制订产能行动计划（设备导入、导出计划、资源备用计划）、评估最大产出、制定设备利用报告；同时把确认结果给销售/市场部，制定确认的产出计划和投入计划。

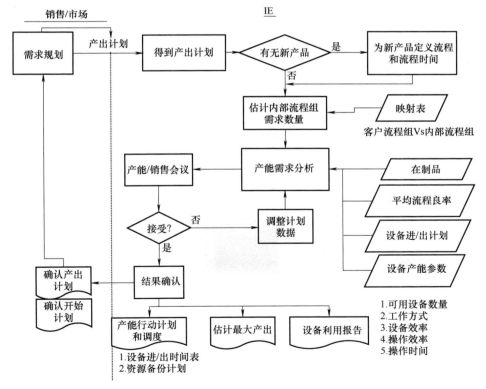

图 7-6　产能需求规划流程

（3）参数

1）输入参数包括：

➢ 需求数据（产出计划）

■ 按照客户、工艺组分类

■ 时间长度：9个月或更长

■ 基本时间单位：月

■ 从需求计划得到

➢ 提供数据

■ 在制品数据

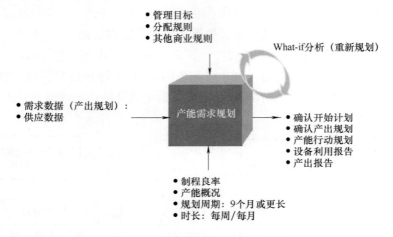

图 7-7 产能需求规划参数示意图

2）控制条件包括：

➢ 管理目标（如最小化成本、最大盈利、最小化拖期率等）

➢ 分配规则

■ 根据客户工艺组分解规则到各工艺组内部

➢ 其他业务规则

■ 有限/无限产能约束

➢ 流程良率

➢ 产能状况

■ 工艺组内部

■ 详细设备信息

■ 确认的设备导入/导出计划

■ 确认的资源备用计划

➢ 时间长度：9个月或更长

➤ 基本时间单位：周/月
3）输出数据包括：
➤ 确认的投料计划
■ 根据客户情况、工艺组
■ 时间长度：6个月
■ 基本时间单位：月
➤ 确认产出计划
■ 根据客户情况、工艺组
■ 时间长度：9个月或更长
■ 基本时间单位：月
➤ 产能行动计划
■ 设备购买/部署计划
■ 短期备用计划
➤ 设备利用报告
➤ 产出报告

7.2.3 周计划模块

1. 主生产规划

（1）功能
■ 对所有需求进行产能分配（包括15in、17in、19in）
■ 为每一个生产单位制定周产出目标
■ 生产周产出计划和投入计划作为接单和承诺生产计划的基础
■ 制定现实的、可以达成的生产和库存计划来维持良好的客户服务水平

（2）规划流程　如图7-8所示，生成主生产规划的数据主要来自市场/销售部、交管、生管/制造、IE部。来自市场/销售部的数据包括客户订单、需求计划；来自交管的数据包括库存（成品及原材料）、原材料到货计划；来自生管/制造的数据包括在制品状况、工艺约束、JIG约束；来自IE的数据包括产能状况、设备导入/导出计划、资源备用计划。主生产规划排好之后举行生产/销售会议，讨论该版计划可否执行，若可以执行，则销售/市场部与交管、生管、制造、IE部共同对该计划进行确认；若不可执行，则重新对该计划进行调整直至确认，进一步向下展开生产计划。根据确认的主生产计划再制定出确认的投入计划，接受客户订单。主生产计划确认之后，交管、生管、制造采取相应行动（如紧急采购、物料紧急运入、委外加工及加班等）保证计划的执行。

（3）参数　主生产规划参数如图7-9所示。
1）输入参数包括：

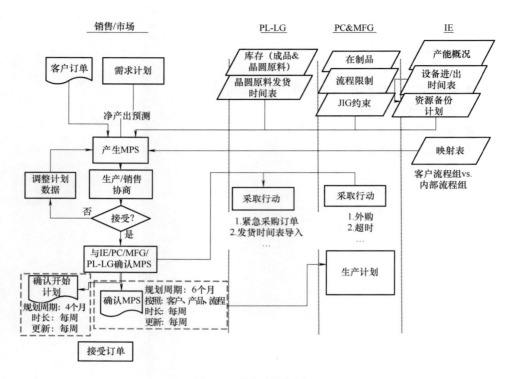

图 7-8　主生产规划流程

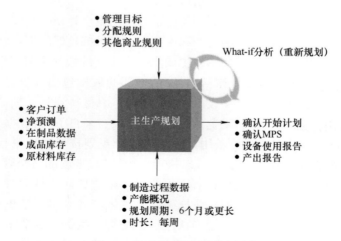

图 7-9　主生产规划参数示意图

- 客户订单
  - 订单开始、订单结束
  - 可从 SAP 中得到
- 净预测
  - 根据客户、工艺组、交货期、数量等分类
  - 时间长度：9 个月
  - 基本时间单位：月
  - 可从需求预测中得到
- 在制品数据
  - 加工中、等待加工……
- 成品库存
  - 通过器件 ID，数量分类
- 原材料库存
  - 原材料 ID，数量
  - 固定的原料进货计划

2）控制条件包括：
- 管理目标（如最小化成本、最大盈利、最小化拖期率等）
- 分配规则
  - 根据客户工艺组分解规则到各工艺组内部
- 其他业务规则
- 制造工艺数据
  - 路径、良率、操作时间
- 产能状况
  - 设备、关键 JIG

详细设备信息（是否批加工设备、批量大小、加工时间）
  - 设备导入/导出计划
  - 资源备用计划
- 时间长度：6 个月或更长
- 基本时间单位：周

3）输出数据包括：
- 确认的投料计划
  - 根据客户情况、工艺组、产品类型分类
  - 时间长度：4 个月
  - 基本时间单位：周
- 确认的主生产规划

- 根据客户情况、工艺组、产品类型分类
- 时间长度：6 个月
- 基本时间单位：周

➤ 设备利用报告
➤ 产出报告

7.2.4 日计划模块

1. 生产排程

（1）功能
- 为每一个生产单位的制造执行提供详细的日作业目标
- 通过控制/监控制造执行部门的细部作业获得高的可允诺交货量和客户达交率
- 为供需关系提供更好的可视性，为例外管理提供更好的状态，提供更好的行动计划
- 突出管理优先级（例如延迟工件、短的流程时间、瓶颈资源以及周期等）

（2）规划流程　　如图 7-10 所示，首先，来自销售/市场、IE、交管/物控、生管、制造的数据导入用户定义数据库，数据包括：市场/销售，根据客户订单

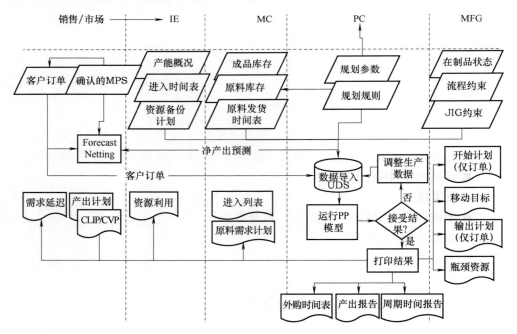

图 7-10　生产排程流程

第 7 章　TFT-LCD 生产链协同规划决策支持原型开发及运作流程

和主排程规划制定的净需求预测；IE，设备状况、设备导入计划、资源备用计划；交管/物控，成品库存、原材料库存、原材料运入计划；生管，计划参数、计划的规则；制造，在制品状况、工艺限制、JIG 限制。然后运行生产排程模块，若结果不可接受，则调整计划数据，重新排程；若结果可以接受，则打印排程结果。提供给市场/销售部的结果包括需求延迟、产出计划、可允诺交货量；提供给 IE 部的报告是资源利用情况报告；提供给交管/物控的是原材料拉入计划、原材料需求计划；提供给生管部的委外加工计划、产出报告、周期时间报告；制造部的投料计划、作业计划、产出计划及瓶颈资源报告等。

（3）参数　生产排程参数示意图如图 7-11 所示。

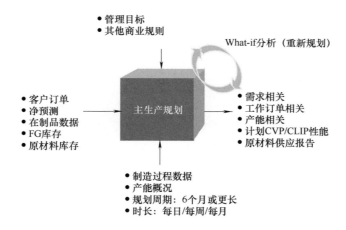

图 7-11　生产排程参数示意图

1）输入参数包括：
➢ 客户订单
■ 订单开始、订单结束
■ 可从 SAP 中得到
➢ 净预测
■ 根据客户、工艺组、交货期、数量等分类
■ 时间长度：6 个月
■ 基本时间单位：月
■ 可从需求预测中得到
➢ 在制品数据
■ 加工中、等待加工……
➢ 成品库存
■ 通过器件 ID，数量分类

- 原材料库存
  - 原材料 ID，数量
  - 固定的原料进货计划

2）控制条件包括：
- 管理目标（如最小化成本、最大盈利、最小化拖期率等）
- 其他业务规则
  - 每个工件的制造周期
  - 产品优先级
- 制造工艺数据
  - 路径、良率、操作时间
- 产能状况
  - 设备、关键 JIG
  - 详细设备信息（是否批加工设备、批量大小、加工时间）
  - 设备导入/导出计划
  - 资源备用计划
- 时间长度：6 个月或更长
- 基本时间单位：日/周/月

3）输出数据包括：
- 与需求相关的数据
  - 需求延迟报告
  - 供需关系
- 与工单相关数据
  - 投料计划、产出计划
  - 延迟工件报告、周期报告、在制品报告、产出报告、作业目标
- 与产能相关数据
  - 设备利用率、瓶颈设备、人力、产能需求报告、委外加工计划、周期
- 计划的可允诺交货量
- 原材料供应报告

2. What-if 模拟分析

在当前快速变化的环境中，企业经常会面对来自客户的需求变更（Demand Change）：如交货日变更、需求数量变更、插单和撤单的需求等以及来自供应商的供给变动。如何快速精确的分析此种客户需求能否达成及需付出何种成本以便能正确决策、快速回应，是提高企业竞争力与客户满意度的必要条件。

（1）功能

■ 对客户需求改变或急单造成的当前需求、工单、设备利用的改变进行迅速精确的模拟和分析

■ 在对影响进行分析的基础上制定正确的决策回应客户

2）规划流程

如图 7-12 所示，首先，从客户处获得变更信息，如交期变更、数量变更或优先级变更，生管部进行 what-if 模拟分析，检查分析结果及对现有状况的影响，若可接受，则回答客户交期询问或需求变更的要求；否则，调整方案重新进行仿真分析。

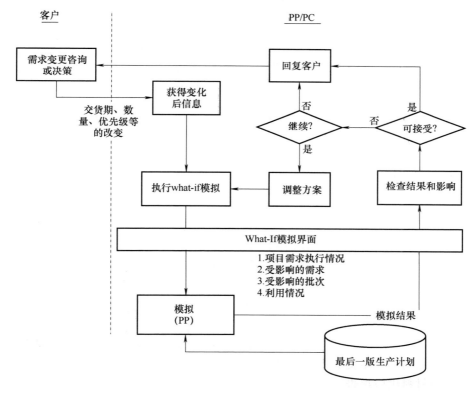

图 7-12　What-if 模拟分析流程

7.2.5　报告示例

1. 详细排程报告

详细排程报告如图 7-13 所示。

排程报告

线别	资 源	制程	工单	数量	开 始 时 间	结 束 时 间
2	L2Bevel-B	BevelingB	A001	500	2019.12.20 8：00	2019.12.20 13：00
2	L2CulletB	CulletB	A001	500	2019.12.20 8：01	2019.12.20 13：01
2	L2CleaningB	CleaningB	A001	500	2019.12.20 8：02	2019.12.20 13：02
2	L2AttachB	AttachB	A001	500	2019.12.20 8：03	2019.12.20 13：03
2	L2ClaveB	ClaveB	A001	500	2019.12.20 8：04	2019.12.20 13：04
2	L2CTB	CTB	A001	500	2019.12.20 8：05	2019.12.20 13：05
2	L2AISB	AISB	A001	500	2019.12.20 8：06	2019.12.20 13：06
2	L2Bevel-B	BevelingB	A002	300	2019.12.20 13：36	2019.12.20 16：06
2	L2CulletB	CulletB	A002	300	2019.12.20 13：37	2019.12.20 16：07
2	L2CleaningB	CleaningB	A002	300	2019.12.20 13：38	2019.12.20 16：08
2	L2AttachB	AttachB	A002	300	2019.12.20 13：39	2019.12.20 16：09
2	L2ClaveB	ClaveB	A002	300	2019.12.20 13：40	2019.12.20 16：10
2	L2CTB	CTB	A002	300	2019.12.20 13：41	2019.12.20 16：11
2	L2AISB	AISB	A002	300	2019.12.20 13：42	2019.12.20 16：12

图 7-13　详细排程报告示例

2. 设备利用报告

设备利用报告示例图如图 7-14 所示。

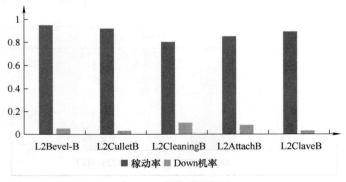

图 7-14　设备利用报告

日期	制程	资源	稼动率	Down 机率
2019.12.20	BevelingB	L2Bevel-B	0.95	0.05
2019.12.20	CulletB	L2CulletB	0.92	0.03
2019.12.20	CleaningB	L2CleaningB	0.8	0.1
2019.12.20	AttachB	L2AttachB	0.85	0.08
2019.12.20	ClaveB	L2ClaveB	0.89	0.03

时间稼动率 = 稼动时间/负荷时间
负荷时间 = 日历时间 − 计划停机损失时间
稼动时间 = 负荷时间 − 异常时间 − 修复时间

第 7 章 TFT-LCD 生产链协同规划决策支持原型开发及运作流程

3. 工件周期时间报告

工作周期时间报告示例图如图 7-15 所示。

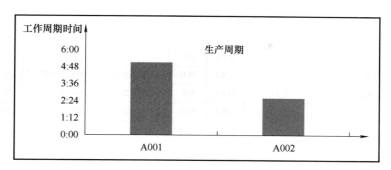

图 7-15 工件周期时间报告

工　　单	开 始 时 间	结 束 时 间	生产周期
A001	2019.12.20　8：00	2019.12.20　13：06	05：06
A002	2019.12.20　13：36	2019.12.20　16：12	02：36

4. 出货报告

出货报告示例图如图 7-16 所示。

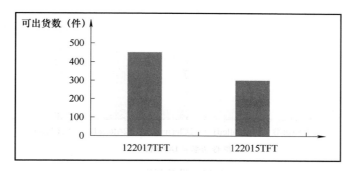

图 7-16 出货报告

日　　期	工　　单	产品编号	可出货数
2019.12.20	A001	122017TFT	450
2019.12.20	A002	122015TFT	300

5. 重工数量报告

重工数量报告示例如图 7-17 所示。

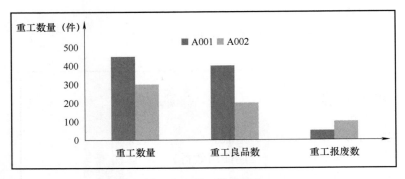

图 7-17 重工数量报告

日 期	工 单	重工数量	重工良品数	重工报废数
2019.12.20	A001	450	400	50
2019.12.20	A002	300	200	100

7.3 系统开发及导入进程

系统的开发及导入进程分 5 个阶段来完成，包括需求定义、系统定义、系统实施、上线运行及全面推行。

（1）需求定义 包括的工作内容有项目启动、项目计划、需求访谈、需求定义及需求确认几个步骤；阶段性交付成果包括项目启动报告、项目计划、需求访谈纪要及详细需求描述。

（2）系统定义 工作内容分为系统功能和业务的蓝图、典型业务流程定义、差异分析、系统详细描述文档、方案评审及接受几个步骤；阶段性交付成果包括系统详细描述文档。

（3）系统实施 该阶段工作内容包括开发和系统配置、单元测试、集成测试、系统工作环境下测试及用户接受测试；阶段性交付成果包括系统安装和配置文档、系统开发代码、单元测试脚本、历史数据整理方法和策略及用户接受测试脚本。

（4）上线运行 该阶段工作内容包括生产环境、用户培训、数据迁移、性能优化及上线试运行；阶段性交付成果包括用户培训教材、上线查检表、上线计划。

（5）全面推行 该阶段工作内容包括上线总结、推行策略、业务规则、项目总结验收及结案；阶段交付成果包括项目验收推行报告、业务规则、案例研讨。

7.4 绩效分析

系统可实现如下功能：

- 决策建议：
  完整的信息，提供企业生产资源扩充的依据（预知瓶颈资源）
- 接单作业：
  可快速且准确的回复顾客交期
  可追踪订单进度
- 产能分析
  规划到每一个工单的生产过程
  最佳的产能分配（提升产能使用效益）
  考虑每一机台的限制
  信息透明化以利产销协调
- 排程作业：
  可细到每一站的加工状况
  PP 和 PC 的一致性
  缩短 OTD 时间
  生产排程时间缩短，提升工管的工作效率
- 提升有效产出
- 控制在制品及存货水准
- 提供正确的物料进货时程规划，降低库存水准
- 大幅提升产销协调的效益

7.5 本章小结

由于 TFT-LCD 产业的产业特性及制程特性异于其他产业，以及项目的导入范围有所差异，造成其对 APS 系统的特殊需求，以致于 APS 系统无法以套装系统的方式进行导入。换言之，一个 APS 项目的导入无法与一般单纯信息系统导入相提并论。此外，APS 系统的导入涵盖企业作业型态、人员观念之转变、部门之沟通及信息科技之运用等复杂因素，因此一个完整的项目导入方法、人员的教育训练与专业的项目管理是项目成功的关键因素。

本章在参考了大量业界做法的基础上，对多阶多厂区生产链协同规划决策支持系统的开发及运作进行了详细介绍。不仅介绍了系统模块、功能、界面，还着重对单厂区生产规划子系统的开发进行了详细介绍，包括需求规划、产能规划、主生产规划以及生产排程和 what-if 模拟分析各模块。对各模块的功能、规划流程、输入输出参数都进行了详细介绍。此外，对导入进程也进行了介绍，以保证项目的顺利实施。最后对项目导入后的绩效进行了简要分析。

附　　录

附录 A　ATC 模型参数列表

本表供了模型中的参数取值。各参数根据相应的角标有相应的维度，在本表中未涉及到的角标维度，均采用相同的取值。例如表中 P^s_{lmt} 参数仅涉及到 m、s，因而在 t、l 维度上 P 的取值相同。

P		$s=1$	$s=2$
	$m=1$	20	21
	$m=2$	20	21
Demand		100	
hc		1	
$pc1$		2	
$pc2$		1	
$pc3$		2	
$ur1$		0.95	
$ur2$		$j=1$	$j=2$
	$m=1$	0.92	0.85
	$m=2$	0.91	0.86
$ur3$		1	
π		5	
$ca1$		1000	
$ca2$		100	
$ca3$		100	
$tc1$		1	
$tc21$		1	
$tc22$		0	
$ct1$		100	
$ct21$		100	
$ct22$		50	
$cv1$		0.05	
$cv2$	$j=1$	8	
	$j=2$	6	

(续)

P		$s=1$	$s=2$
maxInv1	$j=1$	150	
	$j=2$	150	
maxInv2		200	
tt1		1	
tt21		0	
tt22		1	
tp1		0	
tp2		1	
tp3		0	

附录 B 简化模型描述

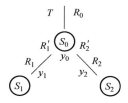

简化模型和原 ATC 模型机构相同，模型表述如下。其中，请求/响应变量 R 两个（$R1$，$R2$），连接变量 y 仅一个（复制为 $y1$、$y2$、$y0$），考虑到最大简化模型，各结点均不涉及私有变量。

S_0：

$$\min_{R'_1,R'_2,y_0} (T-R_0)^2 + \|w_1^R W(R'_1-R_1)\|_2^2 + \|w_2^R \cdot (R'_2-R_2)\|_2^2 + \|w_1^y \cdot (y_1-y_0)\|_2^2 + \|w_2^y \cdot (y_2-y_0)\|_2^2$$

$$R_0 = R'_1 - R'_2 - tc \cdot y_0$$

S_1：

$$\min_{R_1,y_1} \|w_1^R \cdot (R'_1-R_1)\|_2^2 + \|w_1^y \cdot (y_1-y_0)\|_2^2$$

$$R_1 = y_1$$

$$R_1, y_1 \geq 0$$

S_2：

$$\min_{R_2,y_2} w_2^R \cdot (R'_2-R_2)\|_2^2 + \|w_2^y \cdot (y_2-y_0)\|_2^2$$

$$R_2 = y_2$$

$$R_2, y_2 \geq 0$$

附录 C 可达目标值简化模型加速收敛对比

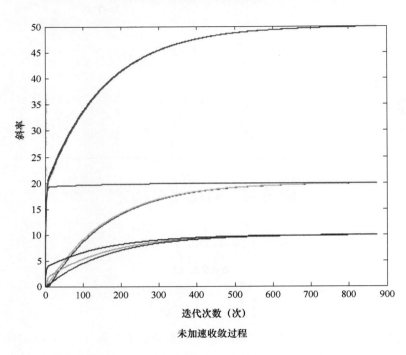

未加速收敛过程

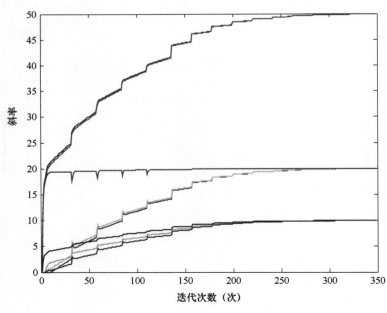

加速收敛过程

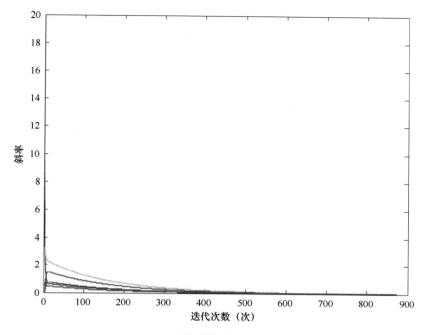

未加速偏差收敛过程

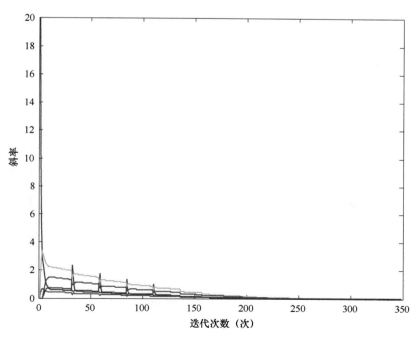

加速偏差收敛过程

参 考 文 献

[1] 智能科技与产业研究课题组. 智能制造未来［M］. 北京：中国科学技术出版社，2016.

[2] 陈潭，等. 工业4.0智能制造与治理革命［M］. 北京：中国社会科学出版社，2016.

[3] 丁斌，陈晓剑. 高级排程计划 APS 发展综述［J］. 运筹与管理，2004，13（3）：155-159.

[4] 邵志芳，钱省三，刘仲英. 在半导体制造业导入高级规划与排程系统［J］. 半导体技术，2007，32（8）：661-664.

[5] 邵志芳. 钢铁行业高级规划与排程系统研究［J］. 中国管理信息化，2013，16（6）：79-80.

[6] 蔡颖. APS 供应链优化引擎［M］. 广州：广东经济出版社，2004.

[7] 张涛，邵志芳，吴继兰. 企业资源计划（ERP）原理与实践［M］. 2 版. 北京：机械工业出版社，2016.

[8] 陈明，梁乃明，方志刚，等. 智能制造之路——数字化工厂［M］. 北京：机械工业出版社，2016.

[9] 刘强，丁德宇. 智能制造之路［M］. 北京：机械工业出版社，2017.

[10] LIN James T, CHEN Tzu-Li, LIN Yen-Ting. Critical material planning for TFT-LCD production industry, Int. J. Production Economics, 2009, 122: 639-655.

[11] LIN James T, HONG I-Hsuan, CHEN Tzu-Li, WANG Kai-Sheng. A multi-site available-to-promise model for TFT-LCD manufacturing, APIEMS2009, 2009, Dec. 14-16, Kitakyushu.

[12] LO Shin-Lian, WANG Fu-Kwun, LIN James T. Forecasting for the LCD Monitor Market［J］. Journal of Forecasting, 2008, 27: 341-356.

[13] CHEN Yin-Yann, LIN James T. Hierarchical Multi-constraint Production Planning Problem Using Liner Programming And Heuristics［J］. Journal of the Chinese Institute of Industrial Engineers, 2008, 25（5）: 347-357.

[14] LING Liu-yi, LIANG Liang, PU Xu-jin. ATC based coordination of distributed production planning and supplier selection［J］. Applied Mathematics and Computation, 2006, 182: 1154-1168.

[15] HUANG George Q, QU T. Extending analytical target cascading for optimal configuration of supply chains with alternative autonomous suppliers［J］. Int. J. Production Economics, 2008, 115: 39-54.

[16] HUANG George Q, QU T, L David W, LIANG Cheung L. Extensible multi-agent system for optimal design of complex systems using analytical target cascading［J］. International journal of advanced manufacturing technology, 2006, 30（9-10）: 917-926.

[17] QU T, HUANG George Q, CHEN X. Extending analytical target cascading for optimal supply chain network configuration of a product family［J］. International journal of computer integrated manufacturing, 2009, 22（11）: 1012-1023.

[18] QU T, HUANG George Q, ZHANG Yingfeng. A generic analytical target cascading optimization

system for decentralized supply chain configuration over supply chain grid [J]. International journal of production economics, 2010, 127 (2): SI, 262-277.

[19] HE J G, CHEN X, CHEN X D, LIU Q. Distributed production planning based on ATC and MOILP considering different coordination patterns [J]. Journal of intelligent manufacturing, 2016, 27 (5): 1067-1084.

[20] LI Y G, ZHOU G H, XIAO Z D. Job Shop Scheduling with Flexible Routings Based on Analytical Target Cascading [C]. International Conference on Control, Automation and Robotics IC-CAR, Singapore, SINGAPORE. 2015, MAY 20-22, 2015: 168-172.

[21] 凌六一. 基于ATC的供应链优化设计 [D]. 合肥: 中国科学技术大学, 2006.

[22] 赵刚, 江平宇. 面向大规模定制生产的e制造单元目标层解分析优化规划模型 [J]. 机械工程学报, 2007, 43 (2): 178-185.

[23] 黄英杰. 基于目标级联法和智能优化算法的车间调度问题研究 [D]. 广州: 华南理工大学, 2012.

[24] 黄英杰, 姚锡凡. 基于目标级联法和PSO算法的柔性分布式车间调度 [J]. 中南大学学报 (自然科学版), 2012, 43 (1): 151-158.

[25] 黄英杰, 姚锡凡, 颜亮, 等. 基于目标级联法的作业车间调度 [J]. 华南理工大学学报 (自然科学版), 2010, 38 (6): 128-133.

[26] MICHALEK J J, PAPALAMBROS P Y. An efficient weighting update method to achieve acceptable consistency deviation in analytical [C]. Salt Lake City, Utah, USA: ASME 2004 InternationalDesign Engineering Technical Conferences and Computers and Information in Engineering Conference, 2004: 159-168.

[27] LASSITER Julie B, WIECEK Margaret M, ANDRIGHETTI Kara R. Lagrangian Coordination and Analytical Target Cascading: Solving ATC-Decomposed Problems with Lagrangian Duality [J]. Optimization and Engineering, 2005, 6 (3): 361-381.

[28] Tosserams S, Etman L, Papalambros P, et al. An augmented lagrangian relaxation for analytical target cascading using the alternating direction method of multipliers [J]. Struct Multidisc Optim, 2006, 31 (3): 176-189.

[29] BLOUIN V Y, LASSITER B, WIECEK M M, FADEL G M. Augmented Lagrangian Coordination for Decomposed Design Problems [C]. 6th World Congresses of Structural and Multidisciplinary Optimization Rio de Janeiro, Brazil. 2005, 30 May - 03 June.

[30] KIM H M, CHEN W. Lagrangian coordination for enhancing the convergence of analytical target cascading [J]. AIAA journal, 2006, 44 (10): 2197-2207.

[31] MICHALEK J J, PAPALAMBROS P Y. An efficient weighting update method to achieve acceptable consistency deviation in analytical targe. t cascading [J]. Journal of Mechanical Design, 2005, 27: 206-214.

[32] ALLISON J, et al. On the use of analytical target cascading and collaborative optimization for complex system design [C]. In: Proceedings of the 6th world congress on structural and multidisciplinary optimization, 2006.

[33] M Kokkolaras, L Louca, G Delagrammatikas, et al. Simulationbased optimal design of heavy

trucks by model-based decomposition: an extensive analytical target cascading case study [J]. International Journal of Heavy Vehicle Systems, 2004, 11 (3/4): 403-433.

[34] CHOUDHARY R, MALKAWI A, PAPALAMBROS P Y. Ahierarchical design optimization framework for building performanceanalysis [C]. Proceedings of the Eight International Building Performance Simulation Association (IBPSA) Conference, Eindhoven, Netherlands, August 2003.

[35] MICHALEK J J, FEINBERG F M, PAPALAMBROS P Y. Anoptimal marketing and engineering design model for product development using analytical target cascading [C]. Proceedings of the 2004 Tools and Methods of Competitive Engineering Conference, Lausanne, Switzerland, April, 2004.

[36] MICHALEK J J, FEINBERG F M, PAPALAMBROS P Y. Linking marketing and engineering product design decisions viaanalytical target cascading [J]. Journal of Product Innovation Management: Special Issue on Design and Marketing inNew Product Development 2005, 22 (1): 42-62.

[37] TZEVELEKOS N, KOKKOLARAS M, PAPALAMBROS P Y, et al. An empirical local convergencestudy of alternative coordination schemes in analytical targetcascading [C]. Proceedings of the 5th World Congress on Structural and Multidisciplinary Optimization, 2003.

[38] HUANG G Q, et al. Extensible multi-agent system for optimal design of complex systemsusing analytical target cascading [J]. International Journal of Advanced Manufacturing, 2005, 30 (9-10): 917-926.

[39] HUANG G Q, QU T. Extending analytical target cascading for optimal configuration ofsupply chains with alternative autonomous suppliers [J]. International Journal of ProductionEconomics, 2008, 115: 39-54.